高等院校经济管理类
新形态系列教材

微课版

物流成本管理 第2版

鲍新中◎主编

詹细明 韩瑞宾 苏嘉莉◎副主编

人民邮电出版社

北京

图书在版编目（CIP）数据

物流成本管理：微课版 / 鲍新中主编. -- 2 版.

北京 : 人民邮电出版社, 2025. --（高等院校经济管理

类新形态系列教材）. -- ISBN 978-7-115-64782-5

Ⅰ. F253.7

中国国家版本馆 CIP 数据核字第 2024DG7888 号

内 容 提 要

　　本书系统地介绍了物流成本管理的基本理论，以及当前物流成本管理的新思路与新方法。全书共九章，主要内容包括物流成本管理概述、物流成本的构成、企业物流成本的核算方法与应用、企业物流作业成本法及其应用、企业物流成本分析、物流责任会计与物流成本预算管理、企业物流成本绩效评价、企业物流成本的日常控制和供应链成本分析等。本书内容由浅入深，结合物流企业实践案例编写，突出体现了物流成本管理实践性和操作性强的特点。

　　本书可作为普通高校物流专业、财会专业相关课程的教材，也可作为物流、财会从业人员的学习参考书。

◆ 主　　编　鲍新中

　　副 主 编　詹细明　韩瑞宾　苏嘉莉

　　责任编辑　刘向荣

　　责任印制　胡　南

◆ 人民邮电出版社出版发行　　北京市丰台区成寿寺路 11 号

　　邮编　100164　　电子邮件　315@ptpress.com.cn

　　网址　https://www.ptpress.com.cn

　　天津千鹤文化传播有限公司印刷

◆ 开本：787×1092　1/16

　　印张：14　　　　　　　　　　2025 年 1 月第 2 版

　　字数：320 千字　　　　　　　2025 年 1 月天津第 1 次印刷

定价：56.00 元

读者服务热线：(010)81055256　印装质量热线：(010)81055316
反盗版热线：(010)81055315
广告经营许可证：京东市监广登字 20170147 号

序　言

随着物流科学在我国的兴起和发展，人们对物流成本的关心程度不断提高，降低物流成本已经成为物流管理的一项重要任务。从宏观上看，物流成本占国内生产总值的比重已成为衡量一个国家物流现代化水平的指标；从微观上看，某些企业物流成本占企业总成本的比重很大，物流成本的高低直接关系到这些企业利润水平的高低及竞争力的强弱。

实际上，物流科学领域的形成是从研究物流成本开始的。第二次世界大战以后，为了解决流通领域成本上升过快的问题，研究发现，必须把运输、仓储、搬运、包装等环节看成有机统一的整体，只有合理地运筹规划、调度管理才能取得理想的效果。由此定义了物流系统，界定了物流科学范畴。"物流是经济的黑暗大陆""物流是第三利润源"等观点都说明了物流成本问题在物流管理初期是人们关心的主要问题。

从欧美国家和日本等物流发达国家来看，物流成本管理的发展都经历了物流成本认识、物流成本核算、物流成本管理和物流绩效评估等阶段。由于物流研究在不断发展中，物流系统的界定范围也从流通领域扩展到企业的生产和供应领域，现在又进入了供应链管理的时代，物流成本研究内容的深度和广度也随之不断地变化和发展。

在全球化经济、供应链管理的时代，降低物流成本并不是改善物流系统的唯一目标，物流服务水平也越来越成为人们关注的指标。物流成本的研究不只是为了降低物流成本，更重要的是通过成本研究来发现物流系统中存在的问题和缺陷，从而对物流系统进行改善，提高物流系统的性能。

近年来，我国对物流成本的认识和研究已从一般性概念认识的阶段进入初步的研究和试验性管理阶段。全球经济的一体化形成了市场竞争的新格局，物流这个"第三利润源"引起了社会和企业的极大兴趣，我国许多企业纷纷利用先进经验和技术来加强物流管理，组织专门的人员研究如何降低物流成本，物流成本管理开始组织化。进入 21 世纪，我国对物流成本管理理论和方法的研究进入了一个新阶段，出现了一些关于物流成本管理的专著和论文，很多企业开始重视物流成本的预算和管理。但是，总体来说，我国的物流成本研究和管理还处在起步阶段，还存在一些问题，主要表现在以下几个方面。

（1）物流成本的内涵还缺乏统一的标准，使得各行业和各企业在进行物流成本管理和控制时缺乏相应的指导。

（2）近年来，出现了一些有关物流成本的研究专著和论文，说明物流成本的重要性已经被大家普遍认同；但是，研究的深入程度还有待加深，主要表现为独创性研究成果少，有组织的研究少，阐述必要性多，研究可行性少，等等。

（3）尽管企业越来越重视物流成本，但是诸多因素影响了物流成本管理在企业中的推广应用，包括物流成本概念与传统财务会计理论的偏离问题，企业缺乏懂得物流知识的财务人员，没有行之有效的物流成本核算方法，会计核算软件没有考虑物流成本等问题。

本书作者多年来一直从事物流管理和企业财务会计的研究和教学工作，有扎实的财务会计专业背景和丰富的物流管理实践经验。作者从物流管理和成本会计的交叉角度，提出了物流成本管理与控制系统的基本框架，并创新性地对我国宏观物流成本的统计核算方法进行了分析。另外，书中还介绍了国内外先进的物流成本管理与控制的方法和案例，展现了作者多年从事物流研究和成本管理研究的实践经验。

　　应该说，财会人员不懂物流的事实阻碍了企业物流成本管理工作的推广实施，而从另一个角度看，物流管理人员不懂物流成本的管理方法才是物流成本管理得不到广泛应用的关键原因。对物流工作者、物流专业学生来说，全面地认识和学习物流成本管理与控制方法是十分有意义的。

中国物流与采购联合会副会长

中国物流与采购联合会托盘专业委员会主任

吴清一

前　　言

党的二十大报告指出，要加快构建新发展格局，着力提升产业链供应链韧性和安全水平，建设高效顺畅的流通体系，降低物流成本，推动高质量发展。国家非常关注物流行业降本增效，赋能实体经济发展。物流成本管理作为现代企业物流管理的重要组成部分，其不仅是降低成本的重要手段，还是优化资源配置的主要手段，对经济发展起着积极作用。无论采用什么样的物流技术与管理模式，最终目的都不在这种技术与模式本身，而是要通过物流系统的整体优化，在保证较高物流服务水平的前提下实现物流成本的降低。可以说，整个物流技术和物流管理的发展过程就是不断追求物流成本降低的过程。

尽管物流成本管理受到了越来越多的关注，但是我国学术界和物流业界对物流成本的理论研究却相对薄弱，尚缺乏物流成本管理的科学体系。本书试图从会计学和物流学相结合的角度，结合大量实际应用案例，介绍物流成本管理方面具有实用性、系统性的知识，着眼于提高企业物流成本管理水平。在本书中，编者主要从以下几个方面展开讨论和分析。

（1）从宏观与微观角度划分，物流成本可以分为宏观物流成本和微观（企业）物流成本两个方面。对物流成本的认识和管理首先要明确宏观物流成本和微观物流成本的构成。对于宏观物流成本，本书依据国家发展和改革委员会、国家统计局和中国物流与采购联合会联合发布的《社会物流统计调查制度》展开分析；而对于微观物流成本，则是在国家标准《企业物流成本构成与计算》的基础上展开分析。

（2）企业的物流成本管理与控制系统由两部分组成，一个是物流成本管理系统，另一个是物流成本日常控制系统。物流成本管理系统是基于企业物流成本的会计核算，利用现代成本管理的方法（包括成本性态分析、成本预算、责任成本管理等）进行物流成本管理；而物流成本日常控制系统则是在物流运营管理过程中，广泛运用各种物流技术和物流管理方法，提高物流系统的效率，降低物流成本。在物流成本管理与控制中，两者是结合使用的。

（3）作业成本法是目前被广泛推崇的一种成本核算与分析方法。进行物流作业成本核算与分析，有利于更准确地核算物流成本，加强物流作业管理，也有利于物流作业流程的改善和优化。

（4）对物流企业和货主企业的物流部门，可以利用主要财务指标来进行物流成本管理的绩效考核。另外，也可以利用其他财务指标和非财务指标，对物流企业和货主企业的物流部门进行综合的绩效评估。

（5）供应链管理正越来越多地受到理论界和企业界的重视，供应链管理的主要目标是降低供应链成本。本书在对供应链成本动因分析的基础上，结合典型电商企业案例，把成本管理方法应用到跨组织的供应链成员企业之间，提出了基于供应链的跨组织成本管理体系。

本书由北京联合大学副校长鲍新中教授任主编，北京联合大学管理学院詹细明、韩瑞宾、苏嘉莉三位老师任副主编。在编写过程中，编者参阅了国内外同行、专家的诸多学术研究成果，在此一并表示衷心的感谢。

现代物流尤其是电子商务物流在我国处于快速发展阶段，但是对物流成本的研究尚未形成发达完整的理论体系；鉴于编者能力所限，书中难免存在一些疏漏和不足，希望各位专家和广大读者给予批评指正，以日臻完善。

编　者

2024 年 12 月

目　　录

第一章 物流成本管理概述

【学习目标】

- 掌握物流成本的概念；
- 了解我国物流成本管理的发展；
- 了解物流成本管理与控制系统。

【引导案例】

物流管理与企业规模的关系

甲、乙两个物流公司都需要经常性地将客户的货物从 A 地运往 B 地，两公司都有自己的仓库。甲物流公司为自己仓库的每一个库位编号，将货物按照入库的先后顺序从仓库最里侧一直向外码放，并对库存进行计算机化管理，随时更新库存库位数据。在每次送货前，甲物流公司还会给送货司机一张派送单，上面写着所送货物的名称、编号、数量、送货地址、客户联系人电话等信息，并注明要求送达时间。为了将货物及时送到客户手中，甲物流公司的司机总是提前出发，一般都会提前半个多小时将货物送至客户指定的地点，等待客户卸货。客户对甲物流公司的服务很满意。

乙物流公司对库存商品的记录要更复杂一些，除了不断更新库存库位信息外，还对货物的周转频率进行统计，根据周转频率不断调整货物库位。整体来说，周转频率高的货物靠近仓库门，码放位置首先考虑下层货架。每次送货时，除在派送单上标明送货信息以外，还指定送货路线、出发时间。每次送货返回后，公司都要求送货司机填写送货情况表，送货情况包括路线情况、油耗、时间耗费等信息。因此乙物流公司掌握了翔实的路况信息，并据此制定了相对精确的送货时间和路线及油耗标准。

启发思考

（1）公司规模较小，业务量很少的时候，相对而言，哪家公司的成本较低？

（2）随着公司规模越来越大，业务越来越多，货物种类越来越丰富，配送范围越来越广，哪家公司的成本会比较低？

第一节　物流成本的概念与分类

一、物流成本的概念

随着物流管理意识的增强，降低物流成本已成为企业的首要任务。在许多企业中，物流成本占企业总成本的比重很大，直接影响企业利润和竞争力。因此，物流成本管理成为企业物流管理的核心内容。专家指出，物流是主要成本的产生点，也是降低成本的关注点，加强对物流成本的研究与管理对提高物流活动的经济效益具有重要意义。

根据 2021 年 8 月 20 日发布的《物流术语》（GB/T 18354—2021），物流成本可定义为"物流活动中所消耗的物化劳动和活劳动的货币表现"，即产品在实物运动过程中，如包装、运输、储存、流通加工、物流信息等各个环节所支出的人力、物力和财力的总和。物流成本是完成诸种物流活动所需的全部费用。

二、物流成本的分类

从不同角度观察分析物流成本，物流成本的分类不同。有学者认为可将物流成本分为制造企业物流成本和流通企业物流成本两大类型。本书中，按照人们进行物流成本管理和控制的不同角度，把物流成本分为社会物流成本、货主企业（包括制造企业和商品流通企业）物流成本，以及物流企业物流成本三个方面。其中，社会物流成本是宏观意义上的物流成本，而货主企业物流成本及物流企业物流成本是微观意义上的物流成本。

（一）宏观物流成本

宏观物流成本也称社会物流成本，用于衡量一个国家物流管理水平。社会物流成本是指一定时期内国民经济各方面用于社会物流活动的各项费用支出，包含运输费用、物流活动保管费用和物流活动管理费用三部分内容。其中运输费用是指社会物流活动中，国民经济各方面由于物品运输而支付的全部费用，包括包装、运输、储存、装卸搬运、流通加工、配送、信息处理等环节的费用等。物流活动保管费用是指社会物流活动中，物品从最初的资源供应方向最终消费用户流动的过程中，所发生的除运输费用和管理费用之外的全部费用，包括物流过程中因流动资金的占用而需承担的利息费用、仓储保管方面的费用，流通过程中发生的配送、加工、包装、信息及相关服务方面的费用，物流过程中发生的保险费用和物品损耗费用等。物流活动管理费用是指社会物流活动中，物品供需双方的管理部门，因组织和管理各项物流活动所发生的费用，包括管理人员报酬、办公费用、教育培训费、劳动保险、车船使用费等各种属于管理费用科目的费用等。

国家和地方政府会通过制定物流政策、规划区域物流、建设物流园区等措施来推动物流及相关产业的发展，从而降低宏观物流成本。2022 年 12 月 15 日，国务院办公厅印发的《"十四五"现代物流发展规划》指出，"十三五"以来，我国现代物流发展取得积极成效。"十三五"期间，社会物流总额保持稳定增长，2020 年超过 300 万亿元，年均增速达 5.6%。同时，社会物流成本水平稳步下降，2020 年社会物流总费用与国内生产总值（Gross Domestic Product，GDP）的比率降至 14.7%。但仍存在一些问题，如物流降本增效仍需深化、结构性失衡问题亟待破局、大而不强问题有待解决、部分领域短板较为突出等。规划提出，到 2025 年，社会物流总费用与 GDP 的比率较 2020 年下降 2 个百分点左右。2023 年 2 月国家发展改革委和中国物流与采购联合会公布数据显示：2022 年全国社会物流总额 347.6 万亿元，同比增长 3.4%；社会物流总费用 17.8 万亿元，同比增长 4.4%；社会物流总费用与 GDP 的比率为 14.7%，比上年提高 0.1 个百分点，显著高于全球平均水平。

（二）微观物流成本

微观物流成本也称企业物流成本，包括货主企业物流成本和物流企业物流成本。根据国家标准《企业物流成本构成与计算》（GB/T 20523—2006），企业物流成本是指企业物流活动中所消耗的物化劳动和活劳动的货币表现，即货物在包装、运输、储存、装卸搬运、流通加工、物流信息、物流管理等过程中所耗费的人力、物力和财力总和，以及与存货有关的流动资金占用成本、存货风险成本和存货保险成本。资金占用成本包括负债融资所发生的利息支出和占用自有资金所产生的机会成本。

1. 货主企业物流成本

货主企业物流成本主要包括制造企业生产经营活动和商品流通企业进存销活动产生的成本。制造企业物流是物流业发展的原动力，其物品实体包括产成品、半成品、原材料和零配件等，从采购、供应到生产、储存、配送、运输等环节发生的成本都纳入制造企业物流成本。

商品流通企业对组织现有的商品进行销售来获取利润，其业务活动较制造企业简单，以进存销活动为主，不涉及复杂的生产物料组织，物品实体也较为单一，多为产成品。商品流通企业物流成本的基本构成有：企业员工工资及福利费；支付给有关部门的服务费，如水电费等；经营过程中的合理消耗费，如储运费、物品合理损耗及固定资产折旧等；支付的贷款利息；经营过程中的各种管理成本，如差旅费、办公管理费等。

2. 物流企业物流成本

根据服务类型，物流企业分为两类：功能性物流服务企业和第三方物流服务企业。功能性物流服务企业提供某一项或几项物流服务功能，如仓储、运输等，在物流服务过程中发挥重要作用。第三方物流服务企业提供综合性的物流服务，包括多种业务。尽管第三方物流和一体化物流趋势明显，但功能性物流服务企业仍发挥专业优势，与第三方物流服务企业共同完成客户要求，降低成本，提高效率。物流企业的运营费用可视为物流成本，涵盖各项成本和费用。当货主企业将物流业务外包给物流企业时，物流企业的支出构成了其物流成本，而物流企业向货主企业收的费用则成为货主企业的物流成本。

讨论物流成本管理控制时，应明确分析角度，理解不同角度下物流成本的含义，再深入分析。人们常说的物流成本主要指货主企业物流成本，本书着重分析货主企业物流成本，兼顾物流企业成本管理和社会物流成本的统计核算。商品流通企业的物流可以看成制造企业物流的延伸，物流企业为商品流通企业和制造企业提供服务，物流企业物流成本可视为货主企业物流成本的组成部分，而社会物流成本则是货主企业物流成本的综合。

第二节　我国物流成本管理的发展

我国物流起步较晚，起初人们对物流的研究落后于物资系统，对物流成本的认识仅停留在概念层面。20 世纪 90 年代初，竞争加剧和业态多样化导致流通利润下降，人们开始重视物流，并认识到物流成本分析在物流管理中的重要性。然而，这一阶段的研究和试验性管理局限于个别企业和部门，尚未引起全社会对物流成本的关注。自 20 世纪 90 年代后期开始，国内生产企业及商品流通企业开始认识到物流的重要性，国内一些企业内部开始设立专门的物流部门，我国也开始出现了不同形式的第三方物流服务企业。此后，物流成本管理开始组织化，进入新的发展阶段。

进入 21 世纪，我国物流业逐渐走向国际化和全球化。在此背景下，研究者对物流成本管理理论和方法进行了深入研究，并取得了一些成果。例如，出现了关于物流成本管理的专著和论文，一些企业开始引入物流成本预算制度，并出现了一些行业的定额指标。在新的框架模型方面，研究者提出了物流成本与服务质量的平衡模型和物流成本驱动因素模型等。此外，生命周期成本管理方法和数据挖掘技术也被应用于物流成本管理中。2014 年 10 月 4 日，国务院发布的《物流业发展中长期规划（2014—2020 年）》提出了物流业发展的三大重点：降低物流成本，提升物流企业规模化、集约化水平，加强物流基础设施网络建设。2016 年 3 月 17 日，《中华人民共和国国民经济和社会发展第十三个五年规划纲要》正式发布，进一步对降低物流成本、加强物流基础设施建设、加快开放商贸物流领域、加快推进物流链、改善交通运输线路等事项进行说明。2019 年，国家发展改革委等 24 个部门和单位联合印发《关于推动物流高质量发展促进形成强大国内市场的意见》，文件中物流成本被认为是制约物流发展和影响国内市场竞争力的一个重要因素。文件以降低实体经济特别是制造业物流成本为主攻方向，提出了一系列政策和措施，以降低物流成本、提高物流效率和服务质量，从而推动物流行业的高质量发展。进入 2020 年，研究者开始关注绿色物流成本管理。2022 年 12 月 15 日，国务院办公厅印发的《"十四五"现代物流发展规划》提出，到 2025 年，基本建成供需适配、内外联通、安全高效、智慧绿色的现代物流体系，社会物流总费用与 GDP 的比率较 2020 年下降 2 个百分点左右。2022 年，全国社会物流总额 347.6 万亿元，社会物流总费用 17.8 万亿元，社会物流总费用与 GDP 的比率为 14.7%。

从整体上看，目前我国在物流成本管理方面取得进展的同时，也面临一些问题和挑战，具体如下。

一、企业微观物流成本角度

（1）成本构成和核算不清晰，企业对物流成本认识不全面。《企业物流成本构成与计算》颁布后，企业物流成本的计算有了统一、明确的参考依据，但企业通常只关注部分成本，缺乏对整体成本的全面把握。

（2）现行财务会计制度中没有单独科目核算物流成本，导致难以分离物流的相关成本。这使得大量与物流活动相关的成本难以被准确核算和管理。

（3）成本核算方法不统一，不同企业对物流成本的界定和计算方法存在差异，缺乏统一计算标准和指导。这导致不同企业物流成本之间缺乏可比性，难以进行成本效益评估和比较。

（4）缺乏成本控制和优化机制，一些企业在物流成本管理方面缺乏有效的控制和优化机制；没有建立起合理的成本控制体系和流程，缺乏针对成本优化的具体策略和措施。这使得企业难以有效降低物流成本并提高运营效率。

（5）缺乏成本管理人才和专业化团队。物流成本管理需要具备专业知识和技能的人才进行有效管理和分析，然而目前物流成本管理领域的人才供给不足，缺乏专业化的物流成本管理团队。这给企业的成本管理工作带来一定的挑战。

二、社会宏观物流成本角度

从社会宏观物流成本的角度来看，我国物流"成本高、效率低"问题仍较为突出，"单一环节成本低、全链条运行成本高""物流资源配置效率低、流通循环效率低"，不能有效满足经济高质量发展和现代化经济体系建设的总体要求。物流基础设施有效供给和衔接不足、物流整体运行效率不高、政策环境不完善等制约因素导致当前保管费用、管理费用水平偏高，以及运输费用中装卸搬运费用比重较大。总结来说，存在"三多"，即宏观物流管理条线多、收费项目多、税收负担多；"三低"，铁水运输占比低、标准化水平低、行业集中度低；"三不畅"，基础设施联通不畅、铁水干线通道不畅、信息互联共享不畅等问题。

从社会宏观物流成本角度看，生产、生活方式的改变带来了制造业物流的多批次、小批量物流快速发展，制造业物流需求将继续保持较大规模。但劳动力、土地等资源要素成本不断上升，物流降成本工作面临更加严峻的挑战，部分领域成本下降空间已相对有限。因此，需要进一步完善社会交通运输服务运行体系，使各环节高效衔接，加快发展智慧物流，提高全社会物流效率，加强要素资源保障，降低物流制度成本、物流要素成本、税费成本、信息成本等，实现物流综合成本的整体降低，为实体经济高质量发展奠定坚实基础。

第三节　物流成本管理与控制系统的基本内容

物流成本管理与控制系统由两个部分组成：一部分是物流成本管理系统，另一部分是物流成本日常控制系统。物流成本是一个经济范畴，物流成本控制要符合经济规律、价值规律的要求，运用经济杠杆、经济范畴和措施进行有效的管理。物流成本管理系统在核算基础上，运用专业经济管理方法进行管理，包括成本性态分析、成本预算、责任成本管理等。

物流成本管理是一项技术性很强的管理工作，降低物流成本需从物流技术入手。物流成本日常控制系统通过技术改善和管理水平提高来降低和控制物流成本，技术措施包括提高物流服务的机械化、集装箱化和托盘化水平，改善物流途径、缩短运输距离、扩大运输批量、提高共同运输水平，维护合理库存、管好库存物资，减少物资毁损，等等。

一、物流成本管理系统的基本内容

讲到物流成本管理，首先澄清物流成本管理的误区。人们容易将物流成本管理理解为"管理物流成本"，而忽视"为什么计算物流成本"。实际上，计算物流成本并非目的，而是通过成本计算结果来管理各项物流作业，优化整个物流系统。因此，物流成本管理的真正含义是"通过成本目标管理物流"。具体来说，物流成本管理的目的主要包括以下三个方面。

（1）把握物流成本总额，并根据企业物流成本历年数据资料，认识到企业物流成本发展的趋势。若有行业物流成本统一核算标准，还可以与行业内其他企业进行横向比较，找出差距。

（2）借助以上数据和比较结果，评估企业物流经营的绩效，从供应链全过程对物流作业进行整合、管理，甚至剥离。

（3）正确评估企业物流部门或其他物流相关部门对企业的贡献，为企业发展战略的制定提供依据。

基于以上分析，本书把物流成本管理系统分成三个层次，即物流成本核算层、物流成本管理层及物流成本效益评估层，如图 1-1 所示。

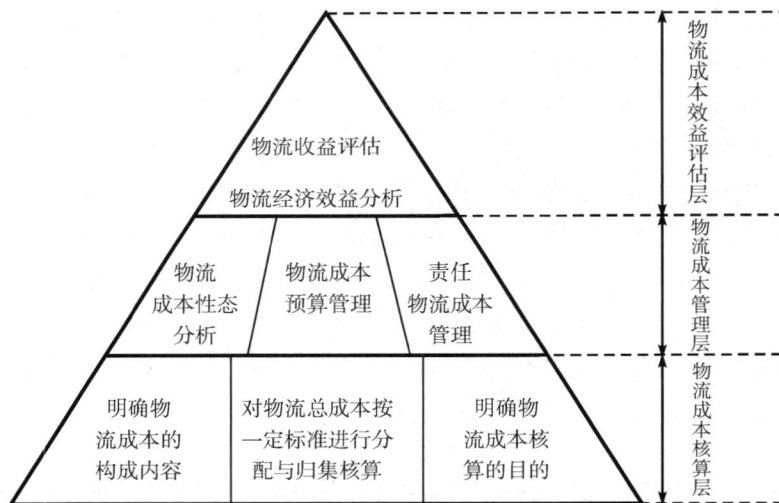

图 1-1　物流成本管理系统的层次结构与基本内容

（一）物流成本核算层

物流成本核算层的主要工作包括以下几点。

1. 明确物流成本的构成内容

物流成本的各项目之间存在此消彼长的关系，某一项目成本的下降将会带来其他项目成本的上升。因此，在达到一定服务标准的前提下，不明确物流总成本的全部构成，仅仅对其中的某一部分或某几部分进行调整和优化，未必会带来全部物流成本的最优化。所以明确物流成本的构成，将全部物流成本从原有的会计资料中分离出来是十分必要的。在此基础上，才能进行有效的物流成本核算、物流成本管理及物流成本的比较分析。

2. 对物流总成本按一定标准进行分配与归集核算

对物流总成本按一定标准进行分配与归集核算是进行物流成本决策与控制的基础。在企业经营计划确定后，根据企业制定的物流成本核算或归集对象，对产生的各种耗费进行归纳，采用相适应的成本核算方法，按照规定的成本项目，核算出各物流活动成本核算对象的实际总成本和单位成本。物流总成本可以按照不同的标准进行归集。较常用的归集方法有：根据不同的产品、不同的客户或不同的地区等成本核算对象进行归集；根据装卸费用、包装费用、运输费用、信息费用等物流职能进行归集；按照材料费、人工费等费用支付形式进行归集。这些归集方法与目前的财务会计核算口径是一致的。现在，越来越多的企业在推行作业成本法（Activity-Based Costing，ABC），这也是一种进行物流成本归集核算的有效方法。

3. 明确物流成本核算的目的

在进行物流成本有效核算的基础上，可以开展多种形式的物流成本管理。因此，在进行企业物流成本核算时，要明确物流成本核算的目的，使得整个核算过程不仅仅停留在会计核算层面，而是能够充分运用成本信息，这样对企业的用途和意义更大。

（二）物流成本管理层

物流成本管理层的主要工作是：在物流成本核算的基础上，采用各种成本管理与管理会计方法进行物流成本的管理与控制。结合物流成本的特征，可以采用的成本管理方法主要包括物流标准成本管理、物流成本性态及盈亏平衡分析、物流成本预算管理、物流责任中心和责任物流成本管理等。

物流成本管理层最重要的项目是物流成本性态分析，它是指在成本核算及其他有关资料的基础上，运用一定的方法揭示物流服务成本水平的变动，进一步查明影响物流服务成本水平的各种因素。物流成本分析，有助于检查和考核成本计划完成的情况，及时总结经验，找出实际与计划存在差异的原因，及时发现问题，查明原因，揭露物流环节存在的主要矛盾，以及根据考核结果对相关部门的绩效进行考核。

（三）物流成本效益评估层

物流成本效益评估层在物流成本核算的基础上，进行物流收益评估和物流经济效益分析；在此基础上，对物流系统的变化或改革建立模拟模型，寻求最佳物流系统的设计。

由于对物流效益进行定量评估存在一定的困难，因此，本书对物流成本效益评估层的管理也不多做论述。

二、物流成本日常控制系统的基本内容

物流成本的日常控制是指在日常物流运营的每个作业环节，依据现代物流运营理论，采用先进的物流技术与方法，提高物流技术水平和物流管理水

微课堂

物流成本日常控制
系统的基本内容

平，优化物流系统，从而降低整个企业的物流成本。

物流成本控制是物流成本管理的核心环节，是物流成本管理诸多环节中的一环。企业物流成本管理是由多个环节组成的有机整体，通过不断循环构成物流成本管理控制体系。而这一体系的中心环节是物流成本的日常控制，它也是企业创新物流技术和提高物流管理水平的手段。物流成本的预测、计划、核算、分析等成本管理技术，最终都要通过日常控制环节来实现物流成本的降低。因此，物流成本的有效管理与控制对推动物流技术的更新和物流管理水平的提高具有积极作用。现代物流成本控制需要实现全员、全过程、全环节和全方位控制。成本控制的内容不再局限于降低物流成本，而是通过成本效益分析，寻找最低的物流成本，并为了未来的更高收益而在当前支出较多的费用。例如，引进新型物流设备可能导致短期内较多的物流支出，但通过提高物流效率和降低人工成本，企业可以实现业务量的增长和净利润的增加。因此，树立现代物流成本控制意识，运用成本效益分析，可以为未来创造更大收益，对企业的效益增加至关重要。物流成本控制的对象有很多种，在实际工作中，物流成本控制一般可以分为以下主要形式。

（一）以物流成本的形成阶段作为成本控制对象

以制造企业为例，就是将供应物流成本、生产物流成本、销售物流成本、废弃物物流成本及回收物物流成本作为成本控制对象。也就是说，在供应物流、生产物流、销售物流、废弃物回收物流的不同阶段，寻求物流技术的更新和物流管理水平的提高，从而控制和降低各个阶段的物流成本。

（二）以物流服务的不同功能作为成本控制对象

从仓储、运输、包装、装卸、流通加工等各个物流作业或物流功能的角度来寻求物流管理水平的提高和物流技术的更新，控制和降低物流成本。

（三）以物流成本的不同项目作为成本控制对象

将人工费、材料费、燃料费、差旅费、办公费、折旧费、利息费、委托物流费及其他物流费等物流成本项目作为成本控制对象，通过对各费用的控制节约，谋求物流总成本的降低。

当然，企业在进行物流成本日常控制过程中，这三种物流成本的控制形式并非孤立的，而是结合在一起的，某一种形式的物流成本控制方式会影响另一种或几种形式的物流成本控制方式。物流成本日常控制系统的对象如图1-2所示。

三、物流成本的综合管理与控制

物流成本管理系统的工作包括预测和编制计划、会计系统归集和核算、分析年度物流成本、考核责任部门、反馈相关信息给相关作业与管理部门，便于挖掘降低物流成本的潜力，寻求降低物流成本的有关技术及经济措施。此外，该系统的工作还包括进行成本决策和再预测，进入下一个物流成本管理循环。该系统由预测、计划、成本计算、分析、反馈、决策和再预测等环节构成，不断循环。预测管理期按时间标准划分，可以是短期（一个月或一个季度）、中期（半年或一年）或长期的。物流成本日常控制系统主要通过更新物流技术和提高管理水平来实现物流过程的优化和成本的降低。物流过程是一个创造时间性和空间性价值的经济活动过程，为使其能提供最佳价值效能，物流环节的合理化和流程的迅速、通畅至关重要。许多技术和方法可以优化物流系统的各个环节，如通过线性规划、非线性规划制订最优运输计划，通过系统分析技术选择最佳配送路线和货物配比，用存储论确定经济合理的库存量，使用模拟技术研究整个物流系统，等等。物流成本的综合管理与控制就是要将物流成本管理系统与物流成本日常控制系统结合起来，形成一个不断优化的物流系统的循环。通过一次次循环、计算、评价，整个物流系统不断优化，最终找出物流总成本最低的最佳方案。物流成本综合管理与控制方法可以用图 1-3 表示。

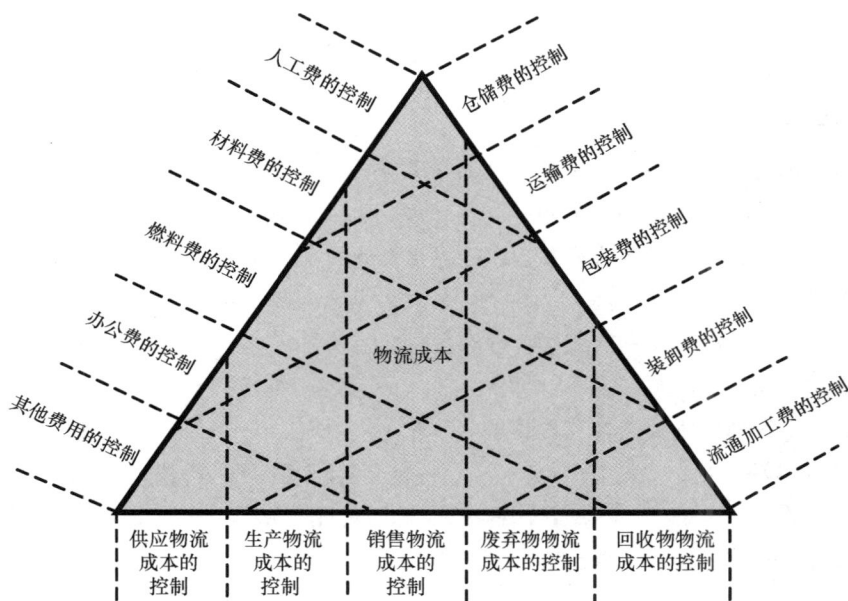

图 1-2　物流成本日常控制系统的对象

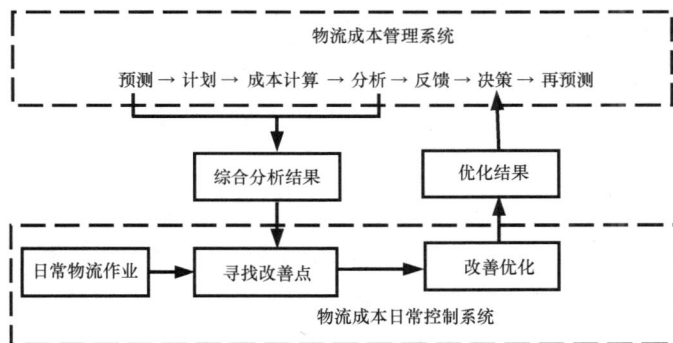

图 1-3　物流成本综合管理与控制方法

　　在实际工作中，企业应该将物流成本管理系统与物流成本日常控制系统有效地结合起来，把物流成本当成一种指标工具，在企业物流成本的日常控制中实现物流成本管理的目的。

一、填空题

1. 物流成本管理是指对物流活动中产生的_____进行全面的统计、核算和控制。

2. 在物流成本管理中，企业需要考虑的主要成本包括运输成本、仓储成本、_____等。

3. 企业可以通过优化运输路线、提高运输效率等方式来降低_____。

4. 物流成本管理的目标是实现物流成本的_____，在保证服务质量的前提下，达到成本最优化。

5. 物流成本管理需要建立合理的_____，并进行实际成本与预算成本的对比与分析。

二、单项选择题

1. 物流成本管理的核心目标是（　　）。

A. 增加销售额　　　B. 降低成本　　　C. 扩大市场份额　　　D. 提高员工满意度

2. 以下选项中，不属于物流成本管理的主要影响因素的是（　　）。

A. 运输距离　　　B. 运输方式　　　C. 仓储设备　　　D. 市场需求

3. 以下选项中，不属于物流成本管理的主要环节的是（　　）。

A. 计划与预算　　　B. 采购与供应　　　C. 运输与配送　　　D. 市场营销

4. 物流成本管理的主要工具和方法是（　　）。

A. 作业成本法　　　　　　　　　B. 现金流量表分析法

C. SWOT 分析　　　　　　　　　D. 定性研究

5. 物流成本管理的核心原则是（　　）。

A. 以成本为中心　　　B. 以客户为中心　　　C. 以效率为中心　　　D. 以竞争为中心

三、多项选择题

1. 物流成本管理的优点包括（　　）。

A. 提高利润率　　　　　　　　　B. 提升客户满意度

C. 降低运营风险　　　　　　　　D. 加强供应链合作

2. 物流成本管理的主要挑战包括（　　）。

A. 不稳定的运输费用　　　　　　B. 高昂的仓储设备成本

C. 复杂的供应链网络　　　　　　D. 缺乏技术支持和数据分析能力

3. 物流成本管理的关键措施包括（　　）。

A. 优化运输路线　　　　　　　　B. 降低库存水平

C. 提高仓储设备利用率　　　　　D. 加大市场营销投入

4. 物流成本管理的主要考虑因素包括（　　）。

A. 产品特性　　　　　　　　　　B. 供应商选择

C. 运输距离　　　　　　　　　　D. 政府政策

5. 物流成本管理的评估指标包括（　　　　）。

A. 总成本占收入比例　　　　　　　B. 客户投诉率

C. 仓储设备使用率　　　　　　　　D. 运输时间

四、名词解释

1. 物流成本。

2. 物流成本性态。

五、简答题

1. 在分析过程中，人们应该从哪些角度理解物流成本的含义？

2. 如何理解日本和欧美国家物流成本管理的发展历程？对我国物流成本管理的发展有何作用？

3. 从微观和宏观角度来看，物流成本管理有何意义？

4. 如何正确理解物流成本管理的内涵？

5. 简述物流成本管理与控制系统的构成。

六、案例分析

海尔创立于 1984 年，海尔已经成长为我国家电行业重要品牌。海尔物流部门在当初的物流基础上，整合了集团内分散在 28 个产品事业部的采购、原材料仓储配送、成品仓储配送的职能，并率先提出了 3 个准时制生产方式（Just-in-Time，JIT）的管理，即 JIT 采购、JIT 原材料配送、JIT 成品分拨物流。通过它们，海尔物流部门形成了直接面对市场的、完整的，以信息流支撑的物流、商流、资金流的同步流程体系，获得了基于时间的竞争优势，以最低的物流总成本向客户提供最大的附加价值服务。

在供应链管理阶段，海尔物流部门创新性地提出了"一流三网"的管理模式。海尔自 1999 年开始，进行以"市场链"为纽带的业务流程再造，以订单信息流为中心，带动物流、商流、资金流的运转。海尔物流部门的"一流三网"充分体现了现代物流的特征："一流"是以订单信息流为中心的；"三网"分别是全球供应链资源网络、全球配送资源网络和计算机信息网络，"三网"同步，为订单信息流的增值提供支持。

为了提高物流速度，海尔采用了复合木质地脚架，根据海尔所提供的资料，这种新型的地脚架可以节约 1/3 的时间。配送中心建立后，海尔实现了即需即供，使接货时间由原来的 2 小时缩短为 1 小时。而当配送中心由 7 座减少为 2 座后，订单响应时间又从原来的 5 天缩短为 2 天。这样的物流速度为海尔赢得了大量的客户。

除了在物流运作上拥有高效的运作流程和高水平的控制手段外，海尔在物流管理上还注重与第三方物流公司的合作。为了能够专注于自身的核心业务，海尔将其物流业务外包给第三方物流公司，由其负责除制造以外的所有其他环节的运作。这种合作方式不仅使海尔能够专注于其核心业务，同时也使第三方物流公司得到了规模经济和资源共享的好处。

请分析海尔现代物流的实质是什么。

第二章 物流成本的构成

【学习目标】

- 掌握企业物流成本的基本构成；
- 掌握制造企业、商品流通企业、物流企业三种企业物流成本的构成内容。

【引导案例】

改进物流系统要素职能

河北快运集团有限公司（以下简称"快运公司"）是由河北省交通厅发起，联合省内11个地级市各大运输集团共同出资建立的专业化物流企业，主要的业务范围为医药、日用百货、卷烟、陶瓷、化工产品的物流配送。而凯蒂服饰公司是快运公司的一个大客户，其将全部分拣、配送业务外包给了快运公司，快运公司专门为其建立了一个配送中心，用于凯蒂服饰公司的仓储分拣作业，并提供相应送货服务。随着服饰销售旺季的到来，凯蒂服饰公司下面的127家销售点发货需求也随之提高，从而导致库存增加、日发货量提高等。为了保证订单供应，快运公司急需提高其仓库存储能力和分拣能力以满足凯蒂服饰公司对配送业务量的需求并尽量达到设计要求。随着双方合作的加强，快运公司配送业务量急剧增加，不仅每天出、入库的业务量大大提高，而且库存量也随之加大，对快运公司仓库现有的存储能力和分拣能力都提出了更高的要求。快运公司通过扩充仓库面积来达到存储量的成倍增加已经不太现实，因为其于2021年对仓库面积进行了大幅度的扩充，由原来的3 000平方米，一下扩充到4 800平方米。仓库现有员工17人，员工工资在仓库总成本中占有很大比例，快运公司一直想通过精简仓库员工来降低仓库总成本，但是由于这段时期业务量不断增加，员工工作强度的确不小。另外，凯蒂服饰公司配送业务量的增加，对快运公司仓库分拣能力的提高也提出了相当大的考验。2022年快运公司每个月约有43 900箱，共计522万件服装的仓库储存量，根据对业务量的预测，5年后仓库容量要达到84 000箱、1 000万件服装。目前每天发货127家，预计将来发货300家。现在每月作业量约200万件（包括出、入库作业及退货返回），作业量虽然很大，但是将来作业量还要大幅度提高。

启发思考

如何对快运公司仓库进行改进从而使其存储能力和分拣能力满足凯蒂服饰公司对配送业务量的需求并尽量达到设计要求？

第一节　企业物流成本基本构成

本节所说的企业物流成本是指微观物流成本，具体包括制造企业的物流成本、商品流通企业的物流成本，以及物流企业的物流成本。不同类型的企业，其物流成本构成内容也会有所不同。但是，从物流功能角度来谈物流成本的基本构成，不同类型的企业基本是相同的。本章首先按物流功能分析企业物流成本的基本构成，然后再分析不同类型企业物流成本的特点。

根据国家标准《企业物流成本构成与计算》中对企业物流成本按成本项目的基本分类，企业物流成本由物流功能成本和存货相关成本构成。其中物流功能成本包括物流活动过程中所发生的运输成本、仓储成本、包装成本、装卸搬运成本、流通加工成本、物流信息成本和物流管理成本，存货相关成本包括企业在物流活动过程中所发生的与存货有关的资金占用成本、存货风险成本和存货保险成本。具体内容如表2-1所示。

表2-1　企业物流成本基本构成项目

成本项目			内容说明
物流功能成本	物流运作成本	运输成本	一定时期内，企业为完成货物运输业务而发生的全部费用，包括从事货物运输业务的人员费用，车辆（包括其他运输工具）的燃料费、折旧费、维修保养费、租赁费、过路费、年检费、事故损失费、相关税金，等等
		仓储成本	一定时期内，企业为完成货物储存业务而发生的全部费用，包括仓储业务人员费用，仓储设施的折旧费、维修保养费、水电费、燃料与动力消耗，等等
		包装成本	一定时期内，企业为完成货物包装业务而发生的全部费用，包括包装业务人员费用，包装材料消耗，包装设施折旧费、维修保养费，包装技术设计、实施费用，以及包装标记的设计、印刷等辅助费用
		装卸搬运成本	一定时期内，企业为完成货物装卸搬运业务而发生的全部费用，包括装卸搬运业务人员费用，装卸搬运设施折旧费、维修保养费、燃料与动力消耗，等等
		流通加工成本	一定时期内，企业为完成货物流通加工业务而发生的全部费用，包括流通加工业务人员费用，流通加工材料消耗，加工设施折旧费、维修保养费，燃料与动力消耗费，等等
	物流信息成本		一定时期内，企业为采集、传输、处理物流信息而发生的全部费用，指与订货处理、储存管理、客户服务有关的费用，具体包括物流信息人员费用，软硬件折旧费、维护保养费，通信费，等等
	物流管理成本		一定时期内，企业物流管理部门及物流作业现场所发生的管理费用，具体包括管理人员费用、差旅费、办公费、会议费等
存货相关成本	资金占用成本		一定时期内，企业在物流活动过程中负债融资所发生的利息支出（显性成本）和占用内部资金所发生的机会成本（隐性成本）
	存货风险成本		一定时期内，企业在物流活动过程中所发生的物品损耗、毁损、盘亏及跌价损失等
	存货保险成本		一定时期内，企业在物流活动过程中，为预防和减少因物品丢失、损毁造成的损失，而向社会保险部门支付的物品财产的保险费用

下面分别对企业物流成本的基本构成项目进行分析。

一、运输成本

在现代企业物流中，运输在经营业务中占有主导地位，运输成本在整个物流成本中占有较大比例。因此，物流合理化在很大程度上依赖于运输合理化，而运输合理与否直接影响运输成本的高低，进而影响物流成本的高低。

运输成本是指一定时期内，企业为完成货物运输业务而发生的全部费用，包括支付的外部运输费和自有车辆运输费，具体内容包括以下三个部分。

（1）人工费，主要是指从事运输业务的人员的费用，如工资、福利费、奖金、津贴和补贴、住房公积金、人员保险费等。

（2）维护费，主要是指与运输工具及其运营有关的费用，具体包括营运车辆的燃料费、轮胎费、折旧费、维修费、租赁费、车辆牌照检查费、车辆清理费、养路费、过路费、保险费等。

（3）一般经费，主要是指在企业运营业务开展过程中，除人工费和维护费之外的其他与运输工具或运输业务有关的费用，如事故损失费等。

二、仓储成本

在许多企业中，仓储成本是物流成本的重要组成部分，物流成本的高低常常取决于仓储成本的大小。而且，企业物流系统所保持的库存水平对企业为客户提供的物流服务水平起着重要作用。仓储成本是指一定时期内，企业为完成货物储存业务而发生的全部费用，包括支付的外部仓储费和使用自有仓库的仓储费，具体包括以下三个部分。

（1）人工费，主要是指从事仓储业务的人员的费用，如工资、福利费、奖金、津贴和补贴、住房公积金、人员保险费等。

（2）维护费，主要是指与仓库及保管货物有关的费用，具体包括仓储设施的折旧费、设施设备维护保养费、水电费、燃料与动力消耗等。

（3）一般经费，主要是指在企业仓储业务开展过程中，除人工费和维护费以外的其他与仓库或仓储业务有关的费用，如仓库人员办公费、差旅费等。

目前，在一些教材中，仓储成本的含义比较广泛，通常包括仓储持有成本、订货或生产准备成本、缺货成本和在途库存持有成本等，其中资金占用成本、存货风险成本和存货保险成本等均包含在其中。而国家标准《企业物流成本构成与计算》中的仓储成本是指狭义的仓储成本，仅指为完成货物储存业务而发生的全部费用，与仓储活动相关的存货占用资金成本、保险费用、仓储风险成本等将另行考虑。

三、包装成本

包装作为物流活动的功能之一，在物流中也占有重要的地位，其所发生的耗费约占物流成本的10%，有的商品包装成本甚至高达物流成本的50%。因此，加强包装成本的管理与核算，可以降低物流成本，提高企业的经济效益。包装成本是指一定时期内企业为完成货物包装业务而发生的全部费用，包括运输包装费和集装、分装包装费，具体包括以下几个方面。

（1）材料费，主要指包装业务所耗用的材料费。常见的包装材料有多种，包装材料功能不同，成本差异也较大。企业的包装材料除少数自制外，大部分是通过采购取得的。

（2）人工费，主要指从事包装业务的人员的费用，具体包括包装业务人员的工资、福利费、奖金、津贴和补贴、住房公积金、人员保险费等。

（3）维护费，主要指与包装机械有关的费用，包括设备折旧费、维修费、能源消耗费及低值易耗品摊销等。

（4）一般经费，在包装过程中除了材料费、人工费和维护费外，还会发生诸如包装技术设计、实施费用和辅助费用等其他杂费，这部分费用通常列入一般经费。一般经费例如包装标记、标志的设计费用、印刷费用，辅助材料费用，以及需要实施缓冲、防潮、防霉等各种包装技术的设计和实施费用，等等。

根据国家标准《企业物流成本构成与计算》的分类，对于进入流通加工环节所实施的包装作业所发生的成本列入流通加工成本，不列入包装成本。

四、装卸搬运成本

装卸搬运成本是指一定时期内企业为完成货物装卸搬运业务而发生的全部费用，具体内容包括以下几个方面。

（1）人工费，主要指从事装卸搬运业务人员的相关费用，具体包括装卸搬运业务人员的工资、福利费、奖金、津贴和补贴、住房公积金、人员保险费等。

（2）维护费，维护费是指在装卸搬运过程中需要使用的一些起重搬运设备和输送设备等的折旧费、维修费、能源消耗费等。

（3）一般经费，是指在物品装卸搬运过程中发生的除人工费和维护费之外的其他费用，如分拣费、整理费等。

五、流通加工成本

流通加工成本是指在一定时期内，企业为完成货物流通加工业务而发生的全部费用，包括支付的外部流通加工费用和自有设备流通加工费，具体包括以下几个方面。

（1）人工费，主要指从事流通加工业务的人员的费用，具体包括流通加工业务人员的工资、福利费、奖金、津贴和补贴、住房公积金、人员保险费等。

（2）材料费，指在流通加工过程中，投入流通加工过程中的一些辅助材料和包装材料消耗的费用。

（3）维护费，流通加工过程中往往需要使用一定的设备，如电锯、剪板机等，与这些流通加工设备相关的折旧费、摊销费、维修保养费及耗用的电力、燃料、油料等费用被归入维护费。

（4）一般经费，是指除上述费用外，在流通加工中耗用的其他费用支出，如流通加工作业应分摊的车间经费及其他管理费用支出等。

六、配送成本

配送是指在经济合理区域范围内，根据客户要求，对物品进行拣选、加工、包装、分割、组配等作业，并按时送达指定地点的物流活动。配送是物流系统中一种特殊的、综合的活动形式。从物流角度来说，配送几乎包含所有的物流功能要素，是物流的一个缩影或在较小范围内物流全部活动的体现。一般的配送集运输、仓储、包装和装卸搬运于一身，特殊的配送还包括流通加工。

正因为配送集若干物流功能于一身，所以在国家标准《企业物流成本构成与计算》的分类中，将配送成本归入在配送物流范围内的运输、仓储、包装、装卸搬运和流通加工成本中，不单独将配送成本作为物流功能成本的构成内容。

在国家标准《企业物流成本构成与计算》的分类中，将运输成本、仓储成本、包装成本、装卸搬运成本、流通加工成本看作物流运作成本。

在企业物流成本管理实务中，仍然可以把配送成本从物流运作成本中单列出来，进行单独的核算和分析，以更有效地进行物流成本的分析与管理。在这种方式下，根据配送流程及配送环节，配送成本应由以下费用构成。

（1）配送运输费用，主要包括配送运输过程中发生的车辆费用和营运间接费用。

（2）分拣费用，主要包括配送分拣过程中发生的分拣人工费用及分拣设备费用。

（3）配装费用，主要包括配装环节发生的材料费用、人工费用。

（4）流通加工费用，主要包括流通加工环节发生的设备使用费、折旧费、材料费及人工费用等。

七、物流信息成本

物流信息成本是指一定时期内，企业为完成物流信息的采集、传输、处理等活动所发生的全部费用，具体包括人工费、维护费和一般经费三部分内容。

（1）人工费，主要指从事物流信息管理工作的人员的费用，具体包括物流信息人员的工资、福利费、奖金、津贴、补贴、住房公积金、劳动保护费、人员保险费和其他一切用于物流信息管理人员的费用等。

（2）维护费，物流信息管理过程中需要投入软件系统和硬件设施。物流信息成本中的维护费主要是指与物流信息软硬件系统及设施有关的费用，如物流信息系统开发摊销费、信息设施折旧费及物流信息系统维护费等。

（3）一般经费，指在物流信息活动过程中，除了人工费和维护费外，所发生的其他与物流信息有关的费用，如在采购、生产、销售过程中发生的通信费、咨询费等。

八、物流管理成本

物流管理成本是指一定时期内，企业为完成物流管理活动所发生的全部费用，包括物流管理部门及物流作业现场所发生的管理费用，具体包括人工费、维护费和一般经费三部分内容。

（1）人工费，主要指从事物流管理工作的人员的费用，具体包括物流管理人员的工资、福利费、奖金、津贴、补贴、住房公积金、劳动保护费、人员保险费和其他一切用于物流管理人员的费用等。

（2）维护费，物流管理人员在物流管理过程中，会使用有关软件系统和硬件设施进行管理，这些软硬件系统及设施的折旧费、摊销费、修理费等被归为维护费。

（3）一般经费，指物流管理活动中，除了人工费、维护费外的其他费用支出。一般经费如物流管理部门、物流作业现场及专门的物流管理人员应分摊的办公费、会议费、水电费、差旅费等，还包括国际贸易中发生的报关费、检验费、理货费等。

一般来说，物流信息成本、物流管理成本与运输成本、仓储成本、包装成本、装卸搬运成本、流通加工成本等物流运作成本共同构成了物流功能成本，纵观物流活动的全程，上述物流功能成本基本涵盖了物流系统运作的全部费用。

在国家标准《企业物流成本构成与计算》的分类中，物流成本除了包括上述物流功能成本外，还包括与存货有关的资金占用成本、存货风险成本和存货保险成本。

九、资金占用成本

从企业物流角度来看，资金占用成本包含占用资金的利息费用，且利息费用在物流活动保管费用中占比较大。有学者认为，加快资金周转速度、减少资金占用成本是降低物流成本的重要途径。因此，企业应将资金占用成本作为重点进行管理和控制。将资金占用成本计入物流成本，明确了减少原材料、产成品等存货在物流环节的无效流通，以及降低资金占用成本是降低物流总成本的关键。资金占用成本是指一定时期内，企业在物流活动过程中因持有存货占用资金所发生的成本，包括存货占用银行贷款所支付的利息（显性成本）和存货占用自有资金所发生的机会成本（隐性成本）。

隐性成本是指企业没有实际发生，会计核算中没有反映但在物流管理和决策过程中应予考虑的机会成本。目前，理论界探讨的隐性物流成本包括库存积压降价处理、库存呆滞产品、回程空载、产品损耗、退货及缺货损失等，但从可操作性和适用性的要求出发，更多情况下，企业只考虑资金占用成本。

十、存货风险成本

在物流活动中，由于不确定因素，存货面临风险损失，如运输中可能发生破损或丢失、装卸中可能发生货物损耗、保管中可能发生货物毁损等。长期保管存货可能导致跌价损失。存货风险成本是指一定时期内，企业在物流活动过程中所发生的物品损耗、毁损、盘亏及跌价损失等。广义上说，无论会计核算体系是否反映，只要存货发生了风险损失，都应计入存货风险成本。但是从可操作性和重要性的角度考虑，一般仅将显性成本即会计核算体系中反映的存货损失计入存货风险成本，对于会计核算体系中没有反映的贬值、过时损失等，不包括在存货风险成本中。

十一、存货保险成本

近年来，很多企业开始采取对产品投保的方式来减少风险损失。保险费支出与产品价值和类型以及产品丢失或损坏的风险程度等因素相关。

存货保险成本是指一定时期内，企业在物流活动过程中，为预防和减少因物品丢失、损毁造成的损失，而向社会保险部门支付的物品的保险费用。

第二节　制造企业物流成本的构成内容及案例分析

制造企业物流是指单个制造企业的物流活动，是微观物流的主要形式。制造企业物流包括从原材料采购开始，经过基本制造过程的转换活动，到形成具有一定使用价值的产成品，直到把产成品送给中间商（商业部门）或用户全过程的物流活动。

一、制造企业物流成本的构成

按照物流的定义，制造企业物流包括供应物流、生产物流、销售物流及废弃物回收物流几个方面。与物流系统流程相对应，制造企业的物流成本也应该包括供应物流成本、生产物流成本、销售物流成本与废弃物回收物流成本四个方面。

（一）供应物流成本的构成

制造企业供应物流是指经过采购活动，将企业生产所需原材料（生产资料）从供给者的仓库（或货场）运回企业仓库的物流活动。制造企业供应物流包括确定原材料等的需求数量、采购、运输、流通加工、装卸搬运、储存等物流活动。供应物流成本的构成内容主要包括：订货采购费，如采购部门人员工资、差旅费、办公费等；运输费，如外包运输费、运输车辆折旧、运输损耗、油料消耗及运输人员工资等；验收入库费用，如验收费用、入库作业费；仓储保管费，如仓储人员工资、仓储设施折旧、合理损耗、仓库办公费用；存货占用资金的利息费用等。

在以上物流成本构成项目中，存货占用资金的利息费用应该引起企业物流管理者的重视。在我国现行的会计制度中，并没有专门一个项目来核算存货占用资金的利息费用（或称为机会成本），而实际上，存货占用资金的利息费用在总的物流成本（特别是仓储费用）中占有相当大的比例。由于会计制度的问题，该项费用往往容易被管理者忽略。

（二）生产物流成本的构成

制造企业生产物流是指根据企业布局、产品和工艺流程的要求，实现物料在企业内部供应库与车间、车间与车间、工序与工序、车间与成品库之间的流转。其范围从原材料等供应仓库开始，经过制造转换形成产品，直至产品进入成品库待销售。制造企业生产物流成本包括内部搬运费、物流设施折旧费、存货占用资金利息和半成品仓库储存费用等。由于生产物流伴随企业的生产过程而发生，其成本的发生也与生产成本密切结合，所以一般来说企业很难对生产物流成本进行独立的核算。而生产物流的改善也不仅仅与降低生产物流成本相关，它也与企业的生产组织方式、生产任务的安排密切相关，因此，离开生产计划和生产组织来独立进行生产物流成本的分析和研究显得不切合实际。

（三）销售物流成本的构成

制造企业销售物流是指企业经过销售活动，将产品从成品仓库通过拣选、装卸搬运、运输等环节，一直到运输至中间商的仓库或消费者手中的物流活动。这就是一般意义上的流通过程物流活动，是狭义物流的基本内容。

销售物流成本的主要构成为：产成品储存费用，如成品库人员工资、折旧、合理损耗、仓库费用等；销售过程中支付的外包运输费；自营运输设施的折旧、油料消耗、运输人员工资；销售配送费用，包括配送人员工资、配送车辆折旧和支出等；退货物流成本；等等。

（四）废弃物回收物流成本的构成

企业废弃物回收物流的成本与特定的行业相关，如制糖业、造纸业、印染业等，都要发生废弃物回收物流，整个废弃物回收物流过程中发生的人工费、材料费、机器设施设备的折旧费及其他各种支出，都是废弃物回收物流成本的内容。

制造企业物流成本的构成除了从物流流程的角度进行分析外，也可以按照物流成本项目来分析。制造企业物流成本项目主要包括人工费，材料消耗，运输设施、仓库设施的折旧，合理损耗，存货占用资金的利息，管理费用，委托物流费用等。

二、制造企业物流成本构成案例分析

需要指出的是，在企业物流成本的分析过程中，对于物流成本的构成内容并不能一味地生搬硬套，而是要依据企业的业务特点、组织结构状况及企业成本管理的要求，结合自身情况进行有效的物流成本归类，以真正达到充分利用物流成本进行成本控制和物流系统优化的目的。下面是某著名家电制造企业物流成本的构成内容分类案例。

（一）物流成本的构成内容

结合该企业的实际情况，企业将物流成本分为六个构成部分，即物流运作成本（包括运输费用和仓库费用）、存货持有成本（由存货占用资金成本、调价损失成本、库存风险成本、库存服务成本四个部分组成）、缺货损失成本、订单处理及信息技术（Information Technology，IT）成本、采购费用及其他管理费用。图 2-1 反映了该企业物流成本的构成。

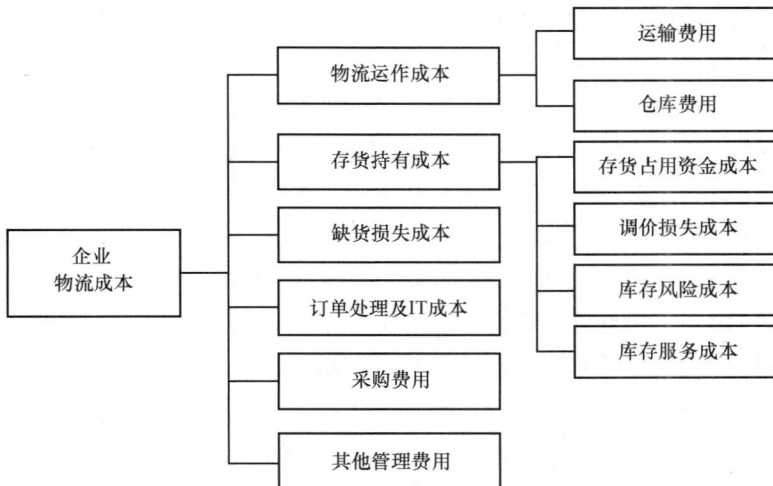

图 2-1　某著名家电制造企业物流成本的构成

需要注意的是，优化部分物流成本会减少单项物流成本，但同时可能会造成物流总成本的增加。因此，企业必须把物流看成一个整体的系统，以减少物流总成本为目标来管理物流运作。

传统意义上的物流成本往往注重物流运作成本，物流运作成本包括运输费用及仓库费用。很多企业在统计企业内部的物流成本时就只是把物流运作成本作为物流总成本。

1. 物流运作成本

物流运作成本包括运输费用和仓库费用。

（1）运输费用指的是企业对原材料、在制品及产成品的所有运输活动所产生的费用，包括直接运输费用和管理费用。直接运输费用包括原材料、在制品及产成品在不同仓库之间调拨及反向物流所产生的运输费用。如果企业的运输交由第三方物流公司运作，则合同上的费用即运输费用；如果运输由企业自己运作，则运输费用还包括车辆折旧、维修等相关费用。管理费用指的是运输调度人员、司机等相关人员的工资、福利费等费用。

（2）仓库费用包括仓库租金和仓库折旧、设备折旧、装卸费、物流包装材料费用及管理费用。仓库租金包括原材料、在制品及产成品仓库的租金，如果是自建仓库，则仓库费用包括对仓库的折旧。设备折旧是指仓库内的物流运作设备，如叉车、手持扫描仪、货架等的折旧。装卸费是指进仓、出仓及仓库内运作时的搬卸费用。物流包装材料费用是指为了提高装卸效率或避免货物在运输途中损坏而使用的一些包装材料所对应的费用，如薄膜类包装等，同时包括由于产品外包装损坏而需要重新更换包装所产生的费用。管理费用包括仓库管理及运作人员工资、福利费等与仓库运作相关的费用。

2. 存货持有成本

存货对大部分制造企业来说几乎是最大的一项投资，高度的市场竞争造成了企业产品种类及数量的迅速增加以满足各细分市场的需求。一般来说，存货占制造企业资产的20%以上。存货持有成本通常是大部分制造企业物流成本中的最大项，但是很多企业从来没有精确计算过存货持有成本，或者只是以当前的银行利率乘以存货价值再加上其他一些费用，如保险费等，作为存货持有成本。实际上，存货持有成本包括存货占用资金成本、调价损失成本、库存风险成本和库存服务成本。

（1）存货占用资金成本。存货以占用资金为代价，而资金存在机会成本。资金的机会成本是指，如果资金未被存货占用，将这些资金投放到其他投资领域所能产生的预期回报。按照业内平均水平，物流行业可以将"15%×存货价值"作为计算存货占用资金成本的公式，部分国外企业通常会以更高的比例来计算存货占用资金成本。现实情况中，很多企业往往忽视了存货占用资金成本的存在，或者只是以一年期银行贷款利率作为存货占用资金成本计算比率，实际上存货占用资金成本在企业总物流成本中往往占了相当大的比例。

（2）调价损失成本。调价损失成本是指由于市场的变化、激烈的竞争、产品的更新换代或其他原因造成产品市场价格下降，从而造成存货价值的降低。不同产品的价格对市场的敏感度不同，高科技产品、电子产品更新换代较快，所以这类产品的调价损失成本相对会大得多。

（3）库存风险成本。库存风险成本是指货物存放在仓库中由于各种原因所造成的损失。部分货物放置太久，或者平时对货物的保养不好，会造成货物的损坏，即变为残品废品。在运输、搬运或装卸过程中，意外或其他原因也可能造成货物的损坏。在盘点时还可能发现实际库存比账面库存少，即出现盘点损失。出现盘亏现象的原因有很多，如在以往发货时不小心多发了货等。此外，货物存放在仓库中也可能由于被盗而产生损失。

（4）库存服务成本。库存服务成本包括保险费用和税收。保险费用是指为库存投保所支付的保险费用。税收是指在库存所有权转移中可能发生的税收。

3. 缺货损失成本

缺货损失成本是指不能满足客户订单或需求所造成的销售利润损失。它不仅包括当客户要货而仓库没有存货时所造成的损失，还包括当客户由于订货或送货时间太长、送货时间不稳定或其他与物流服务相关的原因而不在企业购买货物所造成的损失。缺货损失成本很难精确统计，所以大部分企业只有在满足设定的客户服务水平（如订货满足率为95%）的前提下尽量降低其他物流成本。

4. 订单处理及IT成本

订单处理指从客户下订单开始到客户收到货物为止，这一过程中所有单据处理活动。与订单处理活动相关的费用属于订单处理费用，包括订单录入费用和订单传输费用。前者是指对销售订单的录入处理，主要为对订单录入人员的管理费用。后者是指订单在各部门之间传输而造成的费用。订单传输方式有多种，可以通过电子数据方式，如电子数据交换（Electronic Data Interchange，EDI）等，也可以通过传真等方式。

IT成本是指与物流管理运作相关的IT方面的成本，包括软硬件折旧或摊销、系统维护及管理费用。具体来讲，IT成本是指用于物流管理及运作的计算机等硬件的折旧、软件开发费用或软件的摊销，软件如仓库管理系统（Warehouse Management System，WMS）、运输管理系统（Transportation Management System，TMS）等。对物流IT系统的运行及维护费用，以及相关IT人员的管理费用也应计算在其中。

5. 采购费用

采购费用是指与采购原材料或部件相关的物流成本，包括采购人员管理费用、采购计划制订人员的管理费用、采购订单费用、原材料或部件检验入库费用（其中原材料的库存保有成本已统一纳入"存货持有成本"项目中）。

6. 其他管理费用

其他管理费用是指其他与物流管理及运作相关的人员（如市场预测人员、库存计划制订人员、负责给客户开单的财务及会计人员等）的管理费用。在企业实际运作中，由于物流、商流没有分开独立运作，销售人员会承担部分物流方面的工作，如安排送货车辆等。

（二）企业物流成本构成的计算分析

图2-2反映了某家电制造企业物流成本的构成统计。

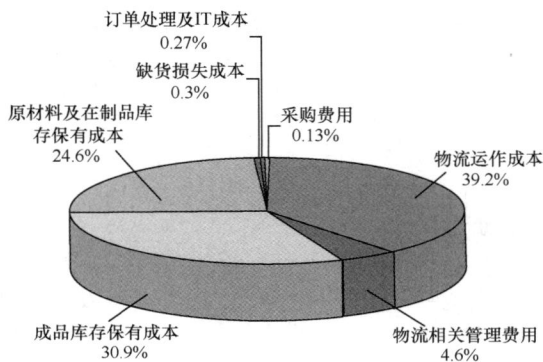

图2-2　某家电制造企业物流成本构成统计

（1）物流运作成本占物流总成本的 39.2%，包括原材料及成品的仓储及运输费用、固定物流设施折旧。

（2）存货持有成本可以从原材料及在制品、成品两个方面进行分析。原材料及在制品库存保有成本占物流总成本的 24.6%，这里取库存价值的 15%作为存货占用资金成本，其余为调价损失成本及库存服务成本。成品库存保有成本占物流总成本的 30.9%，这里取库存价值的 15%作为存货占用资金成本，其余为调价损失成本及库存服务成本。

（3）物流相关管理费用占物流总成本的 4.6%，主要是物流相关人员的工资、福利费。

（4）采购费用占物流总成本的 0.13%，这里指采购部门产生的所有费用，包括测试费用及仪器折旧。

（5）订单处理及 IT 成本占物流总成本的 0.27%，这里主要计算了物流专用软件的摊销及网络费用。

（6）缺货损失成本占物流总成本的 0.3%，这里缺货产生的利润损失为估计值。

这家企业在正确统计物流总成本之前，总认为物流总成本就是物流运作成本，已经非常低，没有较大的改进空间，实际上其因未把存货持有成本纳入统计范畴而产生了错误理解。从图 2-2 中可以看出，在物流总成本中，存货（含原材料、在制品和成品）保有成本已经超过物流运作成本，成为物流总成本中的最大成本项。如何在保证一定的客户服务水平的前提下减少原材料及成品库存已成为首先需要解决的问题。

另外，需要指出的是，物流总成本是企业管理物流运作的主要参考指标，但由于独立的物流总成本只是一个绝对值，并不能相对客观地反映企业的物流运作状况，所以在评估及管理物流运作时通常以企业物流管理及运作所达到的物流服务水平为比较前提，以物流总成本占销售收入的比例或商品总成本作为衡量物流运作绩效的指标。

第三节　商品流通企业物流成本的构成内容及案例分析

商品流通企业主要是指商品批发企业、商品零售企业和连锁经营企业等。商品流通企业物流成本是指在组织商品的购进、运输、仓储、销售等一系列活动中所消耗的人力、物力、财力的货币表现，相对于制造企业来说，商品流通企业只是减少了生产物流的环节，并且其供应和销售物流是一体化的。

一、商品流通企业物流成本的构成

由于商品流通企业供应和销售物流过程往往是一体的，所以可以将商品流通企业物流成本划分如下：

（1）人工费用，包括与物流相关的员工的工资、奖金、津贴及福利费等；

（2）营运费用，如物流运营中的能源消耗、运杂费、折旧费、办公费、差旅费、保险费等；

（3）财务费用，指经营活动中发生的存货资金使用成本支出，如利息、手续费等；

（4）其他费用，如与物流相关的税金、资产损耗、信息费等。

商品流通企业的经营方式不同，其物流成本占营业额的比例也不同。日本的一项统计结果显示，商品流通企业中物流成本占营业额的比例较大的是批发销售企业和便利商店，其物流成本占营业额10%以上，但是同属于零售业的百货公司的这一比例仅有2.23%。

二、商品流通企业物流成本构成案例分析

考虑到商品流通企业运输—仓储—配送的物流过程往往是一体化运作的，因此商品流通企业的物流成本构成情况除了上述按照成本项目划分外，实际工作中往往可以按照物流的基本流程来划分。

某省石油公司主要经营成品油销售业务，在物流组织上，在省会城市设立物流中心，将油库和调运部门的职能、人员和设备设施一并上收，统一集中管理；在地级市层面成立配送中心，直接隶属于物流中心，负责对油库和调运配送的管理；对运输管理体制进行社会化的改革，把油品配送业务交由社会承运商来完成。根据物流管理的基本功能活动，物流总成本由三部分构成，即：物流总成本=库存成本+运输成本+配送中心（油库）运行成本。

（1）库存成本。集团公司成品油实行调拨制度，存货周转根据市场和上中下游产业的经营情况确定，一般只考虑库存成品油占用资金成本。2022年，物流中心所属油库日均库存油品23.2188万吨，日均出库2.2万吨，周转期为10.5天，以2022年一年贷款利息率计算，库存占用资金利息为7 272.192 5万元，如表2-2所示。

表2-2　2022年某省石油公司日均库存情况

项目	数量（万吨）	单价（元/吨）	金额（万元）	一年贷款利息率（%）	库存占用资金利息（万元）
汽油	10.567 5	5 085	53 735.737 5	6.12	3 288.627 1
柴油	12.651 3	5 145	65 090.938 5	6.12	3 983.565 4
合计	23.218 8	—	118 826.676	—	7 272.192 5

（2）运输成本。某省石油公司对运输管理体制进行社会化的改革，把油品配送业务交由社会承运商来完成，并统一了运费标准为0.56元/吨·公里。物流配送是通过相关管理系统优化和统计的，每趟次的配送数量是准确统计的，油库到加油站的站库距离通过点到点的测量，也是比较准确的，因此，二次物流运输成本比较明了规范。2022年某省石油公司物流配送油品589万吨，产生二次物流运费19 878万元。

（3）配送中心（油库）运行成本。某省石油公司在用28个配送中心（油库），配送中心（油库）的成本是按照每个配送中心单独核算的，主要考核吨油费用和人均吞吐量。某省石油公司在用28个配送中心（油库），2022年共发生费用7 634万元。2022年某省石油公司物流成本如表2-3所示，各种成本所占比例如图2-3所示。

表2-3　2022年某省石油公司物流成本　　　　　　　　　　单位：万元

合计	运输成本	库存成本	配送中心（油库）运行成本
34 784.192 5	19 878	7 272.192 5	7 634

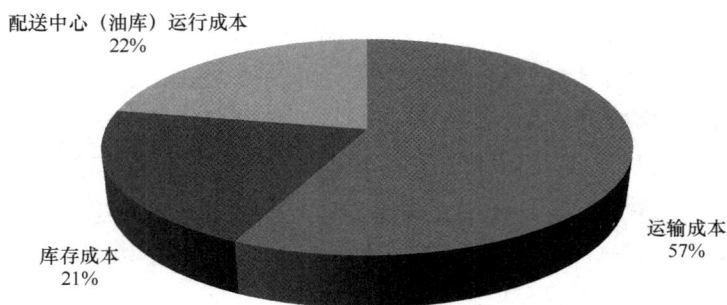

图 2-3　某省石油公司物流成本构成

第四节　物流企业物流成本的构成内容及案例分析

物流企业是为货主企业提供专业物流服务的，它包括一体化的第三方物流服务企业，也包括提供功能性物流服务的企业，如仓储公司、运输公司、货运代理公司等。物流服务企业通过专业化的物流服务来降低货主企业物流运营的成本，并从中获得利润。

一、物流企业的物流成本构成

物流企业的整个运营成本和费用实际上就是货主企业转移的物流成本。物流企业的全部运营成本和费用都可以看作广义上的物流成本。按照我国会计制度的规定，物流企业的成本费用项目包括税金及附加、经营费用、管理费用三大类。

（一）税金及附加

物流企业的税金及附加主要包括城市维护建设税、教育费附加、房产税、城镇土地使用税、车船税、印花税等。

物流企业应缴纳的城市维护建设税是根据应缴纳的增值税，按照税法规定的税率计算缴纳的一种地方税。计算公式如下。

城市维护建设税=应纳增值税×适用的城市维护建设税税率

教育费附加也是根据缴纳的增值税按规定比例计算缴纳的一种地方附加费。计算公式如下。

教育费附加=应纳增值税×适用的教育费附加费率

（二）经营费用与管理费用

除了可以作为成本在税前扣除的税金及附加之外，物流企业的各项费用一般可以归为经营费用和管理费用两大类。经营费用可以看成与企业的经营业务直接相关的各项费用，如运输费、装卸费、包装费、广告费、营销人员的人工费、差旅费等；而管理费用一般是指企业为组织和管理整个企业的生产经营活动而发生的费用，包括行政管理部门管理人员的人工费、修理费、办公费、差旅费等。

二、物流企业的物流成本构成案例分析

表 2-4 是某物流公司的利润表,从表中可以清楚地看出该公司经营费用和管理费用的构成内容,财务费用主要是公司对外负债的利息支出。物流企业发生的各项费用就是物流企业的物流成本。

表 2-4　某物流公司利润表　　　　　　　　　　单位:万元

项目	行次	本年累计
一、营业收入	1	4 343 871.40
二、各项费用合计	2	4 002 061.61
1．经营费用	3	2 946 706.53
（1）装卸费	4	1 235 052.98
（2）保管费	5	25 060.00
（3）保险费	6	5 027.00
（4）差旅费	7	16 531.00
（5）工资及福利费	8	1 601 960.05
（6）其他	9	63 075.50
2．管理费用	10	1 055 027.63
（1）员工待业保险费	11	35 355.12
（2）业务活动费	12	9 584.90
（3）工会经费	13	5 868.00
（4）劳动保险费	14	213 445.80
（5）员工教育经费	15	550.00
（6）租赁费	16	15 261.20
（7）折旧费	17	273 538.41
（8）修理费	18	73 770.60
（9）低值易耗品	19	86 037.70
（10）其他：小计	20	341 615.90
——会议费	21	16 050.00
——邮电费	22	68 541.23
——水电费	23	168 947.41
——文具费	24	6 198.75
——印刷费	25	5 353.90
——防洪费	26	6 997.15
——管理费	27	33 244.00
——其他	28	36 283.46
3．财务费用	29	327.45
三、税金及附加	30	234 124.57
四、营业外支出	31	—
五、以前年度损益调整	32	—
六、利润总额	33	107 685.22
七、企业所得税	34	26 921.31
八、净利润	35	80 763.91

在进行物流成本分析时,也可以不区分物流企业的经营费用和管理费用,而是按照费用项目将物流成本进行分类。表 2-5 是某个以运输业务为主的物流公司按照费用项目对物流成本进行的归类。

表 2-5　某物流公司物流成本　　　　　　　　　　　　　　单位：万元

序号	项目	全年发生额	备注说明
1	人工费	193.12	包括工资、社会保险和福利费等。福利费按工资总额的14%计算，社会保险按工资总额的一定百分比计算
2	水电动力燃料费	262.05	包括水、电、燃油和采暖费用
3	固定资产折旧费	733.30	
4	车辆养路和保险费	46.80	
5	维护修理费	125.00	
6	路桥费	300.00	
7	开办费摊销	83.33	
8	通信费	24.00	
9	专用线路使用费	25.00	
10	差旅费	50.00	
11	固定资产保险费	110.00	
12	其他管理费	120.00	包括办公用品、业务招待费等
13	财务费用	247.50	
14	税金及附加	188.06	包括城市维护建设税（7%）和教育费附加（3%）、房产税、城镇土地使用税、车船税、印花税等
	合计	2 508.16	

第五节　社会物流成本的构成内容

社会物流成本是一个国家在一定时期内发生的物流总成本，是不同性质企业微观物流成本的总和。一个国家物流成本总额占国内生产总值（GDP）的比例，已经成为衡量各国物流服务水平和物流发展水平高低的指标。

美国、日本等发达国家对物流成本的研究工作非常重视，已经对物流成本持续进行了必要的调查与分析，建立了一套完整的物流成本收集系统，并将各年的资料加以比较，随时掌握国内物流成本变化情况以供企业和政府参考。我国也建立了相应的社会物流成本统计制度和核算标准。

目前，各国物流学术界和实务界普遍认同的计算社会物流成本的概念性公式为：

$$物流总成本 = 运输成本 + 存货持有成本 + 物流管理成本$$

基于这个概念性公式，可以认为，社会物流成本由以下部分构成。

- 运输成本（Transportation Cost）。
- 存货持有成本（Inventory Carrying Cost）。
- 物流管理成本（Logistics Administration Cost）。

一、运输成本

运输成本包括公路运输费用、铁路运输费用、水路运输费用、航空运输费用、货运代理费用、油料管道运输与货主费用等。公路运输费用包括城市内运输费用与区域间卡车运输费用，货主费用包括运输部门运作及装卸费用。

运输成本测算的数据是基于伊诺运输基金会出版的《美国运输年度报告》（*Transportation in America*）。

二、存货持有成本

存货持有成本是指花费在保管货物上的费用，除了包括仓储、残损、人力费用，保险费和税收费用外，还包括库存占压资金的利息。其中利息是由当年美国商业利率乘以全国商业库存总金额得到的。把库存占压的资金利息加入物流成本，这是现代物流与传统物流成本计算的最大区别，只有这样，降低物流成本和加快资金周转速度才从根本利益上统一起来。美国库存占压资金的利息在美国企业平均流动资金周转次数达到 10 次的条件下，约为库存成本的 1/4，为总物流成本的 1/10，数额之大，不可忽视。仓储费用既包括公用仓库费用，也包括私人仓库费用。

在计算存货持有成本时，存货价值的数据来源于美国商务部的《国民收入和生产核算报告》（*National Income and Product Account*）、《当前商业状况调查》（*Survey of Current Business*）和《美国统计摘要》（*U. S. Statistical Abstract*）等。将得到的数据代入 Alford-Bangs 公式即可测算出存货持有成本。Alford-Bangs 公式中存货持有成本占存货价值的比例如表 2-6 所示。

表 2-6　存货持有成本占存货价值的比例

序号	项目	比例（%）
1	保险费	0.25
2	仓储费	0.25
3	税费	0.50
4	运输费	0.50
5	搬运费	2.50
6	贬值	5.00
7	利息	6.00
8	过时	10.00
9	总计	25.00

资料来源：L P Alford and John R Bangs (eds.). Production Handbook.New York：Ronald，1955.

从表 2-6 中可以看出，美国存货持有成本的构成内容包括存货的保险费、仓储费、税费、运输费、搬运费、存货贬值、存货占压资金的利息、存货过时的费用等。存货持有成本约占存货价值的 25%，每年进行物流成本测算时，可以根据当年的具体情况，对每个成本项目占存货价值的百分比进行调整。

三、物流管理成本

物流管理成本应该包括订单处理、IT 成本及市场预测、计划制订和相关财务人员发生的管理费用。由于这项费用的实际发生额很难被准确统计，因此，在计算物流管理成本时，是按照美国的历史情况由专家确定一个固定比例，再乘以存货持有成本和运输成本的总和得出的。从

第一篇《美国物流年度报告》于 1973 年出版时起，一直沿用 4%乘以存货持有成本和运输成本之和作为物流管理成本数据。

本章习题

一、填空题

1. 物流成本包括_____成本、_____成本、_____成本等多个方面。
2. 在物流成本管理中，企业需要考虑的主要成本包括运输成本、仓储成本、_____成本等。
3. 企业可以通过优化运输路线、提高运输效率等方式来降低_____成本。
4. 物流成本管理的目标是实现物流成本的_____，在保证服务质量的前提下，达到成本最优化。
5. 物流成本管理需要建立合理的_____，并进行实际成本与预算成本的对比与分析。

二、单项选择题

1. 物流成本不包括（　　　）。
A. 运输成本　　　　B. 仓储成本　　　　C. 人力成本　　　　D. 管理成本
2. 在物流成本管理中，企业主要关注的是（　　　）。
A. 最大化利润　　　B. 最小化成本　　　C. 扩大市场份额　　D. 提高服务水平
3. 物流成本管理的核心目标是（　　　）。
A. 提高效率　　　　B. 降低成本　　　　C. 提高服务质量　　D. 扩大市场份额
4. 物流成本管理的核心原则是（　　　）。
A. 以成本为中心　　　　　　　　　　　B. 以客户为中心
C. 以效率为中心　　　　　　　　　　　D. 以竞争为中心

三、多项选择题

1. 物流成本管理的优点包括（　　　）。
A. 提高利润率　　　　　　　　　　　　B. 提升客户满意度
C. 降低运营风险　　　　　　　　　　　D. 加强供应链合作
2. 物流成本管理的主要挑战包括（　　　）。
A. 不稳定的运输费用　　　　　　　　　B. 高昂的仓储设备成本
C. 复杂的供应链网络　　　　　　　　　D. 缺乏技术支持和数据分析能力
3. 物流成本管理的关键措施包括（　　　）。
A. 优化运输路线　　　　　　　　　　　B. 降低库存水平
C. 提高仓储设备利用率　　　　　　　　D. 加大市场营销投入
4. 物流成本管理的主要考虑因素包括（　　　）。
A. 产品特性　　　　　　　　　　　　　B. 供应商选择
C. 运输距离　　　　　　　　　　　　　D. 政府政策

5. 物流成本管理的评估指标包括（　　　　）。

A. 总成本占收入比例 　　　　　　　B. 客户投诉率

C. 仓储设备使用率 　　　　　　　　D. 运输时间

四、名词解释

1. 物流运作成本。

2. 企业物流系统的功能要素。

3. 存货持有成本。

五、简答题

1. 制造企业物流成本可以从哪些角度进行分类？各自的构成内容是什么？

2. 商品流通企业物流成本的构成内容有哪些？

3. 物流企业的税金及附加、管理费用和经营费用各自由哪些项目构成？

4. 简述我国社会物流成本的构成及其统计方式。

六、案例分析

X-Tech 电子产品在线零售商店物流成本优化案例

企业背景：X-Tech 是一家专注于在线销售电子产品的零售商店，其销售的电子产品包括智能手机、平板电脑、笔记本电脑等；该公司总部设在一座繁忙的商业城市，通过相关网站为全国范围内的客户提供产品。

其物流成本构成如下。

运输成本：X-Tech 通过合作的物流公司进行产品运输。运输成本包括从制造商处获得产品、将产品运送到仓库，以及从仓库发货到客户处的运输费用。

仓储成本：为了保持库存充足并及时满足订单，X-Tech 租用了仓储空间。仓储成本包括租金、设备维护费、仓库人员工资及库存管理系统的运营成本。

包装成本：为确保产品在运输中不受损坏，公司需要高质量的包装。这涉及包装材料、劳动力和包装过程中使用的设备。

库存管理成本：为了最大限度地降低库存积压和缺货风险，公司需要实施有效的库存管理。库存管理成本包括库存监控系统的运营成本、定期盘点成本等。

信息技术支持成本：为了实现订单处理的自动化、库存的实时监控及物流的可追踪，公司需要投资信息技术系统，包括订单处理系统、库存管理软件、供应链系统等。

售后服务成本：如果客户收到的产品有问题或需要退货，公司需要提供高效的售后服务。售后服务成本包括客户服务团队的人员成本、退货处理成本等。

请分析 X-Tech 应采取什么样的物流成本措施实现更高效的物流运作效率。

第三章　企业物流成本的核算方法与应用

【学习目标】

- 掌握物流成本核算的方法，及这些方法在不同企业中的应用。

【引导案例】

物流成本核算对象的确定

某家电生产企业拥有四个事业部，分别负责电视、冰箱、洗衣机和空调产品的市场销售管理。四个事业部的产品统一由销售公司销售，销售公司的销售网络遍布全国，在全国按地域划分为七个销售分公司：在沈阳设有东北销售分公司，负责东北地区的产品销售；在北京设有华北销售分公司；在西安设有西北销售分公司；在重庆设有西南销售分公司；在广州设有华南销售分公司；在上海设有华东销售分公司；在武汉设有华中销售分公司。销售公司不仅要负责四类产品的销售推广和销售组织，也全面负责销售物流的组织与管理。整个企业的销售物流成本没有进行单独的核算，包括运输费用、仓储费用、物流管理费用等在内的销售物流成本大部分分散在企业"销售费用"科目的各个费用项目中。近日，企业为加强物流管理，适应商流与物流分离趋势，提出成立单独的物流公司，将销售物流职能从销售公司中分离出来，以第三方物流形式开展销售物流业务。为便于做出决策，财务部门需提供物流成本实际发生额数据。由于过去未单独核算物流成本，财务人员只能统计外包运输和仓储业务成本，无法提供全面的销售物流成本数据。因此，企业决策层和财务人员认识到物流成本核算对企业做出物流管理决策和进行物流系统优化的重要性，准备在下一个会计期开始进行物流成本核算。财务经理发现，物流成本一般可以按照物流范围（供应物流、生产物流和销售物流等）、物流成本支付形式（材料费、人工费、公益费、维护费、一般经费等）或物流的功能（运输、保管、包装、装卸、物流信息等）等进行核算。

财务经理又就物流成本的核算对象问题征求了各事业部和销售公司有关领导的意见。各事业部领导的意见基本是：物流成本的核算应该以各个事业部作为成本核算对象，也就是说应该分别核算电视、冰箱、洗衣机和空调四类产品的物流成本，以有利于各事业部的内部利润核算及绩效考核。而销售公司的总经理认为，物流成本的核算应该以各个分公司（地域）作为成本核算对象，分别核算各区域的物流成本。而负责销售费用会计核算的会计人员则建议按照费用项目来进行物流成本的核算，这样物流成本的核算才更有可操作性，否则，难度会比较大。在众多意见中，财务经理一时也很难确定物流成本的核算对象和核算方式。

启发思考

从该案例你可以得到哪些启示？如果你是那位财务经理，你会如何进行物流成本核算呢？

第一节　物流成本核算的意义

企业由于实行多批次、小批量配送和适时配送，也由于收货单位过多和过高的服务要求，物流服务水平越来越高，运费上升；又由于商品品种增多、商品寿命缩短，出现库存增加，或时多时少，由此库存费用上升；由于缺乏劳动力，人员费用增加；由于地价上涨，物流中心投资费用增加；由于道路拥挤，运输效率下降。凡此种种都在影响着物流成本。

在这些情况下企业降低物流成本已经成为当务之急。而降低物流成本的前提就是核算物流成本。只有将企业的物流成本现状揭示出来，才有可能看到西泽修教授所说的"水面下的冰山"，才能充分挖掘节约物流成本的潜力。物流成本核算是有效进行物流成本管理、降低物流成本的基础。正确进行物流成本的会计核算，可以实现：

（1）提高企业对物流重要性的认识，真正认识到物流是企业的"第三利润源"；

（2）为物流企业制定物流服务收费价格提供依据；

（3）为货主企业物流外包提供决策依据；

（4）为企业改善物流系统、更新物流设施设备提供决策依据；

（5）及时发现物流运作和物流管理中存在的问题，促进物流运作和管理水平的提高。

第二节　物流成本核算的基础工作

一、明确物流成本核算的目的

物流成本核算的基本目的，是要促进企业加强物流管理，提高管理水平，创新物流技术，提高物流效益。具体地说，物流成本核算的目的可以体现在以下几个方面。

（1）通过对企业物流成本的全面核算，弄清物流成本的大小，从而提高企业内部对物流重要性的认识。

长期以来，人们不重视物流是有原因的，其中最主要的原因是人们只看到了物流成本这整座冰山的一角，一直未能看清物流成本的全貌。现行会计制度将物流成本分散在众多科目中，导致企业难以了解实际状况。在制造业中，采购原材料的外埠运杂费是入库成本的一部分，市内运杂费计入管理费用，自营运输和保管费用则分别计入销售费用和管理费用中，与销售产品相关的物流成本计入销售费用。此外，与物流有关的利润、租金、税金及营业外收支根据不同需求和部门被分配到不同科目中，导致企业难以看清物流实际状况。

而实际上，在不同行业中物流成本占产品成本的比率一般在 15%～30%，有的甚至高达40%，物流成本成为制造业中仅次于原材料成本的第二大成本。挖掘降低物流成本的潜力，是企业降低成本、创造更多利润的途径。而对企业物流成本进行全面细致的核算，描绘企业物流成本的全貌就成为实现上述目的的基础工作。

（2）通过对某一具体物流活动的成本核算，弄清物流活动中存在的问题，为物流运营决策提供依据。

管理的重点在于经营，经营的重点在于科学决策，而决策的重点在于充分、真实、完整的信息。只有信息充分，才能根据实际情况对企业的现状和存在的问题进行分析并提出备选方案；也只有信息充分，才能对备选方案进行比较，寻找投入产出比最高的方案。

（3）按不同的物流部门，核算各物流部门的责任成本，评估各物流部门的绩效。

当前，很多企业在进行内部责任成本核算，并制定了产品或服务的内部转移价格，其目的是进行绩效考核，提高各部门的成本意识和服务意识。对物流相关部门进行考核，就需要企业物流成本、利润相关数据。

（4）通过对某一物流设备或机械（如单台运输卡车）的成本核算，弄清其消耗情况，谋求提高设备效率、降低物流成本的途径。

（5）通过对每个客户物流成本的分解核算，为物流服务收费水平的制定及有效的客户管理提供决策依据。

既然物流成本是产品成本中重要的组成部分，人们在进行产品定价时就应该充分考虑该产品的物流服务消耗量，只有将物流成本考虑到产品定价里才会使价格决策更科学、更符合实际。通过物流成本的核算，就可以为物流服务价格和产品价格的制定提供依据。

（6）通过对某一成本项目的核算，确定本期物流成本与上年同期物流成本的差异，查明成本升降的原因。

企业物流成本是全面反映企业物流活动的综合性评价指标，物流成本的高低是企业物流管理水平的综合反映。企业物流运营管理水平的高低，物流装备和设施利用率的高低，燃料、动力单位消耗的大小，产品配送、仓储布置是否合理，企业的选址及厂区规划设置是否合理等都会在物流成本中反映出来。

（7）按照物流成本核算的口径核算本期物流实际成本，评价物流成本预算的执行情况。

明确物流成本核算目的是十分重要的，可以说，它是选择成本核算对象、确定物流成本的核算内容，甚至是选择物流成本核算方法的基础。当然，物流成本核算目的的确定也要结合企业业务流程、组织结构的设置及管理方式和管理要求的实际情况来进行。

二、确定物流成本核算期间与核算空间范围

（一）确定企业物流成本的核算期间

成本核算期间是指企业核算物流业务成本的起讫时间，可分为月度、季度和年度，一般要求每月核算一次。应计入物流成本的费用需要在各月之间划分，以便分月核算物流成本。物流成本核算与会计核算同步或以会计核算资料为依据于期末进行，为了正确划分各会计期间的物流成本

界限，企业不能提前或延后结账，并要贯彻权责发生制原则，正确核算待摊费用和预提费用。

（二）确定企业物流成本的核算空间范围

成本核算空间范围，是指成本发生并能组织企业成本核算的地点或区域（部门、单位、生产或劳务作业环节等）。如生产制造企业成本核算空间范围可按全厂、车间、分厂、某工段或某生产步骤划分。成本核算空间范围的确定，是指对物流的起点与终点及起点与终点间的物流活动过程的选取，也就是对物流活动过程的空间的截取，包括对物流活动范围、物流功能范围及物流成本控制重点进行的选取。

1. 物流活动范围的选取

物流按其活动范围可分为两大类：企业内部物流与企业外部物流。企业内部物流是企业内部的生产经营活动中发生的加工、检验、搬运、储存、包装、装卸等物流活动。企业外部物流是内部物流的延伸。每个物流成本的核算对象都存在物流起止点的选取问题，选取的起止点不同，成本核算结果也就不同。对于某一物流部门，其物流成本核算对象的起止点在确定后，不能任意改变，以符合成本核算的可比性原则和一贯性原则。

2. 物流功能范围的选取

物流功能范围，是指在运输、搬运、储存、保管、包装、装卸、流通加工和物流信息处理等物流功能中，选取哪些功能作为物流成本核算对象。把所有的物流功能作为企业物流成本核算对象与只把运输、保管这两种功能作为企业物流成本核算对象，所反映的物流功能范围的成本是不同的。

3. 物流成本控制重点的选取

物流成本核算对象的选取，应当放在成本控制的重点上。就物流成本管理来讲，物流成本的核算并非越细越好，也并非越全越好。过细过全的成本核算是不必要的，也是不经济的、不可能的。物流成本控制重点应包括：第一，按成本责任划定的责任成本单位；第二，当前成本费用开支比重较大的物流活动；第三，有必要分清并分别核算不同部门及不同作业的物流活动；第四，新开发的物流作业项目。

三、确定物流成本的核算对象

物流成本的核算对象应根据物流成本核算的目的及企业物流活动的特点予以确定。一般来说，物流成本核算的对象有如下几种。

（一）以物流成本项目为对象

按照成本项目对物流成本进行分类核算，可以将企业的物流成本分为企业自家物流费、委托物流费和外部企业代垫物流费。企业自家物流费包括企业组织物流活动而发生的材料费、人工费等；委托物流费包括企业为组织物流向外单位支付的包装费等；外部企业代垫物流费包括由外部单位代垫的采购和销售过程中的物流成本。在企业的财务会计核算中，成本账户往往是按照各个成本项目进行分类的，即把成本费用分成人工费、材料费、折旧费、办公费、水电费、差旅费等成本项目。因此可以说，按照成本项目进行物流成本的核算是最基本的物流成本核算方式。不管以什么作为成本核算对象，都可以按照成本项目对这些核算对象的物流成本进行细化。

（二）以物流功能为对象

根据需要，以包装、运输、储存等物流功能为对象进行物流成本核算。这种核算方式对加强每个物流功能环节的管理，提高每个环节的作业水平具有重要的意义，而且可以计算出标准物流成本（单位个数、重量、容器的成本），进行作业管理，设定合理化目标。以物流功能作为成本核算对象，可以得到表 3-1 所示的物流成本信息。应该注意的是，这里按照物流的每项功能进行物流成本的归集，仍然可以得到每项物流功能成本的成本项目构成，因为按照成本项目进行成本分类是最基本的成本分类方法。

表 3-1　以物流功能为成本核算对象的物流成本汇总信息

成本项目		运输	保管	装卸	包装	流通加工	物流信息	物流管理	合计
企业内部物流成本	材料费								
	人工费								
	维修费								
	水电费								
	其他								
小计									
委托物流费									
合计									

（三）以服务客户为对象

以服务客户为对象的核算方式对加强客户服务管理、制定有竞争力且有盈利性的收费价格是很有必要的。特别是对物流服务企业来说，在为大客户提供物流服务时，应认真分别核算对各个大客户提供服务时所发生的实际成本。这有利于物流服务企业制定物流服务收费价格，或者为不同客户确定差别性的物流水平等提供决策依据。按服务客户进行物流成本核算可以得到的物流成本信息如表 3-2 所示。

表 3-2　以服务客户为成本核算对象的物流成本汇总信息

成本项目		A（大客户）	B（大客户）	……	N（大客户）	P 类中小客户	Q 类中小客户	其他客户	合计
企业内部物流成本	材料费								
	人工费								
	维修费								
	水电费								
	其他								
小计									
委托物流费									
合计									

从表 3-2 中可以看到，对于大客户，可以独立设置账户核算为其发生的物流成本，以进行有效的管理。如果物流服务企业服务的对象还包括许多中小客户，则可以把这些客户进行分类（如按照同类产品归类，或者按照同等服务水平要求归类），统一核算物流成本，然后按照归类的属性再将

成本分摊给这些客户，以有效地进行每个客户的成本与收费价格的管理，以及物流服务水平管理。

（四）以产品为对象

以产品为对象主要是指货主企业在进行物流成本核算时，以每种产品作为核算对象，计算为组织该产品的生产和销售所花费的物流成本。据此可进一步了解各产品的物流成本开支情况，以便进行重点管理。以产品为物流成本核算对象的成本汇总表与表 3-1 和表 3-2 类似，这里不再列出。

（五）以经营过程为对象

以供应、生产、销售、退货等经营过程为对象进行物流成本核算的主要任务包括：从材料采购费及企管费中抽出供应物流成本，如材料采购账户中的外地运输费等；从生产成本、制造费用及管理费用等账户中抽出生产物流成本，如人工费按物流人员比例确定计入等；从销售费用中抽出销售物流成本，如销售过程中发生的运输等费用。通过核算，得出物流成本的总额，使企业经营者了解各经营过程物流成本全貌，并据此进行比较分析。

（六）以物流部门为对象

如以仓库、运输队、装配车间等部门为对象进行物流成本核算，则对加强责任中心管理、采用责任成本管理方法及对部门的绩效考核是十分有利的。

（七）以地区为对象

核算在某地区组织供应和销售所花费的物流成本，据此可进一步了解各地区的物流成本开支情况，以便进行重点管理。对于销售或物流网络分布很广泛的物流企业或产品分销企业，以地区为物流成本核算对象显得更加重要，其核算结果是进行物流成本日常控制、各个地区负责人绩效考核及其他物流系统优化决策的有效依据。以地区为成本核算对象的物流成本汇总信息如表 3-3 所示。从该表可以看出，管理者不仅可以获得每个地区的物流总成本，还可以得到物流成本按照物流功能（运输、仓储、配送、流通加工等）划分的情况。实际上，企业也可以按照每个地区物流成本的成本项目构成进行物流成本的归集。

表 3-3　以地区为成本核算对象的物流成本汇总信息

成本项目		东北分公司	华北分公司	西北分公司	西南分公司	华南分公司	华东分公司	中南分公司	合计
企业内部物流成本	运输								
	保管								
	装卸								
	包装								
	流通加工								
	物流信息								
	物流管理								
	其他								
小计									
委托物流费									
合计									

（八）以物流设备和工具为对象

如以某一运输车辆为对象进行物流成本核算。

（九）以企业全部物流活动为对象

此种方式可以确定企业为组织物流活动所花费的全部物流成本支出。

值得注意的是，企业在进行物流成本核算时，往往不局限于某一个成本核算对象，通过会计科目的细化设置，可以从多角度对物流成本进行核算。图 3-1 所示的三维物流成本核算模式，就是从三个角度对物流成本进行核算归类，从而得到更多角度、更详细的成本信息，满足企业管理的多方面需求。

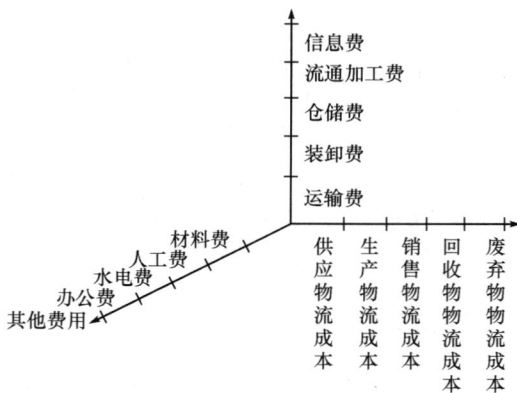

图 3-1　三维物流成本核算模式

当然，物流成本的核算也可以是四维、五维甚至更多维的，维数越多，物流成本信息就越详尽，但对会计核算来说，难度和工作量也就越大。目前，随着会计电算化工作的日益普及，物流成本的多维核算变得可能。企业物流成本的全面核算往往要借助于会计信息化工作的全面开展。一般来说，企业结合自身的管理要求和实际情况，三维或四维的物流成本核算模式是比较适合的，关键在于选择什么作为成本核算的对象。

四、企业物流成本核算对象和科目设置案例

明确了物流成本的核算对象后，就要按照核算对象设置相应的物流成本科目，并对科目进行细化，然后设置相应的账簿，选择合适的成本核算方法进行物流成本的核算。

我国会计制度把会计核算对象分成了资产、负债、所有者权益、收入、费用、利润等要素，对会计要素的内容进行具体分类核算的项目为会计科目。会计科目可以进一步细化为一级科目、二级科目，甚至三级、四级科目。在物流成本的核算中，明确了物流成本的核算对象，实际上就是确定了物流成本核算的科目设置。不同的科目设置就是对成本核算对象的不同分类。下面是某制造企业物流成本核算会计科目的设置情况。

某制造企业核算物流成本的方法如下：设置"自营物流成本"和"委托物流成本"两个一级科目，"自营物流成本"用于核算、记录企业自身从事物流业务所发生的费用，"委托物流成本"用于核算企业委托第三方从事物流业务所发生的费用。两个科目均属于成本

类科目，借方登记企业物流成本的增加，贷方登记计入成本对象的物流成本。两个一级科目下设置的二级、三级科目如表3-4所示。

表3-4　某制造企业物流成本核算会计科目设置

一级科目	二级科目	三级科目	备注
自营物流成本	库存费	折旧费、人工费、管理费、维护费、保险费、税费及利息	重点考虑库存商品和原材料占用资金的利息
	运输费	卡车运输费、其他运输费、设备维修费等	与运输相关的汽油费、修理费等，还包括汽车等运输工具的折旧费
	物流管理费	差旅费、交通费、会议费、交际费、培训费和其他杂费	专指为物流活动发生的管理费
	物流信息费	信息系统维护费、电子和纸质信息传递费	核算企业为物流管理而发生的财务和信息管理费用
	包装费	人工成本、材料费及机器折旧费等其他费用	核算企业自营包装业务的支出
委托物流成本	仓储费	核算企业对外支付的仓储费	
	运输费	核算企业对外支付的运输费	
	包装费	核算企业对外支付的包装费	
	装卸费	核算企业对外支付的装卸费	
	手续费	核算企业对外支付的物流服务费和手续费	
	管理费	核算企业办理委托事项发生的管理费	

在上述案例中可以看出，该企业是按照物流功能设置会计科目的，以便进行物流成本的核算。你认为该企业这样设置科目可以达到什么样的物流成本管理目的？这样设置是否合理？企业还可以怎样设置会计科目呢？如果企业想核算各个部门的物流成本或核算某些客户的物流成本，又该如何设置会计科目呢？

第三节　物流成本的核算方法

一、会计方式的物流成本核算

会计方式的物流成本核算是通过凭证、账户、报表的完整体系，对物流耗费予以连续、系统、全面记录的核算方法。这种核算方法又可分为以下几种具体形式。

（一）独立的物流成本核算形式

独立的物流成本核算形式要求把物流成本核算与财务会计核算体系截然分开，单独建立物流成本的凭证、账户和报表体系。具体做法是：对于每项物流业务，均由车间成本核算员或基层核算员根据原始凭证编制物流成本记账凭证，一式两份，一份连同原始凭证转交财务科，据以登记财务会计账户，另一份留基层核算员，据以登记物流成本账户。独立的物流成本核算形式的流程如图3-2所示。

微课堂

物流成本的核算方法

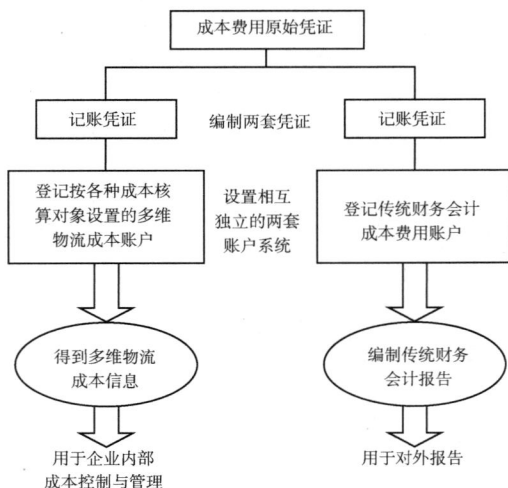

图 3-2　独立的物流成本核算形式

这种核算形式的优点如下。

（1）提供的成本信息比较系统、全面、连续、准确、真实。

（2）两套核算体系分别按不同要求进行，向不同的信息要求者提供各自需要的信息，对现行成本计算的干扰不大。

但这种核算形式的工作量较大，在财会人员数量不多、素质有限的情况下容易引起核算人员的不满。另外，基层核算人员财务核算知识的缺乏，也会影响物流成本核算的准确性。

（二）结合财务会计体系的物流成本核算形式

结合财务会计体系的物流成本核算形式是指把物流成本核算与企业财务会计结合起来进行，即在产品成本核算的基础上增设一个"物流成本"账户，并按物流领域、物流功能分别设置二级、三级明细账户，按费用形态设置专栏。当费用发生时，借记"物流成本"及有关明细账户，月末按照会计制度规定，根据各项费用的性质再还原分配到有关的成本账户中。这种形式的核算流程如图 3-3 所示。

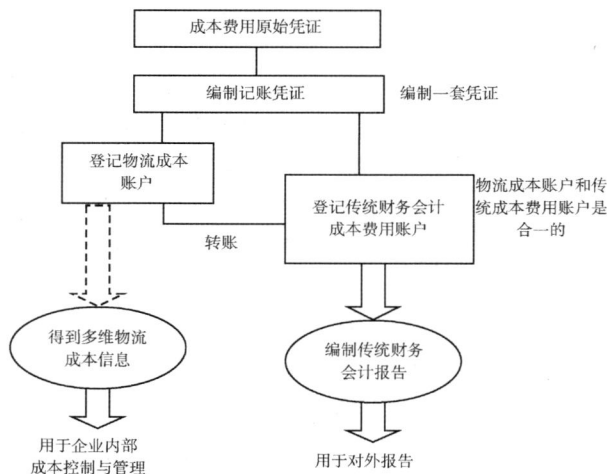

图 3-3　结合财务会计体系的物流成本核算形式

使用这种形式时，在会计处理上，当各项费用发生时，与物流成本无关的部分，直接记入相关的成本费用账户，而与物流成本相关的部分记入设置的物流成本账户。

会计期末，再将各个物流成本账户归集的物流成本余额按照一定的标准分摊到相应的成本费用账户中，以保证各成本费用账户余额的完整性和真实性。

这样做一方面可以保证传统财务会计核算的需要，另一方面也可以从账户系统中获得物流成本的信息。这种核算形式的优点如下。

（1）所提供的成本信息比较全面、系统、连续。

（2）与产品成本核算相结合，从一套账表中提供两类不同的信息，可以减少一定的工作量。

当然，这种核算形式也存在明显的缺点，表现在以下几个方面。

（1）为了实现资料数据的共享，需要对现有的产品成本核算体系进行较大的甚至是彻底的调整。

（2）为了保证产品成本核算的真实性和正确性，需要划分现实物流成本、观念物流成本（如物流利息）的界限，划分是否计入产品成本的界限，如人员素质不高则较困难。

（3）责任成本、质量成本等管理成本都要与产品成本相结合，物流成本也要与产品成本结合，其难度较大。

（三）物流成本二级账户（或辅助账户）核算形式

这是指在不影响当前财务会计核算流程的前提下，通过在相应的成本费用账户下设置物流成本二级账户，进行独立的物流成本二级核算。

这里以制造企业为例，提出在当前财务会计系统下，进行货主物流成本核算的二级账户核算方法。商品流通企业的物流成本核算与制造企业相比更加容易，可以参照本方法来设计执行。

在制造企业的各级含有物流成本的一级账户下设供应物流成本、生产物流成本、销售物流成本等二级账户或增设费用项目，或者在编制记账凭证时设置"物流成本"辅助账户，在各二级账户（或辅助账户）下按物流功能设置运输费、保管费、装卸费、包装费、流通加工费、物流信息费和物流管理费等三级账户，并按费用支付形态（如人工费、材料费等）设置专栏。在按照财务会计制度的要求编制凭证、登记账簿，进行正常的财务会计成本核算的同时，根据记账凭证上的二级账户或辅助账户，登记有关的物流成本辅助账户及其明细账，进行账外的物流成本计算，将各种物流成本归入二级账户或辅助账户中，最后将各物流成本的二级账户分类汇总即可求得总的物流成本。

这些物流成本账户不纳入现行成本计算的账户体系，是一种账外计算，具有辅助账户记录的性质。这种核算形式的优点是：物流成本在账外进行计算，既不需要对现行成本计算的账表体系进行调整，又能提供比较全面、系统的物流成本资料，其计算方法也比较简单，易为财会人员所掌握。

二、统计方式的物流成本核算

（一）基本思路

统计方式的物流成本核算是指在不影响当前财务会计核算体系的基础上，通过对有关物流业务的原始凭证和单据进行再次归类整理，对现行成本核算资料进行解剖分析，从中抽出物流成本的部分，然后再按物流管理的要求对上述费用按不同的物流成本核算对象进行重新归类、分配、汇总，加工成物流管理所需的成本信息。

由于统计计算不需要对物流成本做全面、系统和连续的反映，所以运用起来比较简单、灵活和方便。但由于其不能全面、系统和连续地反映物流成本，所以信息精确度不高，易于流于形式。此外，期末一次性归类统计工作量大，若日常会计处理未做基础工作，难以确定某项成本的具体归属。

（二）基本步骤

统计方式的物流成本核算，平时不需要进行额外的处理，会计人员只需按照财务会计制度的要求进行会计核算，在会计期末（月末、季末或者年末）才进行物流成本的统计计算。具体说来，统计方式的物流成本核算的基本步骤如下。

（1）对材料采购、管理费用账户进行分析，抽出供应物流成本部分，如材料采购账户中的外地运输费，管理费用账户中的材料的市内运杂费、原材料仓库的折旧修理费、库管人员的工资等，并按照功能类别或者支付形态类别进行统计核算。

（2）从生产成本、制造费用、辅助生产、管理费用等账户中抽出生产物流成本，并按照功能类别、形态类别进行分类核算，如人工费部分按照物流人员的数量或者工作量占全部人员或者工作量的比例确定物流作业成本。

（3）从销售费用中抽出销售物流成本部分，具体包括销售过程中发生的运输、包装、装卸、保管、流通加工等方面的费用。

（4）确定企业对外支付的物流成本部分。根据企业实际订货情况确定每次订货的装卸费、运输成本、专门为该次订货支付的包装费用等，有时，企业还需要为外购货物支付仓储费。

（5）确定物流利息。可以按照企业物流作业占用资金总额乘以同期银行存款利率（可上浮一定的百分点）或者企业内部收益率来计算，其实就是计算物流活动占用资金的机会成本。

（6）从管理费用中抽出专门从事物流管理的人员耗费，同时估算企业管理人员用于物流管理的时间占其全部工作时间的比例。由于客户退货成本及相应的物流成本都计入管理费用，所以在计算物流成本时，应该将退货物流成本剥离出来。

（7）回收废弃物物流成本较小时，可以将其并入其他物流成本一并计算。

计算物流成本时总的原则是：单独为物流作业消耗的费用直接计入物流成本；间接为物流作业消耗的费用，以及为物流作业和非物流作业同时消耗的费用，按照从事物流作业人员比例、物流作业工作量比例、物流作业所占资金比例等确定。

与会计方式的物流成本核算相比，统计方式的物流成本核算由于没有对物流耗费进行系统、全面、连续的计算，因此，虽然其计算较简便，但结果的精确度受一定的影响。

（三）物流成本报告

在计算物流成本时，首先从企业财务会计核算的全部成本费用账户中抽取包含物流成本的成本，然后加以汇总。汇总的方法通常是采用矩阵表的形式，矩阵表的水平方向是按照《企业会计制度》及其他财务会计规定设置的成本费用账户，纵向是物流成本核算账户，物流成本核算项目可以是不同的费用要素（见表3-5），也可以是不同的物流功能要素（见表3-6），甚至可以是企业不同部门或者不同客户。

表 3-5　物流成本按费用要素的计算

费用要素	主营业务成本	其他业务成本	销售费用	管理费用	财务费用	合计
工资						
材料费						
折旧						
燃料动力费						
利息支出						
税金						
其他支出						
合计						

表 3-6　物流成本按物流功能要素的计算

物流功能要素	主营业务成本	其他业务成本	销售费用	管理费用	财务费用	合计
运输成本						
库存持有成本						
仓储成本						
包装成本						
信息传递成本						
其他成本						
合计						

三、会计和统计相结合的物流成本核算

物流成本核算的目的是更好地进行物流成本管理，因此企业可以按照物流成本管理的不同要求和目的设置相应的成本核算项目，并根据成本核算项目所需的数据设置成本费用明细账户。但是，过细的会计账户设置会给企业会计工作增加很多负担，是不经济的。因此，企业在设置会计账户前应考虑物流成本核算可能给企业带来的收益，以及增加物流成本核算账户可能会增加会计操作成本。

在这种前提下，会计和统计相结合的方式是企业进行物流成本核算的一个不错的选择。这种方式的要点是，将物流成本的一部分通过统计方式予以计算，另一部分则通过会计核算予以反映。这种方式虽然也需要设置一些物流成本账户，但它不像会计方式那么全面系统，而且这些物流成本账户不纳入现行财务会计成本核算的账户体系，是一种账外核算，具有辅助账户记录的性质。具体做法如下。

（1）设置物流成本辅助账户。按照物流领域设置供应、生产、销售和废弃物回收物流成本明细账户，在各明细账户下按照物流功能设置运输费、保管费、装卸费、包装费、流通加工费以及物流信息费和物流管理费等三级账户，并按照费用支付形式设置人工费、材料费、办公费、水电费、维修费等专栏。实际上，账户的设置不是一定的，而是可以根据企业自身的要求来确定。

（2）登记相关的物流成本辅助账户。对现行成本核算体系中已经反映但分散于各账户之中的物流成本，如计入管理费用中的对外支付的材料市内运杂费、物流相关固定资产折旧、本企

业运输车队的费用、仓库保管人员的工资、产成品和原材料的盘亏损失、停工待料损失，计入制造费用中的物流人员工资及福利费、物流相关固定资产的折旧、修理费、保险费、在产品盘亏或毁损等，在按照会计制度的要求编制凭证、登记账簿、进行正常成本核算的同时，据此凭证登记相关的物流成本辅助账户，进行账外的物流成本核算。

（3）对于现行成本计算中没有包括但应该计入物流成本的费用，根据有关统计资料进行计算，并单独设置台账反映。

会计和统计相结合的方式下，各项费用的计算方法与统计方式下的计算方法相同。物流相关的资金利息费用按企业物流资产占有额乘以一定的机会成本率得到，而外部企业代垫的物流成本按照本企业的采购数量（或销售数量）乘以单位物流费率计算确定。

不管采用何种核算方式，作为物流成本重要组成部分的占用资金机会成本（或利息费用）都不应该被忽视。作为一种机会成本，它并不一定是实际发生的成本，这是它与其他物流成本的不同之处。由于机会成本不是实际发生的费用，因此在会计核算中容易被忽视。

（4）月末，根据物流成本辅助账户所提供的成本信息，加上物流成本台账的信息，合计编制各种类型的物流成本报告。

会计和统计相结合的方式的优点是：在账外计算物流成本，无须调整现有账表系统，能提供相对全面的物流成本资料，方法简单易掌握。与会计方式相比，这种方式操作简单但提供的信息可能不如其准确；与统计方式相比，这种方式提供的信息更准确但操作相对复杂。

企业可以采用会计方式、统计方式或者两者结合的方式进行物流成本的核算工作。随着成本管理技术方法的不断发展，一种新的成本核算和管理模式——作业成本法正在被越来越多的人认识和采纳。在物流行业中，作业成本法也越来越受到学者和企业的青睐。采用作业成本法进行物流成本的核算与管理的相关内容，在下一章将做详细的讨论。

第四节　隐性物流成本的核算

一、显性物流成本和隐性物流成本的含义

按照我国企业会计准则的规定，费用是指企业在生产经营过程中实际发生的、能够用货币计量的各种耗费，企业确认费用的一个基本原则是实际发生。也就是说，只有实际发生的费用才被确认，而机会成本由于不是实际发生的，因此不能确认为企业的费用。

在这里，我们把在会计核算中实际发生的、计入企业实际成本费用的各项物流支出称为显性物流成本。那些并不是企业实际发生的，而在物流管理决策中应该考虑的机会成本称为隐性物流成本。

在物流活动中实际发生的人工费、材料费、运输费、办公费、水电费等都是显性物流成本，而主要的隐性物流成本则包括存货所占用资金的机会成本以及物流服务不到位所造成的缺货损失等。

物流成本是企业经营中消耗的显性物流成本与隐性物流成本之和。大部分显性物流成本可以通过费用单据计算。然而，对于隐性物流成本，由于缺乏核算标准和适当的方法，因此需要

更深入地探讨其核算方法，这是当前需要解决的急切问题。本章前文讨论的物流成本核算主要是围绕显性物流成本进行的，而关于隐性物流成本的核算，目前还没有统一的规范方法。

二、库存隐性物流成本的核算

根据美国对社会物流成本的统计方法，社会物流成本包括运输成本、存货持有成本和物流管理成本三个部分。其中，存货持有成本是指花费在保存货物上的费用，除了包括仓储费用、残损费用、人力费用、保险费用和税收外，还包括存货占用资金的利息。

在计算存货持有成本时，一般基于 Alford-Bangs 公式的基本原理，如表 2-6 所示。表中把存货持有成本分成保险费、仓储费、税费、运输费、搬运费、贬值、利息、过时等项目。可以看到，保险费、仓储费、税费、运输费、搬运费都是实际要发生的成本，属于显性物流成本的范畴。而贬值、利息和过时的支出在会计核算中，并不被当作实际的成本，但在物流决策中，这些成本是非常重要的，可以看成机会成本，属于隐性物流成本。

在企业微观物流成本的核算中，某项隐性物流成本的核算原理应该与社会物流成本中对应该项成本的核算相一致。如库存隐性物流成本的计算公式可以表示为

$$库存隐性物流成本=库存平均余额×（贬值比率+利息比率+过时比率）$$

式中，贬值比率可以用每年的通货膨胀率计算，利息比率可以用当年一年期银行贷款利率确定，而过时比率则要根据不同行业和产品自身的特点来确定。例如笔记本电脑、手机等品种型号更新比较快的产品，其过时比率比较高；而有些价格变动不是很大的产品，过时比率就比较低，甚至可以不计过时成本。也有人认为，存货持有成本中，除了贬值和过时成本外，存货的利息成本不能用一年期银行贷款利率作为利息比率计算，而应该用投资者期望的报酬率（或者有价证券的投资收益率）作为持有存货的机会成本计算基础。

在企业物流成本统计中，库存隐性物流成本通常仅以库存占用资金所发生的机会成本来衡量。为准确计算此成本，企业需确定存货占用自有资金的数额及利息率。利息率通常以行业基准收益率来确定，若无法取得该数据，则可用一年期银行贷款利率或企业内部收益率代替。在实际操作中，库存占用自有资金发生的机会成本可采用以下公式计算：

$$库存占用自有资金发生的机会成本=存货账面余额×行业基准收益率（或企业内部收益率）$$

例如，经查明细资料，某小麦加工企业 2022 年 12 月的财务费用——利息支出为 7 975.00元，主要为购买原材料发生的贷款利息支出。该企业 2022 年 12 月底仓库存货结余明细如下：小麦结余 12 175 658 千克，面粉结余 4 040 611.58 千克，副产品结余 1 482 200.20 千克，结余价值总额为 29 683 691.69 元，月初结余价值总额为 29 342 314.40 元。一年期银行贷款利率为5.58%，则该月库存相关隐性物流成本的计算如下。

$$库存占用自有资金发生的机会成本=（29 683 691.69+29 342 314.40）÷2 × 5.58%÷12= 137 235.46（元）$$

把存货占用资金利息等隐性物流成本加入物流成本的核算，是现代物流与传统物流成本计算的一个最大区别，只有这样，降低物流成本和加快资金周转速度才从根本利益上统一了起来。根据美国交通运输部资料，美国存货占用资金利息，在美国企业平均流动资金周转次数达到 10次的条件下，约为库存成本的 1/4，为总物流成本的 1/10，数额之大，不可小视。在我国，由于

企业的库存量相对较高，从而这种库存隐性物流成本在企业物流成本中所占的比例更大，应引起企业的高度重视。

三、缺货成本的核算

（一）缺货成本的类型

缺货对企业的影响很大，存货供应中断，可能造成停工损失、丧失销售机会等。缺货对企业造成的隐性成本一般有以下几种。

（1）延期交货。如果客户不转向其他企业，一旦恢复存货供应，客户再来购买，则不发生缺货损失。但如果企业为了不失去客户而进行紧急加班生产或进货，利用速度快、收费高的运输方式运输货物，则相关成本就构成了延期交货成本。从这种角度看，这种成本将在实际的会计核算中发生，也可以说不构成隐性成本的内容，而成为一种显性的附加成本。

（2）失去某次销售机会。尽管有些客户允许延期交货，但是某些客户在缺货时会转向企业的竞争者，而当下次购买时，又会回头再购买本企业的商品，在这种情况下，缺货就造成失销。这时，缺货成本主要就是未售出商品的利润损失，这时的缺货成本就是一种隐性的物流成本。另外，失销的隐性成本除了利润损失外，还包括当初负责这笔业务的销售人员的劳动力、精力浪费。

（3）永远失去某些客户。有些客户在本企业缺货时，会永远地转向其他供应商，这时的缺货成本损失最大，由企业每年从客户身上获得的利润和该客户的寿命决定。这种缺货成本很难估计，需要用管理科学的技术以及市场营销研究方法加以分析和计算。另外，除了利润损失外，还有缺货造成的信誉损失。信誉很难度量，在库存成本决策中往往很容易被忽视，但是它对未来的销售以及企业经营活动是十分重要的。

（二）缺货成本的计算过程

在企业的库存决策中，对缺货成本的估算是十分重要的。缺货成本的确定往往用缺货发生的期望损失来计算。

（1）某次缺货成本的计算。要进行某次缺货成本的计算，首先要分析缺货成本的类型，分析发生缺货可能造成的后果；其次要计算与可能结果相关的成本，即利润损失。

（2）平均一次缺货成本的计算。在企业缺货成本的计算中，如果每次缺货都计算各自的缺货成本是比较困难的，那么可以在充分调查研究的基础上，计算出平均缺货成本，然后根据每期缺货的次数估算每期的缺货成本数额。平均缺货成本的计算可以按照下列步骤进行：①进行市场调查，分析确定三种缺货成本的比例；②计算三种情形下各自的缺货成本；③利用加权平均法计算平均缺货成本。

例如，某企业向 300 名客户询问其遇到缺货时的态度，发现其中 30 名客户（占 10%）会推迟购买；210 名客户（占 70%）会去购买其他生产商的商品，但下次有货时还会再购买该企业商品；而另外 60 名客户（占 20%）会永远地转向其他供应商。企业又计算出三种情况下的缺货成本分别是 0 元、50 元和 1 200 元。因此，企业的平均缺货成本可以计算为：$0 \times 10\% + 50 \times 70\% + 1\,200 \times 20\% = 275$（元）。对于制造企业，如果发生内部原材料的短缺，就可能导致生产损失（人员和机器的闲置）和完工期的延误。如果因某项物品短缺而引起整个生产线停工，这时的缺货成本可能非常高，尤其对实施即时管理的企业来说。为了对保险存货量做出最好的决策，制造企业应该对由原材料或零配件缺货造成的停产成本有全面的认识和理解。

第五节　统计方式在制造企业物流、成本核算中的应用案例

一、企业物流情况

AB 钢铁公司（以下简称"AB 公司"）是一家大型钢铁企业。钢铁行业是规模型产业，行业性质决定了物流周转量必定十分巨大。如何做好物流的组织管理工作，已经成为钢铁企业研究的中心课题之一。该企业的物流按流程基本上可划分为供应物流、生产物流、销售物流和回收物流四大流程。在本案例中，要运用统计方式来核算该企业的供应物流成本。

（一）供应物流现状

供应物流包括大宗原燃料物流、材料物流和备品备件物流三个部分，由四个专业部门负责管理。其中大宗原燃料物流又分为国内和国外两部分，分别由原料处和国贸公司负责。

原燃料主要是指铁矿粉、炼焦煤、合金、耐火材料等，还包括球团矿、烧结矿等炼铁熟料，以及冶金焦、生铁、钢坯等中间产品。国贸公司负责进口矿粉、矿石等原燃料，与供货商的结算有离岸价（FOB）和到岸价（CIF）两种方式。原料处负责国内大宗原燃料的采购任务，与供应商的结算包括两种基本的方式，一是到厂价结算，二是离厂价结算（厂即供应商）。运输方式分为铁路运输和公路运输。在铁路运输方式下，到厂价的交货点是指 AB 公司所在城市的火车站，供应商承担交货之前的全部物流费用；在公路运输方式下，则以相应料场或仓库为交货点。在离厂价结算方式下，无论是公路运输，还是铁路运输，AB 公司都要承担物资离开供应商货场后的运输费、装卸费等物流成本。图 3-4 反映了 AB 公司的供应物流。

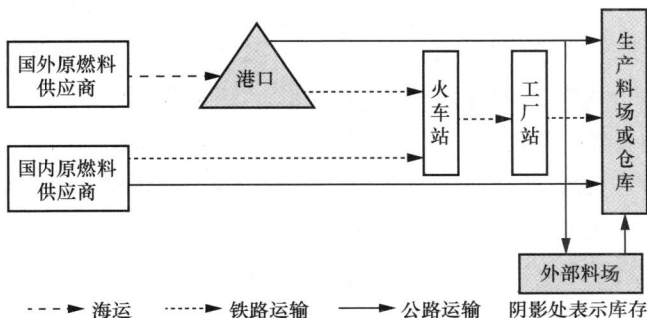

图 3-4　AB 公司的供应物流

原燃料的仓储管理由原料处、生产部和多个二级分厂分别负责，具体分工是：合金、耐火材料等仓库由原料处管理；生铁库由生产部管理；其他大宗原燃料则由各分厂按专业分工分别

管理，如炼焦煤的仓储管理由焦化厂负责，进口粗粉的仓储管理由原料厂负责，进口精粉由球团厂负责，外购球团矿由炼铁厂负责，等等。如果厂区料场、仓库无法容纳，或物流组织有需要，外购原燃料也会安排在外部料场临时存放，待生产需要时，再倒运进入生产料场或仓库。

材料处负责管理消耗材料的采购工作，主要包括木材、金属、水泥、油类等近 40 个大类。材料供应商相对固定，优质优价结算，结算方式基本上为到厂价结算。对于外购材料，公路运输居多，铁路运输较少。生产材料按类别存储，全部采用一级库存管理，共设有 17 个一级仓库，负责材料的保管、供应工作。材料物流的特点是种类繁多，达 9 000 余种；各类材料差异大，管理难度高。

装备部负责备件的采购工作。备件是用于生产的固定资产因维修使用的零部件，或者在设备检修中，为了缩短检修时间，用于恢复设备精度和功能而预先准备的供检修更换的零部件，包括日常维修备件、大中修备件、生产备件、基建备件等。备件采购基本是公路运输方式。装备部设有备件总库、中板库、一小型库等仓储设施，负责外购备件的仓储和供应业务。

（二）生产物流现状

生产物流是与企业的生产工艺流程紧密联系的。AB 公司的生产物流是以各个生产单位为节点的网络结构。生产物流初始可分为三条线：第一条线是粗矿粉经原料厂配料后，皮带传送至烧结机加工为烧结矿；第二条线是将精矿粉放入球团竖炉焙烧为球团矿；第三条线是炼焦煤经焦炉焙烧后，生成冶金焦，然后将三种中间产品（烧结矿、球团矿和冶金焦）送至炼铁厂。烧结矿、球团矿作为入炉原料，炼焦煤作为入炉燃料，冶炼生成铁水。此前这些工序称为铁前系统。铁水出炉后，以液态运输至炼钢厂冶炼。其间的运输方式包括铁路运输和公路运输，铁路运输包装方式除铁水罐以外，还有大容量的鱼雷罐。铁水经转炉冶炼后铸成钢坯，钢坯尽可能以铁路或公路运输方式运送至轧钢厂，分别轧制成板材、型材、中型材等。但因生产调度或轧钢生产能力等原因不能实现运送的部分，送至钢坯库管理，待生产需要时，再输送到轧钢厂。在轧钢环节，钢坯轧制成钢材后，进入相应的成品仓库。

除了以上生产物流的主流程外，实际作业过程中还发生许多相关的辅助物流活动，如生产辅料物流、生产物资的倒运物流、生产单位之间的逆物流等。

（三）销售物流现状

中厚板材和型材是 AB 公司的主要产品，国内主要销售区域为京津地区、山东省、江浙地区、安徽省等；出口市场集中在东南亚、日本、韩国和北美等国家或地区。AB 公司在国内市场的产品销售主要实行经销商批发制，直接销售给用户的比例很小。这一销售模式的特点是渠道中各环节分别从事各自的物流活动，物流活动被割裂为厂商物流、批发商物流和零售商物流三个阶段，彼此互不联系，物流信息分段传递，整个流通体系的商流与物流的动作一致。虽然 AB 公司在无锡、南京、西安等地分设了直销公司，但各直销公司的营销方式仍是经销商批发制，并没有直供最终用户。AB 公司销售物流的特点如下。

（1）流通过程的中介多、结构复杂，对正确把握产品销售的库存情况和在途运输情况有不利影响。

（2）物流信息传播的渠道层次多，信息传播速度慢和准确性低。

（3）流通的环节多、路线长，造成物流速度慢、物流系统效率低下、物流服务质量不高。

（4）本厂内的产成品库容量小，不具备中心储备的功能，因而无法发挥总体的调整机能，并易对生产系统构成威胁。

（5）各区域仓库随销售批发点设置，布局分散、数量多、大小不一，造成总的流通库存占用高、成本大。仓库分散导致库存资源利用率低、周转慢，影响了物流效率的提高。

（四）回收物流

钢铁企业的回收物流是指水渣、钢渣、氧化铁皮、切边等生产余料以及废水、煤气、蒸汽等的回收及循环利用。生产余料经过筛检，一部分可以重新回到生产流程，作为辅助原料，一部分则外销，作为其他生产工艺的原材料。如水渣可以作为原料再次投入炼铁环节，也可外销用作生产水泥的原料。工业生产的副产品煤气经过净化工序，再回到生产流程作为加热炉、燃气发电等的燃料；同样是副产品的蒸汽则用于取暖、制冷系统，也用来发电。AB公司的"四闭路"，即钢渣和含铁尘泥闭路利用、煤气闭路利用、工业用水闭路利用、余热蒸汽闭路利用，是发展循环经济的亮点，也是回收物流的集中体现。正是循环利用的生产模式，使回收物流实质已融入生产物流中，成为生产物流的一部分。

二、企业物流成本的核算现状及存在问题

按照《企业会计制度》和《企业会计准则》的要求，不单独进行物流成本核算。现行的会计核算体系，使在采购、生产和销售等环节发生的物流成本都"淹没"在多个相关的会计科目中，如材料采购、生产成本、制造费用、管理费用、销售费用等。具体情况如下。

（一）物流成本核算现状

1. 国内采购物流环节

（1）到厂价结算方式下，到厂前的运输费、装卸费等物流成本均由供应商承担，购买方没有相关的原始单据，结算凭证不反映相关物流成本的信息。

（2）离厂价结算方式下，采购业务发生的物流成本由采购方承担，在企业会计核算中，运杂费支出记入"材料采购"科目，最终计入原材料成本。因此，相关的原始单据和结算凭证可以反映出采购物流成本相关信息。

（3）公路运输方式下，采购物资在抵达料场或仓库之前，除运费以外，一般不再发生其他物流费用。铁路运输与公路运输则有所不同，铁路部门机车牵引货车至火车站后，改由火车站机车牵引到工厂站，由厂区排空或排重的车辆同样由火车站机车从工厂站牵引回到铁路部门。火车站收取因取送车作业而发生的取送车费，取送车费由运输部承担，记入"制造费用"科目。工厂站到料厂或仓库的运输则由运输部的机车牵引，运输部按照内部结算价格向相关单位收取运输费，二级生产单位发生的运输费记入"制造费用——运输费"科目，原料处记入"管理费用——运输费"科目，生产部记入"制造费用——运输费"科目。在这项作业中，因为采用内部运输价格结算，所以在运输部会计报表上会体现内部利润或亏损。铁路部门车辆进入厂区后，因卸装车不及时或其他原因，停留时间超过铁路部门规定标准的，就会因超时而发生停车延时费，该项费用由总公司成本科集中支付，记入"制造费用——运输费"科目。

（4）由于供应能力滞后于生产环节的迅速扩张或冬季备料的需要，厂区内料场无法满足需要，而在厂区附近租用外部料场，发生的相关物流成本由生产部承担，记入"制造费用——运输费"科目。

（5）原燃料在料场或仓库发生的卸车费用及内部整理倒运费用，生产单位记入"制造费用——运输费"科目，原料处记入"管理费用——运输费"科目。

（6）因仓储管理而发生的人工费、材料费、维修费等，生产单位记入"制造费用"或"生产成本"科目，原料处记入"管理费用"科目。仓储过程中原燃料发生的亏吨损失，作为生产消耗直接记入"生产成本"科目。

材料采购和备件采购的会计处理与原燃料采购基本相同，这里不赘述。

2. 国外采购物流环节

相关物流成本主要包括船运费、保险费、港口费、报关费、报验费、商检费等，以及港口至工厂之间的运费。报验费和商检费先通过"其他应付款"科目核算，再摊销记入"材料采购"科目。港口至工厂之间的运费核算与国内原燃料采购基本相同。船运费、保险费、港口费等的会计核算按船归集相关的费用，记入"材料采购——××船"科目。

3. 生产与销售物流环节

在生产物流环节，物流成本主要是厂内物料倒运而发生的运输费、装卸费，物料存储发生的存储费用、管理费用等，这些耗费都作为生产费用分别记入"生产成本"或"制造费用"科目。在销售物流环节，与物流相关的成本费用主要包括装吊车费、运费、仓储费、代理费等，反映在"销售费用"科目中。

（二）物流成本核算中存在的问题

1. 物流成本信息反映的迟延性

所谓迟延性是指物流成本信息不能在物流作业发生的期间及时反馈到财务部门。例如，委托某运输单位承担某年由外部料场到生产现场的矿粉倒运业务，倒运作业从1月开始发生，但是运输费用在年底一票结清。因此，业务部门的相关信息不能及时反馈到财务部门。

2. 物流成本信息分散

由于组织机构设置和职能分工等，一条物流成本信息被分割成几个部分，成本信息不集中，AB公司难以把握物流成本的全貌。也就是说，目前会计系统反映的是符合分口管理需要的职能成本，而不是符合物流管理需要的任务成本。任务成本就是一项物流活动所发生的相关费用。以一笔原燃料的采购为例，原料处采购炼焦煤5 000吨，运输方式为铁路运输。供货地至火车站之间发生的运输费、装卸费等物流成本记录在原料处的"材料采购"科目中；从火车站到焦化厂炼焦煤料场发生的运输费用及取送车费用记录在运输部的"生产成本"科目中；炼焦煤运抵炼焦煤料场后，发生的卸车费、仓储费等记录在焦化厂的"制造费用"科目中，仓储损失直接计入生产消耗，记在"生产成本"科目中。上述流程解析显示，炼焦煤的采购物流成本信息分散在三个部门，三个一级科目中，成本信息散乱。

3. 物流成本信息粗线条反映

在现行会计体系下，"制造费用"和"管理费用"科目下一般都会设置"运输费"作为二级科目。按照科目设置，"运输费"应该核算的是分厂和基本生产车间应负担的厂内运输部门和厂外运输单位提供运输劳务产生的费用。在实际业务中，"运输费"核算的内容极其广泛，包括了运输费、装卸费、人工费、租赁费等，凡是与运输作业相关的费用全部计入运输费，各项职能的物流成本混在一起，不利于物流成本的分析。

4. 高比例的到厂价结算方式，掩盖了供应物流成本的真实性

AB 公司原燃料采购的 30%、材料采购的 80%、备件采购的 70% 均采用到厂价结算方式。到厂价结算虽然简化了结算手续，但是给人一种假象，即到厂前的物流费用是由供应商承担的。实际上，到厂前的运输、存储、装卸等物流费用已包含在了结算价格中，与货物价值结合在了一起，最终的承担者仍是采购方。从物流成本管理的角度来看，到厂价结算方式使公司无法控制部分供应物流成本。

三、企业供应物流成本核算体系设计

（一）设计思想

AB 公司供应物流成本的核算体系设计以物流成本的相关理论为指导，以适应物流管理的需要为目的，从管理会计的角度，采用统计的方法，以 AB 公司供应物流为模板，按照采购业务的作业流程分步确定费用，按采购类别（职能部门）归集物流成本。

核算体系设计以会计信息系统资料为主，以物流相关业务部门的台账、报表等生产经营数据资料为辅，借助统计的方法展开。从目前的企业财务管理来看，把物流成本核算纳入会计核算体系还有诸多困难，而统计方式作为一种灵活的方式，能够满足当前物流管理的迫切需求。统计方式的物流成本核算，有助于加深我们对企业物流成本的认识，为将来推行会计方式的物流成本核算或会计与统计结合的物流成本核算方式，甚至其他更好的核算方式做探索性的准备工作。

从订货业务开始，直到采购物资入库储存，是供应物流的全过程。它包括了订货、运输、仓储、装卸等作业过程，每一个过程都有与之对应的物流费用发生，也就是供应物流的成本项目。AB 公司的物资采购工作实行归口管理，分别由原料处、材料处、装备部和国贸公司负责。各口分管的供应物流在形态、类别、作业等方面各有特点，因此供应物流成本费用的发生额以这四个部门为中心进行归集。

（二）国内原燃料供应物流成本的核算

国内大宗原燃料的采购由原料处负责，采购结算方式分为到厂价和离厂价两种。从供应物流成本核算的角度来看，两种结算方式的区别是，到厂价结算方式下，到厂前的物流费用包含在了货价当中，其他环节发生的物流费用与离厂价相同，所以把这部分费用单列一项核算。下面以采用离厂价结算的原燃料采购为对象，分析采购过程中的物流成本的核算。

1. 订货采购费

订货采购费是采购部门为了完成采购任务，取得订货合同而发生的相关费用，具体包括采购人员的工资及福利费，因采购业务而耗用的办公用品，发生的邮电费、通信费、印刷费等，以及采购人员为完成采购业务而发生的差旅费。在会计信息系统中，因原燃料采购而发生的费

用都记入"管理费用"科目。如应付采购人员工资，借记"管理费用——原料处——工资"科目，贷记"应付职工薪酬"科目；因采购业务而发生的印刷费，借记"管理费用——原料处——办公费"科目，贷记"预付账款"科目。但是，原料处作为一个管理职能部门，并非所有的人员都参与采购业务，除了按采购种类分设的燃料部、炉料部等采购科室外，还要设立管理部、审检部、办公室等部门以满足业务管理的需要，因此"管理费用——原料处——工资"科目的发生额不能直接作为订货采购费核算，而应把采购人员与其他管理人员的工资加以区分后计入。办公费的计算与工资相同。采购人员发生的往返路费、住宿费等订货费用，直接记入"管理费用——差旅费"科目。

通过对"管理费用"科目的分析，可以计算订货采购费发生额，但是工资和办公费需要划分为订货采购费和非订货采购费两部分。工资的发生额与采购人员相关，所以工资可以按采购员工清单直接从"应付职工薪酬——工资""应付职工薪酬——职工福利费"等科目中分离出来，也可以按采购人员数量与平均工资费率的乘积来确认。办公费与业务量相关，但实际工作中很难取得相关数据，因此办公费可以按经验比例确认或以已确认的订货采购费（工资和差旅费之和）占管理费用总额的比例确认。

2. 运输费

运输费即签订了供货合同之后，承运商将物资由供应商料场或仓库运输到工厂发生的费用。承运商会向 AB 公司开具增值税专用发票，收取运费。一般纳税人提供货物运输服务适用的增值税税率为 9%，小规模纳税人提供货物运输服务适用的增值税征收率为 3%。在购进货物时，支付的运输费随同货物一起计入货物成本，即原材料、库存商品等（货物价款+运输费），运输费用进项税额记入"应交税费——应交增值税（进项税额）"科目。支付的运费取得增值税专用发票的，则可以凭票抵扣运费的进项税额；如果未取得增值税专用发票，则不得抵扣运费的进项税额。

3. 取送车费和停车延时费

这两项费用仅在铁路运输方式下发生。取送车费由火车站收取，费用承担对象是运输部。取送车费的收取标准是每车 6 元/千米，火车站到 AB 公司工厂站的距离是 2.5 千米，往返 5 千米，那么外购原燃料进厂，一节车卸车后排空，发生的 30 元的取送车费就应由供应物流环节承担。但是，如果卸车后再装车发货即排重，那么就应由销售物流承担 50%的费用。从作业成本角度看，该项作业的成本动因是取送车的数量，成本动因分配率为 30 元/车或 15 元/车，只要确定了进厂原燃料的车数及相应的排空数，就能够确定应承担的取送车费。

停车延时费是因超时占用铁路部门车辆，而向铁路部门交纳的资源占用费。停车延时费按超过规定停时数及相应的车辆数计算。

计算某种原燃料应承担的取送车费和停车延时费时，可按平均费率计算。在该项目统计过程中需要用到的原燃料进厂车数及对应的排空数和排重数由计量系统提供，而超时车数由生产部运输管理部门台账提供。

4. 进厂火车运费

运输部机车承担自工厂站到料场或仓库的运输任务，按照内部结算价格向相关的受益单位收取运费，即进厂火车运费。在会计核算系统中，运输部是一个内部的利润中心，按照内部结算价格收取运费，按实际耗费归集生产费用，形成内部利润。从物流成本核算的角度看，运输部应视为一个运输车间，仅是一个成本费用中心，发生的费用均应计入物流成本。运输部按月根据各单位发生的运输量收取运费，计算公式如下。

$$运费 = 货运量 \times 里程数 \times 运价$$

其中，里程数是核定的平均数，运价是财务部门制定的内部价格，只有货运量是个变数。因此，只要确定了货运量，运费也就确定了，而货运量也就是各种原燃料的采购量。但是按照该公式计算的运费还不能直接计入物流成本，因为它还包含运输部的内部利润，因此需按上述运费计算进厂火车运费。其计算公式如下。

$$进厂火车运费 = 运费 \times （1-运输部利润率）$$

5. 计量费和检验费

采购物资运抵后，卸车前要经计量处计量，出具相关的计量数据，并由质检中心进行抽样检验，出具检验结果，发生的相关计量费用和检验费用向相关的受益单位收取。计量费按吨收取，检验费按检验批次收取。由于计量处和质检中心既负责采购物资的计量和检验，同时也承担生产和销售各环节的计量检验工作，所以发生的费用混同，无法分清发生在采购环节的计量和检验费用，所以考虑按平均计量费率和平均检验费率计算。计算公式如下。

$$某种原燃料计量费 = 平均计量费率 \times 该种原燃料采购量$$

$$某种原燃料检验费 = 平均检验费率 \times 该种原燃料检验批次数$$

其中，计量数量和检验批次数由质检中心检验台账提供。

6. 在途损耗成本

AB 公司原燃料的采购结算均以公司核定的数量为准。外购原燃料结算包括实收量和结算量，实收量是计量部门计量的实际重量，结算量是实际支付采购款项的数量，也是入库的数量。

实际工作中，每类采购物资的每笔结算业务都不尽相同，若逐笔统计工作量非常大。可以考虑根据历史数据，建立各类原燃料在途损耗率估算模型，在估算基础上，组织有关专业人员修正差异，建立原燃料的在途损耗标准数据。计算某种原燃料在途损耗成本时，直接套用相关的标准损耗率即可。

7. 卸车费

采购物资经计量检验后，符合 AB 公司质量检验标准，供需双方对计量检验数据没有异议的，才被准许卸车。卸车作业可以分为自卸和外委两种情况，自卸即卸货岗位员工利用企业自有卸车设备进行卸货，外委则是指由原燃料管理部门委托外部单位采用人工或机械作业方式进行卸货。无论是自卸还是外委，因卸车发生的费用均由相应的原燃料管理部门承担。外委费用比较明确，即实际支付给受托单位的款项（无论是以劳务费还是以租赁费的形式）；自卸费用因为属于内部费用，与其他生产消耗共同计入各项费用，所以确定起来有些难度。自卸费用从支付形态上看包括工资、设备折旧费、设备维护费等，其中设备维护费具体包括备品备件费用、机电及仪表费用、日常维修费用等。

工资可以按照岗位员工清单直接从"应付职工薪酬"科目中分离出来，也可以按卸车岗位人数乘以平均的工资率计算。设备折旧费按卸车设备原值乘以 10%的综合折旧率确定。考虑到设备维护费与固定资产原值存在一定的相关关系，因此设备维护费的确认可按卸车设备原值占固定资产原值的比例来分摊。

在实际生产过程中，卸车设备可能同时还承担着装车作业的任务，在无异常变动的情况下，同一个料场进出的物流量是相同的，因此卸车费可按装卸总费用的50%计算。

8. 仓储费

仓储费即原燃料存储过程中发生的成本费用，按支付形态包括料场或仓库管理人员的人工费、仓储设备及建筑物折旧费、仓储设备及建筑物维护费等，其统计核算方法与卸车费类似。

9. 倒运费用

外购原燃料到货后，可能不直接进入厂内生产料场或仓库卸货，而是在租用的外部料场或仓库卸货。出现临时租用情况的主要原因如下。一是厂内生产料场或仓库容积有限。原燃料通常情况下是集中进货，容易造成瞬时满仓的情况，为了避免物流阻塞，必须及时疏导。二是为了冬季备料的需要，提前大批量进货。三是钢铁生产工艺前后规模不均衡，炼铁炼钢工序产能迅速提升，原燃料需求量剧增，而前部的原燃料供给能力没有随之提升，造成前窄后宽的现象，成为生产组织的瓶颈。

外部料场或仓库的出租方承担物料的储存、装卸和向厂内倒运的一体化服务，一般采用包干价，按倒运量结算，不再单独区分储存费、装卸费和运输费。倒运费的计算公式是倒运量乘以包干单位价格。

10. 存储物资的损失

钢铁企业原燃料存储过程中可能会发生两类损失：一是量的损失，原因是大宗原燃料多露天堆放，容易受风吹、雨淋等环境因素的影响，造成存货的数量减少；二是质的损失，有些原燃料在储运过程中发生质量损失，如烧结矿、冶金焦等原燃料由于装卸、堆垛操作不规范或移动次数过多，筛分指数容易上升，质量易下降。

无论是量的损失，还是质的损失，会计系统都未予以明确反映。大宗原燃料的性质决定了不可能将库存物资再次过磅，库存量只能靠估算，发生的质损也不可能精确计量，所以，可采用专家估计法，通过确定存储物资的质量损失率计算相关的费用。存储物资损失等于平均库存量乘以质量损失率。

11. 物料占用成本

物料占用成本反映了因存货占用资金而发生的机会成本。在核算物流成本时把资金的机会成本包括在其中，目的是把降低物流成本和加快资金周转速度从根本利益上统一起来。物料占用成本等于物料平均占用资金乘以企业的平均投资报酬率。

12. 他方垫付的物流成本

他方垫付的物流成本是指在到厂价结算方式下，将物料由供应商运输至工厂发生的物流费用，主要是运输费用。虽然这部分运输费用没有直接反映出来，但实际包含在了货物价款中，最终的承担者是AB公司，所以应把这部分费用列入供应物流成本核算。他方垫付的物流成本主要与供应商的发货地相关，采用的运输方式不同，单位运价不同，按单位运价乘以相应的供应数量即可确定运输费用。

分析国内原燃料采购的物流过程及相关物流费用，根据数据资料的可得性，确定了12项供应物流成本项目，基本上涵盖了原燃料供应物流环节的物流成本。国内原燃料供应物流成本总额等于这 12 项成本项目之和。

需要补充说明的是，在上面的核算中，以及下面要讨论的进口原燃料供应物流成本核算，可以特别分析每一种原燃料供应物流成本的核算。这样，一方面可以强化对单项原燃料供应物流成本的控制；另一方面，在钢铁产品成本计算表中，生产消耗原燃料项目是逐项列示的，根据生产消耗原燃料的数量，就可以计算出吨产品发生的供应物流成本，与生产物流成本结合，可计算吨铁物流成本、吨钢物流成本和吨材物流成本，从而能够促进物流成本核算的深化。

（三）进口原燃料供应物流成本的核算

按 FOB 结算，进口原燃料发生的物流成本项目主要包括船运费、保险费、报关费、报验费、商检费、港口作业费，以及港口至工厂及其后发生的物流费用。港口至工厂及其后发生的物流费用核算与国内原燃料供应物流成本的核算基本相同，不再予以分析。下面仅分析船运费、保险费、报关费、报验费、商检费、港口作业费的核算。

1. 船运费、保险费及报关费

在进口原燃料的会计实务处理中，船运费、保险费及报关费均是按船结算的。因此，船运费、保险费和报关费等物流成本信息能够直接从会计资料中获取，而且能够具体到原燃料的品种。汇总明细科目，可以得到进口原燃料的物流成本发生额。

2. 报验费及商检费

在会计实务中，报验费及商检费是通过"其他应付款"科目核算的。因为金额相对较小，所以可按平均费率计算。平均费率计算公式如下。

$$平均费率 =（报验费 + 商检费）÷ 进口原燃料总量$$

每种原燃料应该分担的报验费和商检费按进口量乘以平均费率计算。

3. 港口作业费

根据 AB 公司与各相关港口的协议，货船到达港口后发生的装卸、堆存和仓储等作业费用，以吨矿包干价的形式支付给港务局。

对 FOB 结算方式下进口原燃料供应物流作业环节以及发生的相关物流成本进行分析，确定了上述物流成本项目的核算方法。在 CIF 结算方式下，船运费、保险费包含在了货物价值当中，相当于国内采购到厂价结算方式下他方垫付的物流成本，所以计算进口原燃料供应物流成本时，他方垫付的物流成本项目可用来核算 CIF 结算方式下估算的船运费和保险费，不再单列。

（四）材料供应物流成本的核算

材料采购业务流程与原燃料采购基本相同，同样要经过订货采购、运输、装卸、仓储等作业，并发生与之相关的成本费用。因此材料供应物流成本核算体系可在原燃料供应物流成本核算体系的基础上，考虑材料供应物流自身的特点予以设计。

（1）在进行材料采购的物流成本核算时，可仅按物流成本项目归集发生的物流成本，无须按种类核算。原因有两点：一是材料采购品种、规格繁杂，所采购的品种有近万种，很难具体实施；二是在计算产品生产成本中的材料消耗时，并不分类列示，而是把消耗材料总金额直接记入"制造费用——辅助材料"科目。

（2）购进材料的装卸、仓储管理由材料处负责，并按材料类别在厂区设有多个供应站点，分类管理。因此在计算装卸费和仓储费时，装卸设备和仓储设施的维护费不存在与生产设施分摊的问题，可根据实际发生额直接列入。

（3）材料采购过程中发生在途损失的可能性较小，可不予核算。

（4）材料处的多个供应站点，有较大的库容，足以存储生产消耗材料。同时，材料可以持续供货，不会出现集中、大批量进货的情况，所以无须租用外部仓库，也就不会发生倒运费用。

（5）材料入库前，由仓库管理人员核对数量、检查质量，因而不会发生专门的计量费和检验费。

（6）材料多数是室内存储，一般不会发生数量损失，但是因各种原因导致的材料超过使用有效期、变质等情况，以及不适应生产要求而被废弃等产生的损失，都可归集为报废损失。报废损失一般采用集中处理的方式，可直接从会计资料中获取报废损失。

其他物流成本项目的核算可参考原燃料供应物流成本核算体系的核算方法。

（五）备件供应物流成本的核算

备件供应物流与材料供应物流在业务流程上基本相同，核算体系同样可以在原燃料供应物流成本核算体系的基础上，结合备件供应物流的特点加以修改应用。

（1）入库备件由相关管理人员当场检验，无须发生专门的计量费及检验费。

（2）供应过程中，大部分备件都要加以包装，因此基本不会发生在途损耗成本，无须核算；因备件仓库库容较大，而且可以持续供货，所以没有因租用外部仓库而产生的倒运费。

（3）备件的装卸和仓储全部由装备部负责，在计算卸车费用和仓储费用中的维护费时，可按实际发生额直接计入。

（4）备件管理因库存时间过长，会造成两个方面的影响：一是占用资金；二是元器件因过期、不再适应生产需要等原因，成为废品，发生报废损失。备件报废与材料报废一样，在会计上集中处理，所以可直接从会计资料中获得报废损失。

（5）备件供应物流成本核算相对简单，成本项目包括订货采购费、运输费、卸车费、仓储费、报废损失和备件占用成本等。

（六）供应物流成本的汇总核算

为了对供应物流成本进行全面反映，AB公司设计了供应物流成本汇总表（见表3-7）。

表3-7　AB公司供应物流成本汇总表

成本项目	国内原燃料采购	进口原燃料采购	材料采购	备件采购	合计
订货采购费					
运费（进口海运）					
保险费					
……					
运费（境内）					
取送车费					
停车延时费					
进厂火车运费					
……					

成本项目	国内原燃料采购	进口原燃料采购	材料采购	备件采购	合计
报废损失					
物料占用成本					
合计					

表 3-7 中纵向按照采购类别汇总物流成本，反映了国内原燃料、进口原燃料、材料和备件供应物流成本的总额。四个采购类别的采购业务分别对应着四个职能部门，所以表 3-7 也同时反映了原料处、国贸公司、材料处和装备部四个职能部门职能范围内的物流成本发生额。

表 3-7 中横向按照物流成本项目汇总物流成本，反映了供应物流环节发生的运输费、仓储费、物料占用成本等诸项物流成本总额。

对表 3-7 中的信息进一步加工整理，可以求得各采购类别占供应物流成本总额的比例、单项物流成本占供应物流成本总额的比例，从而能够了解供应物流成本的结构信息，为物流成本分析、物流成本的重点控制提供数据支持，加强物流成本管理。

在本案例中，讨论了 AB 公司供应物流成本的统计方式。从实务的角度出发，统计方式应根据数据资料的可得性和统计核算的灵活性确定核算方法。会计资料能够提供的物流成本信息，可以直接导入；而会计资料未予反映或剥离困难的，在尽可能保证物流成本准确性的前提下，确定其他能够替代的合理估算方法。

第六节　集团公司物流管理模式及物流成本核算案例

集团物流管理模式不同或者改变管理模式时，其物流成本核算时设置的科目也会随之发生变化。这里就结合某集团的实际情况对这个问题展开分析。该集团原来采用分散的物流管理模式，二级单位各自独立开展物流运营，造成整个集团的物流被条块分割，效率相对低下。随着集团对供应链与物流一体化管理要求的提高，集团对物流部门进行了重组，其物流成本核算的科目设置也发生了变化。本节主要对实施物流一体化管理前后的物流成本核算科目设置进行对比分析。

一、集团公司物流管理现状分析

（一）汽车行业的典型物流流程

本案例涉及的集团为一个大型汽车集团。汽车行业的供应链管理是集运输、仓储、保管、搬运、包装、产品流通及物流信息于一体的综合性管理，是沟通原材料供应商、生产商、批发商、零件商、物流公司及最终用户的桥梁，更是实现商品从生产到消费各个流通环节的有机结合。对汽车制造企业来说，其物流过程包括生产计划制订、采购订单下放及跟踪、物料清单维护、供应商管理、运输管理、进出口、货物接收、仓储管理、发料及在制品管理和生产线物料管理、整车发运等，主要由汽车产品原材料、零部件、辅助材料等的采购物流、汽车产品的制造物流与分销物流等物流活动组成。图3-5描述了汽车行业的典型物流。

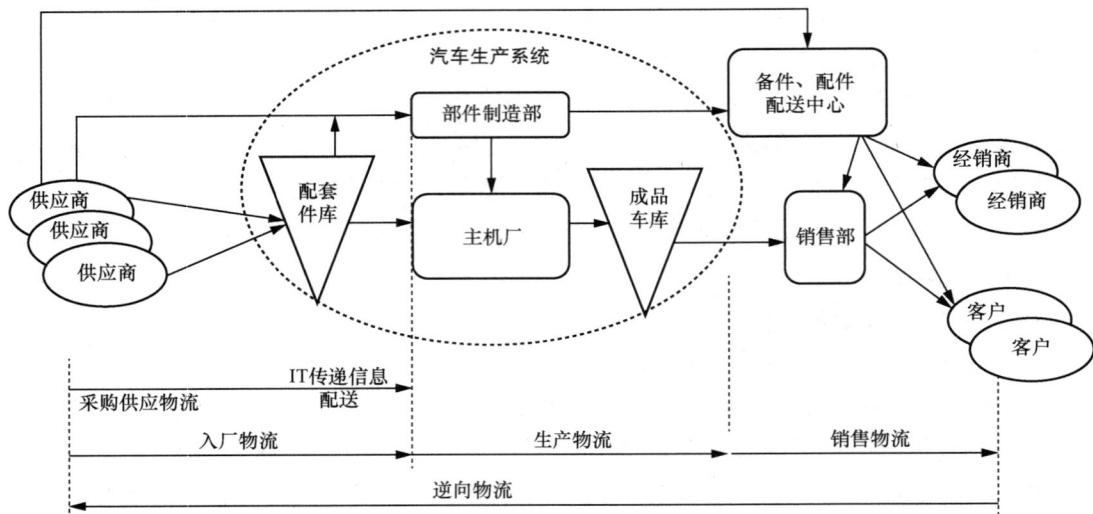

图3-5　汽车行业的典型物流

（二）集团组织结构

本案例中的汽车集团拥有四个部件制造部（部件制造二级单位）、三个整车主机厂、三个销售公司（销售部），另外，对于备件和配件，专门有一家配件公司负责经营。其组织结构如图3-6所示。

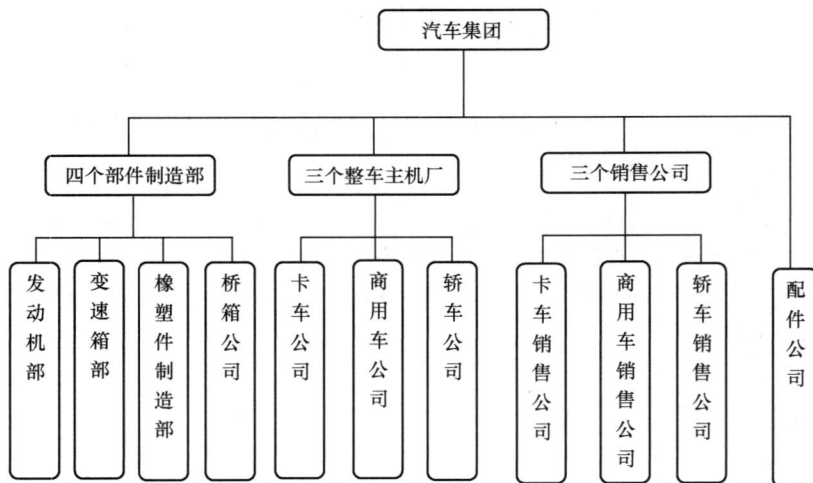

图3-6　汽车集团组织结构

从图3-6中可以看出，三个整车主机厂分别为卡车公司、商用车公司和轿车公司，负责整车生产；四个部件制造部包括发动机部、变速箱部、橡塑件制造部、桥箱公司，分别生产各种车型的零部件，如发动机、变速箱、桥箱、内饰件等部件；三个销售公司为卡车销售公司、商用车销售公司和轿车销售公司，这三个销售公司更准确地说应该为销售体系，每个销售体系都有自己的经销商、4S店和服务站，分别对应三个整车主机厂，负责卡车、商用车和轿车的销售和服务；除此之外，该集团还设置了配件公司，负责零配件的销售。

（三）集团的物流组织与管理现状

该汽车集团的物流主要采用外包模式。跟汽车行业的其他企业一样，该集团的物流主要分为生产系统主导的物流和销售系统主导的物流两个部分。其中，外供件采购供应物流、外供件上线配送和互供件上线配送（指部件制造厂生产的部件供应整车厂）为生产系统主导的物流；整车销售物流、备件物流和配件销售物流为销售系统主导的物流（这里备件指保修期内需要更换的零部件，而配件是指过保修期后维修用的零部件）。

该集团目前还没有专门的物流管理部门，主要由采购部门进行物流外包管理，只有卡车公司设置了物流管理部，集团对物流的重视程度还不是很高，物流运作水平比较低。为了能更清楚地认识该集团目前的物流模式，这里就外供件采购供应物流、外供件上线配送、互供件上线配送、整车销售物流、备件物流和配件销售物流分别进行分析。

1. 外供件采购供应物流

外供件是指由集团外部供应商提供的原材料和零部件。该集团有四个部件制造部为其整车主机厂提供零部件，整车物料种类超过27 000种，比较常用的物料有2 000～3 000种，平均一个车型有1 700种配件。因此，该集团还有很大一部分零部件是外供件，部分外供件由国内生产厂家提供，另一部分则从国外采购。采购供应物流是整个供应链的第一阶段，起着非常重要的作用。外供件采购供应流程如图3-7所示。

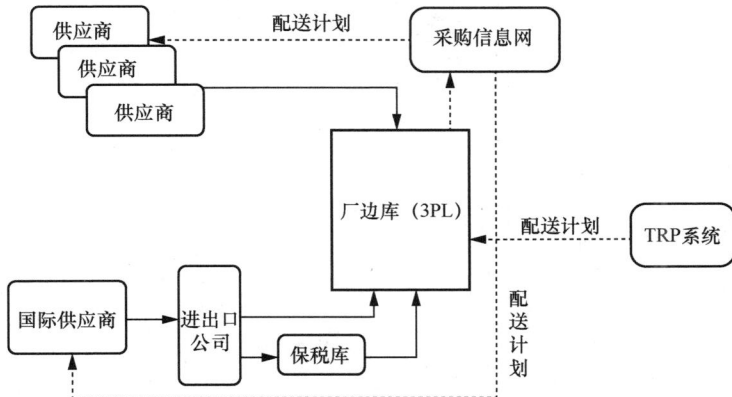

图 3-7　汽车集团外供件采购供应流程

现代物流离不开信息系统的支持，从图3-7中可以看出，该集团通过自己建设的贸易资源计划（Trade Resource Planning，TRP）系统和采购信息网传递与管理整个采购供应物流中的信息。首先，TRP系统将配送计划传递给第三方物流公司（3PL）。对于国内供应件，第三方物流公司通过采购信息网将配送计划传递给各个供应商，供应商将物料送到厂边库，由第三方物流公司管理；对于国外供应件，第三方物流公司通过采购信息网将配送计划传递给国际供应商，国际供应商将物料送到进出口公司，一部分直接送到厂边库，另一部分先送到保税库，再送到厂边库。将物料从供应商送到该集团厂边库完成采购供应物流。库存的管理采用供应商管理库存（Vendor Managed Inventory，VMI）方式，在配送到生产厂之前，物料的所有权属于供应商。

也就是说，该集团几乎实现了原材料的零库存，这也是汽车制造企业普遍采用的一种零配件库存管理方式。

需要指出的是，该集团四个部件制造二级单位以及三个整车主机厂都有各自的采购与物流部门，因此每个单位的外供件采购供应物流以及上线配送物流都是独立运作的。从集团层面看，集团只负责选择第一家供应商，如果第一家供应商能力不足，各二级单位可以对第二家及其以后的供应商进行自主选择，并根据实际情况给予供应商合适的物料价格和物料份额（一种物料可能对应多个供应商），但各二级单位在选择供应商后需要上报集团，集团再将该供应商名称加入供应商名录中。这样，集团下的多个二级单位即使在面对同一个供应商时，仍然被当作毫无关联的独立公司对待，若需求大，则供应商给出的价格相对便宜。目前，该集团外供件的集中采购刚刚起步，仅对各二级单位通用的一些零部件和大宗物资进行了集中采购，但种类较少。该集团还没有统一的采购平台，对供应商和采购的管理还处于较低水平，缺乏供应商评价和考核体系，无法从众多的供应商中挑选合适的长期合作伙伴。

2. 外供件上线配送

外供件进入各部件制造部及整车主机厂的厂边库，由第三方物流公司保管，一般情况下，这时物料的所有权还属于供应商。接下来，就进入上线配送阶段。在这个阶段里，整车主机厂和部件制造部存在一定的差异，各个部件制造部的上线配送多由一家第三方物流公司完成。整车主机厂的装配线很长，拥有多个预投区，因此需要由多家第三方物流公司提供上线配送服务。汽车集团外供件上线配送流程如图 3-8 所示。

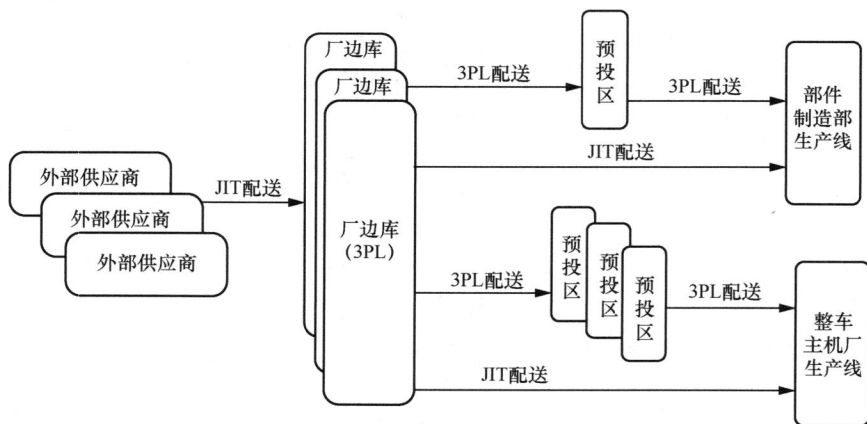

图 3-8　汽车集团外供件上线配送流程

部件制造部及整车主机厂每个月末会接到集团下达的下月计划，并根据自己的实际情况在每周末生成下周计划，每天还会制订次日计划，最后提前两个小时向厂边库（即物流中心）要货，第三方物流公司在接到订单后组织配送。部分物料直接送上生产线，而另一部分物料需要暂存在预投区（线旁库）中，等待上线。上线配送只有根据生产节拍进行，才能完美地实现准时生产（Just In Time，JIT）。但就该集团现状来看，由于第三方物流公司水平有限，还不能完全做到 JIT 配送上线。

该集团外供件的上线配送几乎都外包给了第三方物流公司，只有电瓶类的特种物资受保管条件的限制由供应商直接上线配送。原则上第三方物流公司由主机厂来选择。外供件的费用实际由出厂价和运费组成，出厂价与供应商有关，运费则与第三方物流公司有关，由供应商与第三方物流公司结算。供应商的报价中虽然没有明确提出运费由该集团承担，但在实际运作中已经算入物料费用中，因此，对外供件运费的控制也是减少物料成本的途径之一。该集团希望在未来的外供件入厂物流中实现价费分离，即把出厂价和第三方物流运费分开计算。目前，该集团对物料的外包还没有统一的计费方法。对物流服务商的考核，该集团只是以价格为目标，没有形成完善的考核体系，没有从多个方面对物流服务商进行综合评价，如上线配送的及时率、响应时间、服务质量等。

3. 互供件上线配送

该集团拥有四个部件制造部，分别为整车主机厂提供零部件，称为互供件上线配送。各部件制造部按照集团计划部下达的生产任务组织生产，零部件下线后存放在成品库，最后由第三方物流公司根据指令送到各整车主机厂生产线（见图3-9）。各部件制造部都有自己独立的第三方物流服务商及各自的物流管理体系。

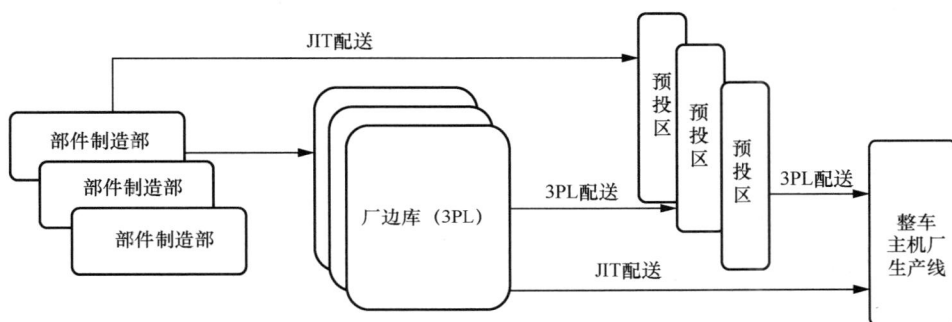

图 3-9 汽车集团互供件上线配送流程

该集团绝大多数互供件是由第三方物流公司负责配送上线的。对于底盘等比较大型的装配件不经过预投区直接上线；对于发动机、桥箱等互供件并没有直接上线，而是先到预投区再上线，这也是该集团物流成本居高不下的原因之一。

4. 整车销售物流

客户订购车辆以后，整车主机厂安排生产，销售公司运转中心能够通过信息系统了解销售计划、车辆去向以及下线时间，由物流部开具运转指令单。车辆下线后，暂存在整车主机厂的露天仓库，运转中心随即通知车队前往整车主机厂库房检查车辆并进行车辆的交接，再根据指令单将整车送到各地指定的服务站，然后进行扫码、盖章、车辆检查交接，最后由物流公司将指令单带回销售公司。目前，该集团将整车运输外包给 7～8 家小型的物流公司，有需要时再由这些不成体系的物流公司组织车队，因此人员素质低下、管理散漫是普遍的现象，存在大量的安全隐患。

5. 备件物流

这里的备件物流主要指备件的销售物流，这些备件一部分来自上游供应商，一部分由集团内部二级单位生产提供。备件在集团销售部交接后，第三方物流公司将备件发送到全国各地的中心库，然后再由各个销售公司的中心库发送到各服务站。

目前，备件物流由各个销售公司负责。销售公司在每省设立一个中心库，各个中心库有备件基数，即安全库存。车主在车辆需要维修时到各服务站进行登记，各个销售公司进行审核并综合区域内所有的服务站的备件需求，并根据备件使用计划、耗材消耗情况制订消耗计划，销售公司按每月的消耗计划对各个中心库进行调拨补货，安排专门的物流公司将备件运输到各个中心库。同时，各个中心库可以临时制订与消耗计划相互独立的临时计划，销售公司根据临时计划随时对各个中心库进行补货。

目前，备件的运输采用的是外包形式，三个销售公司各自都有一家物流公司负责备件从整车主机厂到各地中心库的运输以及一些旧件回收运输。

6. 配件销售物流

该集团以前由销售公司顺带完成配件的销售，后来专门成立了一个配件公司，负责配件的销售与物流。随着市场需求的不断增加，配件公司的业务快速发展，2008年成立初期，该公司年销售额只有1 600万元，2014年达到7亿多元。配件公司主要负责集团内所有销售车辆三包期结束后的车辆修理，拥有配件网点500多家，网点全面铺开，构建了配件销售网络体系。配件公司80%的配件销往该集团各地销售公司的服务站，另有20%提供社会服务。

总的来说，该集团的整车主机厂和部件制造部分别有自己的物流管理体系，在整体上形成了多套平行的供应链。这种局面使得物流没有形成规模，资源得不到共享，造成重复浪费的现象。例如，各二级单位都拥有自己的第三方物流公司，并且进行分散管理。这些第三方物流公司大多为中小型企业，自身缺乏科学的物流技术支撑，无论在资金上还是在设施设备配置上都没有优势。它们为了降低物流成本，只能采用传统的物流技术，以人工的方式进行物流操作，这就使得物流管理水平处于很低的层次。各二级单位对第三方物流公司的考核仅仅停留在时间和财务上，不能严格把握第三方物流公司对物料的处理过程。

二、基于物流分散管理现状的物流成本核算方案

在物流分散管理的现状下，该集团为了开展一体化供应链管理的运作，逐渐重视物流管理，从而设置了一套物流成本核算体系。此前该集团能够统计出来的只有对外支付的委托物流费用，而自营的物流成本部分却无从统计。该集团希望通过物流成本核算体系的设计，全面了解集团内部物流成本发生的情况，从而为开展一体化供应链管理创造条件。

（一）会计科目设置的基本原则

该集团在设置会计科目时，考虑了以下几个基本原则。

（1）在科目设置中，不包括生产物流成本，会计核算把生产物流成本都计入了产品的生产成本，这里不单独考虑生产物流成本的核算问题，也不对生产物流成本进行单独的核算与分析。

（2）尽量按照物流流程设置供应物流成本、销售物流成本、回收物流成本等一级科目。

（3）明细科目尽量按照物流的相关作业（或者部门、责任中心）来设置，以更有利于物流作业管理或物流责任中心管理。

（二）三个整车主机厂物流成本核算科目设置

三个整车主机厂的物流成本核算科目设置如表3-8所示。

其中，由于外供件管理采用供应商管理库存方式，因此，整车主机厂并没有原材料库存以及库存管理，在供应物流环节，只有"供应管理费用"以及"预投物流成本"两个明细科目。

预投区是在生产厂区设置的一个原材料配送上线缓冲区，大部分情况下由整车主机厂负责管理。另外，整车生产完成后，就交付给销售公司负责销售，因此，整车主机厂的销售物流成本只有少量的整车存储费用。

表 3-8 三个整车主机厂物流成本核算科目设置

一级科目	明细科目	费用项目	备注
供应物流成本	供应管理费用	工资、福利费、办公费、差旅交通费、折旧及修理费、材料消耗、低值易耗品摊销、劳动保护费、工会经费、职工教育经费、劳动保险费等	本项核算整车主机厂采购供应部门发生的成本
	预投物流成本	外包预投物流费用、预投区人员工资及福利费、折旧与修理费、材料消耗、其他	本项核算预投区发生的成本
销售物流成本	仓储费	成品储存区人员工资及福利费、固定资产折旧、水电费、物料消耗等	本项核算成品储存环节发生的物流成本

考虑到隐性物流成本，整车主机厂还需要统计两个部分：一是供应物流成本中包含在外供件价款中的供应物流成本，其估算方法是单车外供件估计货值 × 2.8% × 产量，其中 2.8% 是估计的供应物流成本占外供件价款的比例；二是销售物流成本中包含的库存占用资金的利息，估算方法是平均库存量 × 资金成本率，其中资金成本率可以用贷款利率表示。

（三）三个销售公司物流成本核算科目设置

三个销售公司的物流成本核算科目设置如表 3-9 所示。

表 3-9 三个销售公司物流成本核算科目设置

一级科目	明细科目	费用项目	备注
备件供应物流成本	供应管理费用	工资、福利费、办公费、差旅交通费、折旧及修理费、材料消耗、低值易耗品摊销、劳动保护费、工会经费、职工教育经费、劳动保险费等	本项核算销售公司在备件供应部门发生的成本（不含备件自身的成本）
	备件仓储费	外包仓储费用、备件储存区人员工资及福利费、固定资产折旧、水电费、物料消耗等	本项核算备件储存环节发生的物流成本
备件配送物流成本	外包备件配送费用	—	本项核算向外地发货时外包的费用
	自营备件配送费用	人员工资、办公费用、固定资产折旧等	本项核算向外地发货时自营的费用
备件回收物流成本	—	—	本项核算回收过程中发生的运输费用
整车销售物流成本	销售物流管理费用	销售公司物流管理人员的工资以及相关的费用	该费用是企业销售费用的一部分
	外包整车运输费用		
	自营整车运输费用		

销售公司的业务有两部分：一部分是整车的销售及其物流组织，另一部分是备件供应和配送物流组织。因此可设置"整车销售物流成本"一级科目，同时设置"备件供应物流成本""备件配送物流成本""备件回收物流成本"三个与备件物流相关的一级科目，其中备件配送物流成本指配件发货到各省市中心库的成本。

销售公司的隐性物流成本，也包括供应物流与销售物流两个部分：一是备件供应物流成本中的备件库存占用资金利息，其估算方法为平均库存×资金成本率；二是整车销售物流成本中整车库存占用资金利息，其估算方法为在途整车平均库存量×资金成本率。

（四）四个部件制造部物流成本核算的科目设置

四个部件制造部的物流成本核算科目设置如表3-10所示。

表3-10 四个部件制造部物流成本核算科目设置

一级科目	明细科目	费用项目	备注
供应物流成本	供应管理费用	工资、福利费、办公费、差旅交通费、折旧及修理费、材料消耗、低值易耗品摊销、劳动保护费、工会经费、职工教育经费、劳动保险费等	本项核算部件制造部在备件采购供应部门发生的成本（不含材料自身的采购成本）
	材料仓储费用	外包仓储费用、人员工资及福利费、固定资产折旧、水电费、物料消耗等	本项核算材料入库、储备环节发生的物流费用
销售物流成本	产品包装费用	包装材料费、托盘器具费、包装机械折旧费、人员工资及福利费、水电费等	—
	成品仓储费用	外包仓储费用、人员工资及福利费、固定资产折旧、水电费、物料消耗等	本项核算产品储存和出库环节发生的费用
	外包配送费用	—	本项核算向集团内配送发货时外包的费用
	自营配送费用	人员工资、办公费用、固定资产折旧等	本项核算向集团内配送发货时自营的费用
回收物流成本	—	—	本项核算回收过程中发生的运输费用

部件制造部的物流成本核算按照供应物流成本、销售物流成本和回收物流成本设置一级科目，其中，销售物流成本中单独设置了一个产品包装费用明细科目，以对产品包装及发送时的托盘器具成本进行核算与管理。

关于部件制造部的隐性物流成本，采购供应物流成本中包括两个部分：一是包含在外供件价款中的供应物流成本，其估算方法为外供件估计货值×费率；二是材料库存占用资金利息，其估算方法为平均库存量×资金成本率。销售物流成本中的隐性物流成本为成品库存占用资金利息，其估算方法为平均库存×资金成本率。

（五）配件公司物流成本核算的科目设置

配件公司的物流成本核算科目设置如表3-11所示。

表3-11 配件公司物流成本核算科目设置

一级科目	明细科目	费用项目	备注
供应物流成本	供应管理费用	工资、福利费、办公费、差旅交通费、折旧及修理费、材料消耗、低值易耗品摊销、劳动保护费、工会经费、职工教育经费、劳动保险费等	本项核算配件公司在备件采购供应部门发生的成本（不含材料自身的采购成本）
	配件仓储费用	外包仓储费用、人员工资及福利费、固定资产折旧、水电费、物料消耗等	本项核算材料入库、储备环节发生的物流费用
销售物流成本	配件包装费用	包装材料费、托盘器具费、包装机械折旧费、人员工资及福利费、水电费等	—

一级科目	明细科目	费用项目	备注
销售物流成本	外包配件配送费用（集团内）	—	本项核算向集团内配送发货时外包的费用
	自营配件配送费用（集团内）	人员工资、办公费用、固定资产折旧等	本项核算向集团内配送发货时自营的费用
	外包配件运输费用（4S 店）	—	本项核算向外地 4S 店发货时外包的运输费用
	自营配件运输费用（4S 店）	—	本项核算向外地 4S 店发货时自营的运输费用
回收物流成本	—	—	本项核算回收过程中发生的运输费用

配件公司负责三类产品销售服务三包期结束后的维修配件销售与物流组织。其配件的采购工作比较简单，实际上配件都是由整车主机厂统一采购的，其配件来自整车主机厂和部件制造部。其核算科目也按照供应物流成本、销售物流成本和回收物流成本来设置。

配件公司的隐性物流成本包括供应物流成本中的材料库存占用资金利息，其估算方法为平均库存量×资金成本率。

（六）物流成本核算方法的选择

由于该集团现行会计核算信息系统的限制，也考虑到会计人员对物流及物流成本的了解有限，因此在会计方式与统计方式两类物流成本核算方式中，该集团选择采用统计方式来核算物流成本。在实施中，集团财务部从每个二级单位（包括四个部件制造部、三个整车主机厂、三个销售公司和一个配件公司）抽调了1~2名会计人员，聘请物流成本专家对他们进行了为期两天的物流及物流成本核算相关知识培训，由他们负责每个二级单位的物流成本统计核算工作。通过培训，物流成本的统计核算工作顺利开展。

三、一体化物流管理模式及其物流成本核算

（一）一体化物流整合的基本思路

该集团物流管理的条块分割，导致整个物流效率低下，现有的物流管理体系已经不能适应其自身的发展，因而该集团准备在集团层面进行全面整合，以实现集团一体化的物流管理体系。

按照设计，该集团准备在集团层面形成采购供应管理部、生产部、销售公司三大独立的业务板块，分别承担整个集团的采购供应协调与物流管理、生产组织协调以及市场的运作与管理职责；设立一个独立的物流中心，全面负责各个二级单位的采购供应物流运作；同时，削弱各二级单位原有的物流相关部门职能，使其只承担日常的供需计划执行，从而在整个集团内形成一个垂直一体化的、现代化的、高效的供应链物流管理体系。

一体化物流整合的基本思路是：通过采购供应管理部和物流中心，把多个二级单位的物流系统整合，集中实现采购供应物流的一体化管理；通过销售公司整合原有三个销售公司的销售物流系统；保留配件公司，并把原来三个销售公司中的备件物流的职能整合进来，生产部负责生产组织和生产计划、生产物流组织工作。

首先，在供应物流方面，在集团层面设立采购供应管理部，其主要职能包括物料基础数据管理，供应商管理，物资采购招标管理，物流服务商招标管理，物流绩效考核，采购平台的运营与集团大宗物资采购，通用件的集中采购，供应链物流信息平台的管理，编码与工位器具、包装的标准化管理，等等。

在集团层面设置一个物流中心，该物流中心负责整个集团外供件、互供件的采购供应物流（入库、仓储、配送上线等）。

各二级单位的采购物流部主要负责原材料与零配件的采购（商流）以及日常的生产供需计划执行。

其次，关于销售物流，在集团层面成立销售公司，销售公司完全整合现有的三个整车销售体系，全权负责整车销售与发运，而备件物流建议并入配件公司的管理范围之内。

配件公司按照原来的方式运作，只是把备件的物流整合进来，因此配件公司负责备配件的销售与物流运作业务。

最后，集团层面的生产部负责组织协调各个部件制造部及整车主机厂的生产环节，关于生产物流成本的核算也不多加考虑。

（二）基于一体化物流管理模式的物流成本核算科目设置

基于这样的物流管理整合思路，该集团提出了一体化物流管理模式下集团物流成本核算体系。表 3-12 为集团层面物流成本核算科目设置。

表 3-12　集团层面物流成本核算科目设置

一级科目	明细科目	费用项目	备注
采购供应管理费	—	工资、福利费、办公费、差旅交通费、折旧及修理费、材料消耗、低值易耗品摊销、劳动保护费、工会经费、职工教育经费、劳动保险费等	本项核算集团采购供应管理部（仅指该部门）发生的成本
物流中心运营费	物流中心外包运营费	支付给外包运营商的费用	如果物流中心的运营外包，就设置这两个明细科目
	物流中心自营费用	固定资产折旧、自营人员工资及其他自营支出	
	进货运输费	入库巡回取货费用或运输费用、人员工资、车辆折旧以及外包运输费等	如果物流中心自营，可以选择设置这些明细科目。在主物流中心之外可能要设置几个分物流中心，这时就设置相应的明细科目单独核算分物流中心的成本
	装卸入库费	入库设备折旧、装卸入库人员工资、物料消耗等	
	仓储费	仓库折旧、仓储人员工资、水电费、物料消耗等	
	生产配送费	配送车辆折旧、人员工资、配送外包成本等	
	物流中心管理费用	物流中心管理人员工资及福利费、办公费用、差旅费、折旧费等	—
	互供件物流费	互供件入库、仓储、配送的人工费、水电费、折旧等费用	
	A 物流分中心运营费	物流分中心 A 的各项费用	
	B 物流分中心运营费	物流分中心 B 的各项费用	
销售物流成本	销售物流管理费用	销售公司中物流管理人员的工资以及相关的费用	销售费用中的一部分
	零配件出库运输费	运输到各区域物流中心的长途运输费、车辆折旧、人员工资或外包费用等	本项核算零配件向各地运输的费用
	卡车销售物流费用	卡车公司整车销售运费以及相关费用	—
	商用车销售物流费	商用车公司整车销售运费以及相关费用	—
	轿车销售物流费用	轿车公司整车销售运费以及相关费用	—

对于二级单位，包括四个部件制造部和三个整车主机厂，都会有相应的采购和物流管理部门，但它们只负责日常的采购与供需计划，并不直接参与物流作业，从而每个二级单位发生的物流成本仅限于采购与物流管理人员的日常支出，因此每个二级单位设置"物流中心运营费"一级科目即可。三个销售公司的物流职能被集团整合，因而也不具体负责物流业务，从而实现了商流与物流的分离。三个销售公司只负责商流的实现，物流由集团层面的销售公司负责，从而也无须进行物流成本的核算。

配件公司的运行模式与原来相同，只是增加了备件物流的职能，因而在科目设置上可以增加"备件物流成本"一级科目，设置"供应物流成本""仓储物流成本""配送物流成本"三个明细科目。也可以不单独设置"备件物流成本"一级科目，而将备件物流的相关成本并入配件的供应物流成本、销售物流成本与回收物流成本中，这样，配件公司的物流成本核算科目保持不变。

第七节　物流公司物流成本核算案例

杰青公司是一家专业物流公司，截至 2022 年 12 月底，资产总额为 1 531 万元，负债总额为 765 万元。该公司共有员工 38 人，设有办公室、人事部、财务部、运营部、安全部、客服部 6 个部门。公司主要从事受托物流业务的组织运营工作，运输业务由外部有运输资格的车队负责，装卸搬运业务雇佣外部搬运工完成。公司除 1 个自有仓库外，还在其他地区租赁了 4 个仓库，另有 1 辆 10 吨叉车和 2 辆卡车，供内部零星装卸和运输使用。本案例以杰青公司 2022 年 12 月有关成本费用的资料为依据，计算 2022 年 12 月的物流成本。杰青公司的成本费用科目有"主营业务成本""销售费用""管理费用""财务费用""营业外支出"，其中"营业外支出"科目 2022 年 12 月无发生额。

一、物流成本相关性分析

获取 2022 年 12 月相关成本费用发生额及明细资料并逐项分析哪些与物流成本相关，具体信息如表 3-13 所示。

表 3-13　杰青公司 2022 年 12 月成本费用科目及物流成本相关性分析表

成本费用科目	发生额（元）	是否与物流成本相关	备注
主营业务成本——搬运费	29 360.23	是	对外支付搬运费
主营业务成本——营运费	5 894.96	是	对外支付运输费
销售费用——工资	60 386.54	是	运营部、安全部、客服部等部门所耗用
销售费用——劳动保护费	578.55	是	运营部、安全部、客服部等部门所耗用
销售费用——通信费	11 721.32	是	含物流信息费
销售费用——办公费	9 452.85	是	运营部、安全部、客服部等部门所耗用
销售费用——市内交通费	2 119.50	是	运营部、安全部、客服部等部门所耗用
销售费用——差旅费	12 210.90	是	运营部、安全部、客服部等部门所耗用
销售费用——燃料费	2 117.60	是	2 辆卡车所发生的费用

成本费用科目	发生额（元）	是否与物流成本相关	备注
销售费用——保险费	2 360.00	是	货物及车辆保险费
销售费用——折旧	7 171.01	是	卡车、叉车、自有仓库及计算机折旧费
销售费用——摊销费	13 631.41	是	仓库修缮摊销费用
销售费用——快递费	794.65	是	运营部、安全部、客服部等部门所耗用
销售费用——修理费	4 123.00	是	卡车修理费
销售费用——房租物业	21 232.70	是	物流管理部门办公用房租赁费及仓库水电费
销售费用——低值易耗品摊销	1 914.50	是	胶条、包装绳、手套等物品
销售费用——业务招待费	18 213.20	否	主要为餐费等
管理费用——通信费	1 669.61	否	主要为人事部、办公室、财务部所耗用
管理费用——办公费	2 787.40	否	主要为人事部、办公室、财务部所耗用
管理费用——市内交通费	325.00	否	主要为人事部、办公室、财务部所耗用
管理费用——业务招待费	2 830.00	否	主要为人事部、办公室、财务部所耗用
管理费用——房租物业	2 843.96	否	人事部、办公室、财务部办公场地租赁费
管理费用——折旧	268.80	否	主要为办公车辆折旧费
管理费用——水电	4 771.57	否	主要为人事部、办公室、财务部所耗用
管理费用——燃油费	1 487.00	否	主要为办公车辆所耗用
管理费用——保险	720.00	否	办公车辆保险费
管理费用——修理费	315.00	否	办公车辆修理费
管理费用——审计费	2 400.00	否	
财务费用——手续费	585.20	否	购买支票、汇兑等费用
合计	224 286.46		

二、物流成本资料分析及物流成本计算

根据会计明细账、记账凭证、原始凭证及其他相关资料，对表 3-13 中与物流成本有关的费用逐项进行分拆，并设置物流成本辅助账户，分类计算物流成本。

（1）对于表 3-13 中的第 1 项，经查明细资料，分别为对外支付搬运费和运输费。

将上述信息记入有关物流成本辅助账户。

物流成本——装卸搬运成本——委托……29 360.23　　　①

物流成本——运输成本——委托……5 894.96　　　②

（2）对于表 3-13 中的第 2 项，经查明细资料，为运营部、安全部、客服部等物流管理部门所耗人工费用，其中司机 2 人，工资 3 600 元，仓库作业人员 4 人，工资 8 800 元，其余为物流管理人员工资。仓库作业人员兼做仓库保管、零星的装卸搬运和包装的工作时数分别为 400 小时、160 小时和 240 小时。仓库作业人员人工费按物流工作时数分配。据此，相关物流成本计算如下。

仓库保管工作时数占工作总时数的比例=400÷（400+160+240）=0.5

装卸搬运工作时数占工作总时数的比例=160÷（400+160+240）=0.2

包装工作时数占工作总时数的比例=240÷（400+160+240）=0.3

运输作业的人工费=3 600（元）

仓储作业的人工费=8 800×0.5=4 400（元）

装卸搬运的人工费=8 800×0.2=1 760（元）

包装作业的人工费=8 800×0.3=2 640（元）

物流管理作业的人工费=60 386.54-3 600-8 800=47 986.54（元）

将上述信息记入有关物流成本辅助账户。

物流成本——运输成本——人工费……3 600   ③

物流成本——仓储成本——人工费……4 400   ④

物流成本——装卸搬运成本——人工费……1 760   ⑤

物流成本——包装成本——人工费……2 640   ⑥

物流成本——物流管理成本——人工费……47 986.54   ⑦

（3）对于表 3-13 中的第 3 项，经查明细资料，主要为物流管理人员劳动保护费。

将上述有关信息记入相关物流成本辅助账户。

物流成本——物流管理成本——人工费……578.55   ⑧

（4）对于表 3-13 中的第 4 项，经查明细资料，主要为电话费等内容。根据使用人员的相关信息，约 80%的话费支出与物流信息管理相关。据此，相关物流成本计算如下。

物流信息作业的一般经费=11 721.32×80%=9 377.06（元）

将上述计算结果记入有关物流成本辅助账户。

物流成本——物流信息成本——一般经费……9 377.06   ⑨

（5）对于表 3-13 中的第 5 项，经查明细资料，主要为物流管理部门所耗用。据此，相关物流成本计算如下。

物流管理作业的一般经费=9 452.85+2 119.5+12 210.9=23 783.25（元）

将上述计算结果记入有关物流成本辅助账户。

物流成本——物流管理成本——一般经费……23 783.25   ⑩

（6）对于表 3-13 中的第 6 项，经查明细资料，主要为 2 辆卡车所耗用。本月 2 辆卡车用于零星物流运输业务的里程数为 3 000 千米，用于物流管理部门市内交通的里程数为 2 000 千米。物流成本按行驶千米数进行分配。据此，相关物流成本计算如下。

物流运输业务行驶里程数占行驶里程总数的比例=3 000÷（3 000+2 000）=0.6

物流管理部门行驶里程数占行驶里程总数的比例=2 000÷（3 000+2 000）=0.4

运输作业耗用维护费=2 117.6×0.6=1 270.56（元）

物流管理作业耗用维护费=2 117.6×0.4=847.04（元）

将上述计算结果记入相关物流成本辅助账户。

物流成本——运输成本——维护费……1 270.56   ⑪

物流成本——物流管理成本——维护费……847.04   ⑫

（7）对于表 3-13 中的第 7 项，经查明细资料，主要为货物及 2 辆卡车所发生的保险费，其中货物的财产保险费为 930 元，车辆保险费为 1 430 元。

将上述信息记入相关物流成本辅助账户。

物流成本——存货保险成本——特别经费……930   ⑬

物流成本——运输成本——维护费……1 430   ⑭

（8）对于表 3-13 中的第 8 项，经查明细资料，为卡车、叉车、自有仓库及物流管理部门计算机折旧费，数额分别为 1 303.82 元、1 501.73 元、3 911.46 元和 454 元。

将上述信息记入相关物流成本辅助账户（为简便起见，物流管理部门计算机折旧费全部计入物流信息成本）。

物流成本——运输成本——维护费……1 303.82　　　　⑮

物流成本——装卸搬运成本——维护费……1 501.73　　　⑯

物流成本——仓储成本——维护费……3 911.46　　　　⑰

物流成本——物流信息成本——维护费……454　　　　⑱

（9）对于表 3-13 中的第 9 项，经查明细资料，为自有仓库修缮摊销费用。

将上述信息记入相关物流成本辅助账户。

物流成本——仓储成本——维护费……13 631.41　　　　⑲

（10）对于表 3-13 中的第 10 项，经查明细资料，为物流管理部门所耗，主要为物流信息管理所发生的费用。

将上述信息记入相关物流成本辅助账户。

物流成本——物流信息成本——一般经费……794.65　　　⑳

（11）对于表 3-13 中的第 11 项，经查明细资料，为 2 辆卡车修理所耗，本月 2 辆卡车用于零星物流运输业务的里程数为 3 000 千米，用于物流管理部门市内交通的里程数为 2 000 千米。物流成本按行驶里程进行分配。据此，相关物流成本计算如下。

修理费在运输和物流管理作业之间进行分配的资源动因见表 3-13 中的第 6 项的计算结果。

运输作业耗用维护费=4 123×0.6=2 473.8（元）

物流管理作业耗用维护费=4 123×0.4=1 649.2（元）

将上述信息记入相关物流成本辅助账户。

物流成本——运输成本——维护费……2 473.8　　　　㉑

物流成本——物流管理成本——维护费……1 649.2　　　㉒

（12）对于表 3-13 中的第 12 项，经查明细资料，为物流管理部门办公用房租赁费及仓库水电费，其数额分别为 20 000 元和 1 232.7 元。

将上述信息记入相关物流成本辅助账户。

物流成本——物流管理成本——一般经费……20 000　　　㉓

物流成本——仓储成本——维护费……1 232.7　　　　㉔

（13）对于表 3-13 中的第 13 项，经查明细资料，为领用胶条、包装绳、手套等物品所耗用，上述物品主要用于包装业务。

将上述信息记入有关物流成本辅助账户。

物流成本——包装成本——材料费……1 914.5　　　　㉕

杰青公司在物流服务过程中，向委托方支付的备用金及押金在“其他应收款”科目中反映，“其他应收款——备用金”科目本月初余额为 1 456 683.35 元，本月末余额为 1 449 683.35 元；“其他应收款——押金”科目本月初余额为 273 800 元，本月末余额为 923 800。2022 年 12 月一年期银行贷款利率为 5.31%。据此，相关物流成本计算如下。

存货占用自有资金所产生的机会成本=[（1 456 683.35+1 449 683.35）÷2+（273 800+923 800）÷2]×5.31%÷12=9 080.03（元）

将上述信息记入相关物流成本辅助账户。

物流成本——资金占用成本——特别经费……9 080.03　　㉖

三、汇总计算物流成本

按"企业物流成本主表"的要求汇总计算物流成本。凡未注明"委托"字样的，为自营物流成本。

杰青公司物流成本汇总分析表如表3-14所示。

表3-14　杰青公司物流成本汇总分析表　　　　　　　单位：元

1. 装卸搬运成本——委托=①=29 360.23

2. 运输成本——委托=②=5 894.96

3. 运输成本=③+⑪+⑭+⑮+㉑=3 600+1 270.56+1 430+1 303.82+2 473.8=10 078.18

4. 仓储成本=④+⑰+⑲+㉔=4 400+3 911.46+13 631.41+1 232.7=23 175.57

5. 装卸搬运成本=⑤+⑯=1 760+1 501.73=3 261.73

6. 包装成本=⑥+㉕=2 640+1 914.5=4 554.5

7. 物流管理成本=⑦+⑧+⑩+⑫+㉒+㉓=47 986.54+578.55+23 783.25+847.04+1 649.2+20 000=94 844.58

8. 物流信息成本=⑨+⑱+⑳=9 377.06+454+794.65=10 625.71

9. 存货保险成本=⑬=930

10. 资金占用成本=㉖=9 080.03

11. 运输成本——人工费=③=3 600

12. 仓储成本——人工费=④=4 400

13. 装卸搬运成本——人工费=⑤=1 760

14. 包装成本——人工费=⑥=2 640

15. 物流管理成本——人工费=⑦+⑧=47 986.54+578.55=48 565.09

16. 物流信息成本——一般经费=⑨+⑳=9 377.06+794.65=10 171.71

17. 物流管理成本——一般经费=⑩+㉓=23 783.25+20 000=43 783.25

18. 物流管理成本——维护费=⑫+㉒=847.04+1 649.2=2 496.24

19. 运输成本——维护费=⑪+⑭+⑮+㉑=1 270.56+1 430+1 303.82+2 473.8=6 478.18

20. 存货保险成本——特别经费=⑬=930

21. 装卸搬运成本——维护费=⑯=1 501.73

22. 仓储成本——维护费=⑰+⑲+㉔=3 911.46+13 631.41+1 232.7=18 775.57

23. 物流信息成本——维护费=⑱=454

24. 包装成本——材料费=㉕=1 914.5

25. 资金占用成本——特别经费=㉖=9 080.03

四、填写"企业物流成本主表"

根据上述计算结果填写"企业物流成本主表"，如表3-15所示。

表 3-15　企业物流成本主表

企物流 A1 表
计量单位：元

企业详细名称：杰青公司　　　　企业法人代码：××　　　　2022 年 12 月

成本项目		物流总成本		
		自营	委托	合计
		01	02	03
物流功能成本	运输成本	10 078.18	5 894.96	15 973.14
	仓储成本	23 175.57		23 175.57
	包装成本	4 554.50		4 554.50
	装卸搬运成本	3 261.73	29 360.23	32 621.96
	流通加工成本			
	物流信息成本	10 625.71		10 625.71
	物流管理成本	94 844.58		94 844.58
	合计	146 540.27	35 255.19	181 795.46
存货相关成本	资金占用成本	9 080.03		9 080.03
	存货风险成本			
	存货保险成本	930.00		930.00
	合计	10 010.03		10 010.03
其他成本				
物流总成本		156 550.30	35 255.19	191 805.49

第八节　生产制造企业物流成本核算案例

甲公司是一个以小麦加工为主的中外合资面粉生产企业。截至 2022 年底，该公司资产总额为 6 186 万元，2022 年实现销售收入 1.23 亿元，实现利润总额 6 562 万元。内部设有会计部（兼做信息工作）、人事部、采购部、生产部、质量部、仓储部和销售部 7 个部门，共有员工 145 人，其中采购人员 5 人，生产人员 60 人，销售人员 20 人，其余为管理人员。该公司有一个总面积为 10 000 平方米的仓库，用于储存小麦、面粉等存货，而运输业务和装卸搬运业务均由外部人员承包，公司支付运费和装卸搬运费。

本案例以甲公司 2022 年 12 月有关成本费用资料为依据，计算 2022 年 12 月的物流成本。甲公司的成本费用科目有"生产成本""制造费用""销售费用""管理费用""财务费用""营业外支出""其他业务成本"，其中"营业外支出"科目 2022 年 12 月无发生额。具体计算步骤如下。

一、物流成本相关性分析

获取甲公司 2022 年 12 月相关成本费用发生额及明细资料并逐项分析哪些与物流成本相关，具体分析结果如表 3-16～表 3-20 所示。

表 3-16　2022 年 12 月管理费用明细项目及物流成本相关性分析表

管理费用明细项目	发生额（元）	是否与物流成本相关	备注
工资	94 044.09	是	含物流信息人员工资

管理费用明细项目	发生额（元）	是否与物流成本相关	备注
折旧费	36 049.57	是	含物流信息设施折旧
办公费	2 566.24	否	主要为人事部、会计部、总经理办公室费用
差旅费	12 267.10	否	主要为人事部、会计部、总经理办公室费用
工会经费	5 176.08	否	
董事会费	45 000.00	否	
坏账损失	2 147 087.44	否	
应酬费	24 777.00	否	主要为人事部、会计部、总经理办公室费用
税金	71 351.83	否	税金及附加
职工福利费	15 996.30	是	含物流人员费用
职工培训费	631.00	是	含物流人员费用
劳动保险费	39 102.00	是	含物流人员费用
待业保险费	3 908.68	是	含物流人员费用
劳动保护费	1 028.34	否	主要为人事部、会计部、总经理办公室费用
邮电费	426.81	否	主要为人事部、会计部、总经理办公室费用
汽车	19 241.31	否	主要为人事部、会计部、总经理办公室费用
诉讼费	3,683.00	否	
低值易耗品摊销	129.00	否	主要为人事部、会计部、总经理办公室费用
其他	65 749.45	否	
住房公积金	17 203.40	是	含物流人员费用
环境保护费	2 940.56	否	
修理费	5 915.00	否	主要为人事部、会计部、总经理办公室费用
统筹医疗金	17 827.50	是	含物流人员费用
照明电费	25 182.68	是	含仓库电费
合计	2 657 284.38		

表 3-17　2022 年 12 月制造费用明细项目及物流成本相关性分析表

制造费用明细项目	发生额（元）	是否与物流成本相关	备注
折旧费	58 654.90	是	含车间包装设备折旧费
修理费	61 841.90	是	含车间包装设备修理费
水费	10 345.81	否	主要为车间制造耗用水费
差旅费	5 813.30	否	主要为车间人员支出
邮电费	1 510.00	否	主要为车间人员支出
保险费	21 684.00	是	含库存和包装设备保险费
劳动保护费	3 358.50	是	含包装工人费用
职工福利费	1 025.95	是	含包装工人费用
试验检验费	2 906.42	否	主要为制造产品而发生的费用
低值易耗品摊销	99.00	否	主要为车间低值易耗品摊销
办公费	447.38	是	为车间管理人员办公费（含包装业务）
其他	989.37	否	
合计	168 676.53		

第三章　企业物流成本的核算方法与应用

表 3-18　2022 年 12 月销售费用明细项目及物流成本相关性分析表

销售费用明细项目	发生额（元）	是否与物流成本相关	备注
运输费	300 925.56	是	对外支付运费
装卸费	31 154.60	是	对外支付装卸费
保险费	3 010.00	是	铁路运输保险费
广告费	44 244.40	否	主要为广告宣传费
差旅费	15 472.00	否	主要为业务部门人员发生费用
邮电费	3 300.00	是	含物流信息费
汽车	6 646.32	是	含零星物流运输费
工资	61 473.17	是	业务部门（含物流业务）人员费用
办公费	2 372.43	是	业务部门（含物流业务）人员费用
低值易耗品摊销	3 910.75	是	主要为包装材料及周转用仓库篷布费用
折旧费	13 805.27	是	主要为仓库及业务办公用房折旧费
其他	17 952.30	是	货物出口关税及港杂费
劳动保护费	626.17	是	业务部门（含物流业务）人员费用
合计	504 892.97		

表 3-19　2022 年 12 月生产成本明细项目及物流成本相关性分析表

生产成本明细项目	发生额（元）	是否与物流成本相关	备注
直接材料	7 331 343.53	否	主要为生产面粉耗用的小麦
辅助材料	309 402.24	是	含包装材料
燃料及动力	172 565.47	是	含包装设施耗用电费
工资	114 726.27	是	含包装工人工资
制造费用	168 751.53	否	制造费用结转
合计	8 096 789.04		

表 3-20　2022 年 12 月财务费用明细项目及物流成本相关性分析表

财务费用明细项目	发生额（元）	是否与物流成本相关	备注
金融机构手续费	371.09	否	
利息支出	7 957.00	是	主要为购买原材料所发生的贷款利息支出
汇兑损失	−30 547.73	否	
利息收入	−8 284.99	否	
合计	−30 504.63		

二、物流成本汇总

对表 3-16～表 3-20 中与物流成本有关的费用内容进行汇总，具体如表 3-21 所示。

表 3-21　2022 年 12 月物流成本汇总表

序号	项目	发生额（元）	备注
1	管理费用——折旧费（表 3-16）	36 049.57	含物流信息设施折旧
2	管理费用——工资（表 3-16）	94 044.09	含业务人员（包括物流人员）费用
	管理费用——住房公积金（表 3-16）	17 203.40	
	销售费用——工资（表 3-18）	61 473.17	
	生产成本——工资（表 3-19）	114 726.27	

序号	项目	发生额（元）	备注
3	管理费用——职工福利费、管理费用——职工培训费、管理费用——劳动保险费、管理费用——待业保险费、管理费用——统筹医疗金（表3-16）	77 465.48	公司全体人员（含物流人员）费用
	制造费用——职工福利费、制造费用——劳动保护费（表3-17）	4 384.45	
	销售费用——劳动保护费（表3-18）	626.17	
4	管理费用——照明电费（表3-16）	25 182.68	含仓库电费
5	制造费用——折旧费（表3-17）	58 654.90	含车间包装设备折旧费、修理费
	制造费用——修理费（表3-17）	61 841.90	
6	制造费用——保险费（表3-17）	21 684.00	含存货和包装设备保险费
7	制造费用——办公费（表3-17）	447.38	含包装业务费用
8	销售费用——运输费（表3-18）	300 925.56	对外支付运费
	销售费用——装卸费（表3-18）	31 154.60	对外支付装卸费
9	销售费用——保险费（表3-18）	3 010.00	铁路运输保险费
10	销售费用——汽车（表3-18）	6 646.32	含零星物流运输费
11	销售费用——办公及劳保（表3-18）	2 372.43	业务部门（含物流业务）人员费用
12	销售费用——低值易耗品摊销（表3-18）	3 910.75	包装材料及周转仓库篷布费用
13	销售费用——折旧费（表3-18）	13 805.27	仓库及业务办公用房折旧费
14	销售费用——邮电费（表3-18）	3 300.00	含物流信息费
15	销售费用——其他（表3-18）	17 952.30	货物出口关税及港杂费
16	生产成本——辅助材料（表3-19）	309 402.24	含包装材料
	生产成本——燃料及动力（表3-19）	172 565.47	含包装设施耗用电费
17	财务费用——利息支出（表3-20）	7 957.00	购买原材料发生的贷款利息支出
	合计	1 446 785.40	

三、物流成本资料分析及物流成本计算

根据会计明细账、记账凭证、原始凭证及其他相关资料，对表3-21中与物流成本有关的费用逐项进行分拆、计算，并记入物流成本辅助账户。

（1）对于表3-21中的第1项，经查明细资料，其中计算机等信息设施的折旧费为6 008.26元。该项费用按计算机工作时数进行分配，会计部提供的物流成本计算信息需求表如表3-22所示。

表3-22　物流成本计算信息需求表

填写部门（章）：会计部　　　　　　　　　　　2022 年 12 月 31 日

项目	信息
会计部在岗人数	15 人
专职从事物流信息工作人数	0 人
兼职从事物流信息工作人数	1 人
兼职物流信息人员 12 月工作总时数	186 小时
兼职物流信息人员 12 月使用计算机从事物流信息工作时数	93 小时
兼职物流信息人员 12 月使用计算机从事企业内物流信息工作时数	15.5 小时

根据上述资料及表 3-22 所提供信息,物流信息成本计算如下。

物流信息工作时数占全部信息工作时数的比例为 $15.5 \div 93 = \frac{1}{6}$

物流信息作业维护费 $= 6\,008.26 \times \left(\frac{1}{6}\right) = 1\,001.38$(元)

将上述计算结果记入有关物流成本辅助账户。

物流成本——物流信息成本——企业内部物流成本——维护费……1 001.38　　　①

(2)对于表 3-21 中的第 2 项,经查明细资料,管理费用——工资(94 044.09 元)中含物流信息人员工资,该公司会计部门一名员工兼做信息系统管理员,每月工资为 3 000 元,该项费用按物流信息工作时数进行分配;销售费用——工资(61 473.17 元)中含仓储人员工资 18 000 元,该公司共有仓储人员 10 人,其中 2 人从事仓储管理工作,工资为 5 000 元,另外 8 人从事仓储业务工作,工资为 13 000 元;生产成本——工资(114 726.27 元)中含包装人员工资 20 000 元,该公司共有包装人员 15 人,其中 1 人从事包装管理工作,工资为 2 500 元,14 人从事包装业务工作,工资为 17 500 元;管理费用——住房公积金(17 203.4 元)中含物流人员支出,该公司按职工工资总额的 5% 提取住房公积金。根据上述资料及表 3-21 的信息,相关物流成本计算如下。

物流信息工作时数占全部工作时数的比例 $= 15.5 \div 186 = \frac{1}{12}$

物流信息作业人工费 $= 3\,000 \times \frac{1}{12} \times (1 + 5\%) = 262.5$(元)

物流仓储作业人工费 $= 13\,000 \times (1 + 5\%) = 13\,650$(元)

物流包装作业人工费 $= 17\,500 \times (1 + 5\%) = 18\,375$(元)

物流管理作业人工费 $= (5\,000 + 2\,500) \times (1 + 5\%) = 7\,875$(元)

将上述计算结果分别记入各物流成本辅助账户。

物流成本——物流信息成本——企业内部物流成本——人工费……262.5　　　②
　　　　　——仓储成本——企业内部物流成本——人工费……13 650　　　③
　　　　　——包装成本——企业内部物流成本——人工费……18 375　　　④
　　　　　——物流管理成本——企业内部物流成本——人工费……7 875　　　⑤

(3)对于表 3-21 中的第 3 项,经查明细资料,管理费用中的职工福利费、职工培训费、劳动和待业保险费及统筹医疗金 77 465.48 元为全体员工所发生的费用支出,制造费用中的职工福利费、劳动保护费 4 384.45 元和销售费用——劳动保护费(626.17 元)为采购、生产和销售部门人员所发生的费用支出,上述费用支出按物流作业职工人数进行分配。该公司共有员工 145 人。采购部门 5 人。生产部门 60 人,其中包装人员 15 人、1 人从事包装管理、14 人从事包装作业。仓储人员 10 人,2 人从事仓储管理、8 人从事仓储作业。销售部门 20 人。其余为管理人员(从事物流信息作业的人员为兼职,忽略不计)。

根据上述资料,相关物流成本计算如下。

包装管理人员占企业总人数的比例 $= \frac{1}{145}$

包装作业人员占企业总人数的比例 $= \frac{14}{145}$

仓储管理人员占企业总人数的比例$=\dfrac{2}{145}$

仓储作业人员占企业总人数的比例$=\dfrac{8}{145}$

包装管理人员占企业采购、生产、销售部门人数的比例$=1\div（5+60+20）=\dfrac{1}{85}$

包装作业人员占企业采购、生产、销售部门人数的比例$=\dfrac{14}{85}$

仓储管理人员占企业采购、生产、销售部门人数的比例$=\dfrac{2}{85}$

仓储作业人员占企业采购、生产、销售部门人数的比例$=\dfrac{8}{85}$

包装管理人员人工费$=77\,465.48\times\dfrac{1}{145}+（4\,384.45+626.17）\times\dfrac{1}{85}=593.19$（元）

包装作业人员人工费$=77\,465.48\times\dfrac{14}{145}+（4\,384.45+626.17）\times\dfrac{14}{85}=8\,304.71$（元）

仓储管理人员人工费$=77\,465.48\times\dfrac{2}{145}+（4\,384.45+626.17）\times\dfrac{2}{85}=1\,186.39$（元）

仓储作业人员人工费$=77\,465.48\times\dfrac{8}{145}+（4\,384.45+626.17）\times\dfrac{8}{85}=4\,745.55$（元）

物流管理人员人工费=593.19+1 186.39=1 779.58（元）

物流包装作业人工费=8 304.71（元）

物流仓储作业人工费=4 745.55（元）

将上述计算结果分别记入各物流成本辅助账户。

物流成本——物流管理成本——企业内部物流成本——人工费……1 779.58　　　　　⑥

　　　——包装成本——企业内部物流成本——人工费……8 304.71　　　　　　⑦

　　　——仓储成本——企业内部物流成本——人工费……4 745.55　　　　　　⑧

（4）对于表3-21中的第4项，经查明细资料，其中含有支付仓库照明电费1 399元，支付车间照明电费4 197.11元。车间共有生产工人60人，其中从事包装作业的人数为15人。车间照明电费按从事物流作业的人数进行分配。根据上述资料，相关物流成本计算如下。

包装作业人数占车间生产工人人数的比例=15/60=0.25

包装作业消耗的照明电费=4 197.11×0.25=1 049.28（元）

仓储作业消耗的照明电费=1 399（元）

将上述结果分别记入物流成本辅助账户。

物流成本——包装成本——企业内部物流成本——一般经费……1 049.28　　　　　⑨

　　　——仓储成本——企业内部物流成本——一般经费……1 399　　　　　　　⑩

（5）对于表3-21中的第5项，经查明细资料，折旧费58 654.9元中含包装设备折旧费4 800元，修理费61 841.9元中含有包装设备修理费6 092元。据此，相关物流成本计算如下。

包装作业的维护费=4 800+6 092=10 892（元）

将上述计算结果记入有关物流成本辅助账户。

物流成本——包装成本——企业内部物流成本——维护费……10 892　　　　　⑪

（6）对于表 3-21 中第 6 项，经查明细资料，其中含有采购存货保险费 6 872 元，包装设备保险费 3 241 元。

将上述物流成本信息分别记入物流成本辅助账户。

物流成本——包装成本——企业内部物流成本——维护费……3 241　　　　　⑫

　　　　　　——存货保险成本——供应物流成本——特别经费……6 872　　　　　⑬

（7）对于表 3-21 中的第 7 项，经查明细资料，该项费用为车间管理人员所耗用办公费，车间管理人员 4 人，其中包括包装作业管理人员 1 人。据此，相关物流成本计算如下。

$$包装作业管理人员占车间管理人员人数的比例=\frac{1}{4}$$

$$物流管理作业一般经费=447.38 \times \frac{1}{4}=111.85（元）$$

将上述计算结果记入有关物流成本辅助账户。

物流成本——物流管理成本——企业内部物流成本——一般经费……111.85　　　　　⑭

（8）对于表 3-21 中的第 8 项，经查明细资料，外部运输队 12 月行驶里程数为 48 000 千米，其中材料采购阶段行驶里程数为 16 000 千米，产品销售阶段行驶里程数为 32 000 千米。外部装卸队 12 月共装卸搬运货物 1 400 吨，其中采购阶段装卸搬运材料 400 吨，在企业内仓库与车间之间搬运各种材料 200 吨，销售阶段装卸搬运产品 800 吨。运输费用按里程数进行分配，装卸费按货物重量进行分配。据此，相关物流成本计算如下。

$$供应阶段行驶里程数占全部里程数的比例=16\,000 \div 48\,000=\frac{1}{3}$$

$$销售阶段行驶里程数占全部里程数的比例=32\,000 \div 48\,000=\frac{2}{3}$$

$$供应阶段装卸货物吨数占全部装卸货物吨数的比例=400/1\,400=\frac{2}{7}$$

$$企业内物流阶段装卸货物吨数占全部装卸货物吨数的比例=200/1\,400=\frac{1}{7}$$

$$销售阶段装卸货物吨数占全部装卸货物吨数的比例=800/1\,400=\frac{4}{7}$$

$$供应阶段负担的对外支付运输成本=300\,925.56 \times \frac{1}{3}=100\,308.52（元）$$

$$销售阶段负担的对外支付运输成本=300\,925.56 \times \frac{2}{3}=200\,617.04（元）$$

$$供应阶段负担的对外支付装卸搬运成本=31\,154.6 \times \frac{2}{7}=8\,901.31（元）$$

$$企业内物流阶段负担的对外支付装卸搬运成本=31\,154.6 \times \frac{1}{7}=4\,450.66（元）$$

$$销售阶段负担的对外支付装卸搬运成本=31\,154.6 \times \frac{4}{7}=17\,802.63（元）$$

将上述计算结果记入有关物流成本辅助账户。

物流成本——运输成本——供应物流成本——委托……100 308.52　　　　　⑮

　　　　　——运输成本——销售物流成本——委托……200 617.04　　　　　⑯

　　　　　——装卸搬运成本——供应物流成本——委托……8 901.31　　　　　⑰

　　　　　——装卸搬运成本——企业内部物流成本——委托……4 450.66　　　　　⑱

　　　　　——装卸搬运成本——销售物流成本——委托……17 802.63　　　　　⑲

　　（9）对于表 3-21 中的第 9 项，经查明细资料，该项费用为铁路运输途中保险费支出，其中采购材料支付 1 050 元，销售产品支付 1 960 元。

　　将上述物流成本信息记入相关物流成本辅助账户。

　　　　物流成本——存货保险成本——供应物流成本——特别经费……1 050　　　　　⑳

　　　　　——存货保险成本——销售物流成本——特别经费……1 960　　　　　㉑

　　（10）对于表 3-21 中的第 10 项，经查明细资料，该项费用主要为汽车维修维护及燃料动力消耗费，其中一部分为从事零星物流运输业务所发生的费用。根据有关统计数据，该车辆 12 月共行驶 6 300 千米，用于零星物流运输业务的里程数为 2 100 千米，其中采购阶段行驶 1 400 千米，销售阶段行驶 700 千米。据此，相关物流成本计算如下。

　　供应阶段车辆行驶里程数占总行驶里程数的比例=1 400÷6 300$=\dfrac{2}{9}$

　　销售阶段车辆行驶里程数占总行驶里程数的比例=700÷6 300$=\dfrac{1}{9}$

　　供应阶段运输作业维护费=6 646.32$\times\dfrac{2}{9}$=1 476.96（元）

　　销售阶段运输作业维护费=6 646.32$\times\dfrac{1}{9}$=738.48（元）

　　将上述物流成本信息记入相关物流成本辅助账户。

　　　　物流成本——运输成本——供应物流成本——维护费……1 476.96　　　　　㉒

　　　　　——运输成本——销售物流成本——维护费……738.48　　　　　㉓

　　（11）对于表 3-21 中的第 11 项，经查明细资料，该项费用为采购、销售及仓储管理人员所耗用办公费，可按物流作业职工人数分配，其中采购人员 5 人，销售人员 20 人，仓储管理人员 2 人。据此，相关物流成本计算如下。

　　仓储管理人员占采购、销售和仓储管理人员总人数的比例=2÷（5+20+2）$=\dfrac{2}{27}$

　　仓储管理作业耗用办公费=2 372.43$\times\dfrac{2}{27}$=175.74（元）

　　将上述计算结果记入有关物流成本辅助账户。

　　　　物流成本——物流管理成本——企业内部物流成本——一般经费……175.74　　　　　㉔

　　（12）对于表 3-21 中的第 12 项，经查明细资料，该项费用主要为包装用材料及周转使用的露天仓库篷布摊销费，其中包装材料摊销额为 1 410.5 元，仓库篷布摊销额为 2 500.25 元。

　　将上述物流成本信息记入有关物流成本辅助账户。

　　　　物流成本——包装成本——企业内部物流成本——材料费……1 410.5　　　　　㉕

　　　　　——仓储成本——企业内部物流成本——维护费……2 500.25　　　　　㉖

　　（13）对于表 3-21 中的第 13 项，经查明细资料，该项费用主要为仓库及业务办公用房折旧费，其中仓库折旧费为 11 805.27 元。

将上述物流成本信息记入有关物流成本辅助账户。

物流成本——仓储成本——企业内部物流成本——维护费……11 805.27   ㉗

（14）对于表 3-21 中的第 14 项，经查明细资料，该项费用主要为采购、销售部门发生的邮件信息费。据统计，邮电费中约 80% 与物流信息相关，物流信息成本中 40% 与材料采购有关，60% 与产品销售有关。据此，相关物流成本计算如下。

物流信息成本=3 300 × 80%=2 640（元）

供应阶段负担的物流信息成本=2 640 × 40%=1 056（元）

销售阶段负担的物流信息成本=2 640 × 60%=1 584（元）

将上述计算结果记入有关物流成本辅助账户。

物流成本——物流信息成本——供应物流成本——一般经费……1 056   ㉘

——物流信息成本——销售物流成本——一般经费……1 584   ㉙

（15）对于表 3-21 中的第 15 项，经查明细资料，该项费用主要为货物出口关税及港杂费，其中港杂费为 2 652.3 元。

将上述物流成本信息记入有关物流成本辅助账户。

物流成本——物流管理成本——销售物流成本——一般经费……2 652.3   ㉚

（16）对于表 3-21 中的第 16 项，经查明细资料，辅助材料 309 402.24 元中包含包装材料 215 000 元，燃料及动力 172 565.47 元按耗电量分配，12 月生产车间耗电总量为 3 000 千瓦时，其中含包装设备耗电量为 60 千瓦时。据此，相关物流成本计算如下。

包装设备耗电量占耗电总量的比例=60/3 000=$\dfrac{1}{50}$

包装作业耗用电费=172 565.47 × $\dfrac{1}{50}$=3 451.31（元）

将上述物流成本信息记入有关物流成本辅助账户。

物流成本——包装成本——企业内部物流成本——材料费……215 000   ㉛

——包装成本——企业内部物流成本——维护费……3 451.31   ㉜

（17）对于表 3-21 中的第 17 项，经查明细资料，该项费用主要为购买原材料所发生的贷款利息支出。

将上述信息记入有关物流成本辅助账户。

物流成本——资金占用成本——供应物流成本——特别经费……7 957   ㉝

（18）该公司于 2022 年 12 月出售下脚料等取得收入 35 000 元，同时发生装卸搬运费及运输费，分别为 500 元和 1 500 元，该项支出列入"其他业务成本"账户。

将上述信息记入有关物流成本辅助账户。

物流成本——装卸搬运成本——废弃物物流成本——委托……500   ㉞

——运输成本——废弃物物流成本——委托   ……1 500   ㉟

（19）该公司 2022 年 12 月底仓库存货结余明细如下：小麦结余 12 175 658 千克，面粉结余 4 040 611.58 千克，副产品结余 1 482 200.2 千克，结余价值总额 29 683 691.69 元，月初结余价值总额为 29 342 314.4 元。一年期银行贷款利率为 5.58%。据此，相关物流成本计算如下。

存货占用自有资金所产生的机会成本=（29 683 691.69+29 342 314.4）÷2×5.58%÷12=137 235.46（元）

将上述信息记入有关物流成本辅助账户。

物流成本——资金占用成本——企业内部物流成本——特别经费……137 235.46　　㊱

四、汇总计算物流成本

按"企业物流成本主表"的要求汇总计算物流成本，内容如表 3-23 所示。凡未注明"委托"字样的，为自营物流成本。

表 3-23　甲公司物流成本汇总分析表　　　　　　　　　　　　　　　　单位：元

1. 物流信息成本——企业内部物流成本=①+②=1 001.38+262.5=1 263.88
2. 仓储成本——企业内部物流成本=③+⑧+⑩+㉖+㉗=13 650+4 745.55+1 399+2 500.25+11 805.27=34 100.07
3. 包装成本——企业内部物流成本=④+⑦+⑨+⑪+⑫+㉕+㉛+㉜=18 375+8 304.71+1 049.28+10 892+3 241+1 410.5+215 000+3 451.31=261 723.8
4. 物流管理成本——企业内部物流成本=⑤+⑥+⑭+㉔=7 875+1 779.58+111.85+175.74=9 942.17
5. 存货保险成本——供应物流成本=⑬+⑳=6 872+1 050=7 922
6. 运输成本——供应物流成本——委托=⑮=100 308.52
7. 运输成本——销售物流成本——委托=⑯=200 617.04
8. 装卸搬运成本——供应物流成本——委托=⑰=8 901.31
9. 装卸搬运成本——企业内部物流成本——委托=⑱=4 450.66
10. 装卸搬运成本——销售物流成本——委托=⑲=17 802.63
11. 存货保险成本——销售物流成本=㉑=1 960
12. 运输成本——供应物流成本=㉒=1 476.96
13. 运输成本——销售物流成本=㉓=738.48
14. 物流信息成本——供应物流成本=㉘=1 056
15. 物流信息成本——销售物流成本=㉙=1 584
16. 物流管理成本——销售物流成本=㉚=2 652.3
17. 资金占用成本——供应物流成本=㉝=7 957
18. 装卸搬运成本——废弃物物流成本——委托=㉞=500
19. 运输成本——废弃物物流成本——委托=㉟=1 500
20. 资金占用成本——企业内部物流成本=㊱=137 235.46
21. 物流信息成本——维护费=①=1 001.38
22. 物流信息成本——人工费=②=262.5
23. 仓储成本——人工费=③+⑧=13 650+4 745.55=18 395.55
24. 包装成本——人工费=④+⑦=18 375+8 304.71=26 679.71
25. 物流管理成本——人工费=⑤+⑥=7 875+1 779.58=9 654.58
26. 包装成本——一般经费=⑨=1 049.28
27. 仓储成本——一般经费=⑩=1 399
28. 包装成本——维护费=⑪+⑫+㉜=10 892+3 241+3 451.31=17 584.31
29. 存货保险成本——特别经费=⑬+⑳+㉑=6 872+1 050+1 960=9 882
30. 物流管理成本——一般经费=⑭+㉔+㉚=111.85+175.74+2 652.30=2 939.89
31. 运输成本——维护费=㉒+㉓=1 476.96+738.48=2 215.44
32. 包装成本——材料费=㉕+㉛=1 410.5+215 000=216 410.5
33. 仓储成本——维护费=㉖+㉗=2 500.25+11 805.27=14 305.52
34. 物流信息成本——一般经费=㉘+㉙=1 056+1 584=2 640
35. 流动资金占用成本——特别经费=㉝+㊱=7 957+137 235.46=145 192.46

五、填写"企业物流成本主表"

根据上述计算结果填写"企业物流成本主表",内容如表 3-24 所示。

表 3-24 企业物流成本主表

企物流 A1 表

企业详细名称:甲公司　　　　企业法人代码:×× 　　　　2022 年 12 月　　　　单位:元

成本项目			物流总成本		
			自营	委托	合计
			01	02	03
物流功能成本	运输成本	1	2 215.44	302 425.56	304 641.00
	仓储成本	2	34 100.07		34 100.07
	包装成本	3	261 723.80		261 723.80
	装卸搬运成本	4		31 654.60	31 654.60
	流通加工成本	5			
	物流信息成本	6	3 903.88		3 903.88
	物流管理成本	7	12 594.47		12 594.47
	合计	8	314 537.66	334 080.16	648 617.82
存货相关成本	资金占用成本	9	145 192.46		145 192.46
	存货风险成本	10			
	存货保险成本	11	9 882.00		9 882.00
	合计	12	155 074.46		155 074.46
其他成本		13			
物流总成本		14	469 612.12	334 080.16	803 692.28

单位负责人:　　　　　　填表人:　　　　　　填表日期:　年　月　日

注:① 本表各行满足关系式:合计=自营+委托。
　　② 本表各列满足关系式:8=1+2+3+4+5+6+7,12=9+10+11,14=8+12+13。

📖 本章习题

一、填空题

1. 物流成本核算是指对物流活动中产生的各项费用进行＿＿＿＿、＿＿＿＿控制。

2. 在物流成本核算中,企业需要考虑的主要成本包括运输成本、仓储成本、＿＿＿＿成本等。

3. 物流成本核算的目的是实现物流成本的＿＿＿＿,在提供合适服务水平的前提下,达到成本最优化。

4. 物流成本核算需要建立合理的成本＿＿＿＿,并进行实际成本与预算成本的对比与分析。

5. 物流成本核算的结果可以为企业的决策提供＿＿＿＿。

二、单项选择题

1. 物流成本核算的核心目标是（　　　　）。

A. 最大化利润   B. 降低成本

C. 提高服务质量   D. 扩大市场份额

2. 物流成本核算的主要目的是（　　）。

A. 增加销售额   B. 实现成本控制

C. 扩大市场份额   D. 提高客户满意度

3. 物流成本核算的方法中，常用的一种是（　　）。

A. 作业成本法   B. SWOT 分析

C. 市场调研   D. 数据分析

4. 物流成本核算的关键步骤之一是（　　）。

A. 成本预测   B. 仓储管理

C. 供应链协调   D. 市场营销

5. 物流成本核算的优势之一是（　　）。

A. 提高效率   B. 提升客户满意度

C. 降低运营风险   D. 加强供应链合作

三、多项选择题

1. 物流成本核算的主要内容包括（　　　）。

A. 运输成本核算   B. 仓储成本核算

C. 人力成本核算   D. 资金成本核算

2. 物流成本核算的方法包括（　　　）。

A. 作业成本法   B. 增值税核算

C. 现金流量表   D. 成本效益分析

3. 物流成本核算的关键环节包括（　　）。

A. 成本分配   B. 成本控制

C. 成本预测   D. 成本监督

4. 物流成本核算的主要考虑因素包括（　　）。

A. 运输距离   B. 运输方式

C. 产品特性   D. 供应商选择

5. 物流成本核算的评估指标包括（　　）。

A. 总成本占收入比例   B. 仓储设备利用率

C. 运输时间   D. 客户满意度

四、名词解释

1. 显性物流成本。

2. 隐性物流成本。

五、简答题

1. 企业进行物流成本核算有什么意义？

2. 我国企业在推行物流成本核算的过程中会遇到什么样的困难？

3. 企业进行物流成本核算的目的有哪些？

4. 企业如何选择物流成本的核算对象？企业可以选择的物流成本核算对象有哪些？

5. 独立的物流成本会计核算方式如何实施？该方式有什么优缺点？

6. 描述统计方式下物流成本核算方式的基本步骤。

7. 如何计算隐性物流成本？

六、案例分析

某企业月度利润表中与物流有关的费用如表 3-25 所示，试编制企业的支付形态类别、物流范围类别的物流成本计算表。

表 3-25　企业本月各项物流费用明细

项目	费用（元）	计算基准（%）	基准说明	物流成本（元）	支付形态类别	物流功能类别
车辆租赁费	100 080.00	100	全额	100 080.00	维护费	运输费
包装材料费	30 184.00	100	全额	30 184.00	材料费	包装费
工资津贴	631 335.00	28.3	人数比例	178 667.81	人工费	包装、运输、保管、装卸、管理活动中的人工费
水电气暖费	12 645.00	52.7	面积比例	6 663.92	一般经费	物流管理费
保险费	10 247.00	52.7	面积比例	5 400.17	维护费	包装、运输、保管、装卸、管理活动中的人工费
修缮维护费	19 596.00	52.7	面积比例	10 327.10	维护费	包装、运输、保管、装卸、管理活动中的人工费
折旧费	39 804.00	52.7	面积比例	20 976.71	维护费	包装、运输、保管、装卸、管理活动中的人工费
办公费	19 276.00	42.1	物流费用比例	8 115.20	一般经费	物流管理费
易耗品费	21 316.00	42.1	物流费用比例	8 974.04	材料费	包装、保管费
资金占用利息	23 816.00	42.1	物流费用比例	10 026.54	特别经费	保管费
税金	33 106.00	42.1	物流费用比例	13 937.63	维护费	包装、运输、保管、装卸、管理活动中的人工费
通信费	10 336.00	42.1	物流费用比例	4 351.46	一般经费	信息流通费
软件租赁费	17 748.00	42.1	物流费用比例	7 471.91	一般经费	信息流通费
有关成本合计	969 489.00	41.8	物流成本占比	405 246.40	合计	企业本身物流成本

此外，本月企业支付的物流费为 56 340 元，其中本月因采购由其他企业支付的物流费为 34 260 元，本月因销售而由其他企业支付的物流费为 22 080 元。本月提供物流运输劳务3 200 吨·公里，其中材料耗用 1 200 吨·公里，产品销售耗用 2 000 吨·公里。企业总人数为127 人，物流部门人数为 36 人，其中包装作业 6 人，运输 12 人，保管 4 人，装卸 10 人，物流

管理 4 人。物流作业设施的总账面价值为 357 万元，其中包装设备价值 48 万元，运输设备价值 174 万元，保管设备价值 98.7 万元，装卸设备价值 21.6 万元，物流管理部门设备价值为 14.7 万元。

上述费用支付形态归属：

以上各项中包装材料费、易耗品费属于材料费；

工资津贴属于人工费；

车辆租赁费、保险费、修缮维护费、折旧费、税金属于维护费；

水电气暖费、办公费、通信费、软件租赁费属于一般经费；

资金占用利息属于特别经费。

物流范围分为供应物流、生产物流、销售物流、退货物流和废弃物物流。其中，包装费、保管费主要属于生产物流的范围，运输费、装卸费、物流信息费和物流管理费主要属于供应物流和销售物流的范围。

假设供应物流和销售物流共同费用的分摊比例为 1:2。

我们可以根据企业的每项功能分别编制一张物流成本计算表，如表 3-26 所示。

表 3-26　物流成本计算表

支付形态范围			供应物流（元）	生产物流（元）	销售物流（元）	退货物流（元）	废弃物物流（元）	合计（元）
企业物流费	本企业支付的物流费	企业本身物流费	材料费						
			人工费						
			维护费						
			一般经费						
			特别经费						
			企业本身物流费（合计）						
		委托物流费							
		本企业支付的物流费（合计）							
	外企业支付的物流费							
	企业物流费用总计							

第四章 企业物流作业成本法及其应用

【学习目标】

- 掌握企业物流作业成本法；
- 掌握物流作业成本法在不同企业中的应用。

【引导案例】

物流成本分摊

某仓储配送型物流公司同时为五个医药经销企业客户提供货物仓储、配送以及其他相关增值服务。物流公司的基本业务是：客户的货物从医药制造企业发过来之后，物流公司直接接货入库储存，再根据客户发来的订单，向省内各大中医院配送药品。五个客户的货物都储存在同一个配送中心，配送中心的人员、装卸搬运机器设备以及其他设施设备都是共用的，配送的作业也往往是共同实施的。

五个客户中，有的客户的产品以进口药物为主，货物价值高，但占用的仓储空间面积并不大，个别货物还需要由物流公司建立一个专门冷库来储存；有的客户则以经营中成药为主，相对来说货物价值低、占用存储空间大；有的客户则同时经营中药、西药。也就是说，这五个客户的货物种类有所不同，客户要求提供的服务内容和服务质量要求也有所区别，但是物流公司的物流成本是共同发生的，而会计人员也没有办法将五个客户发生的共同成本公平合理地分摊到每个客户。在收费标准的制定上，物流公司对五个客户都按照流转货值的 0.5%进行收费。

启发思考

物流公司是否需要单独核算五个客户各自发生的物流成本？如果需要，共同发生的仓储成本、配送成本甚至行政管理成本如何分摊给五个客户？

第一节 作业成本法的基本原理

作业成本法应用于物流成本核算的理论基础是：产品消耗作业，作业消耗资源并导致成本的发生。作业成本法把成本核算深入作业层次，它以作业为单位收集成本，并把"作业"或"作业成本池"的成本按作业动因分配到产品。因此，应用作业成本法核算企业物流成本并进行管理的基本思路如下。

（1）界定企业物流系统中涉及的各个作业。作业是工作的各个单位，作业的类型和数量会随着企业的不同而不同。例如，在客户服务部门，作业可以包括处理客户订单、解决产品问题以及提供客户报告三项。

（2）确认企业物流系统中涉及的资源。资源是成本的源泉，一个企业的资源包括直接人工、直接材料、生产维持成本（如采购人员的工资成本）、间接制造费用以及生产过程以外的成本（如广告费用）。资源的界定是在作业界定的基础上进行的，每项作业必涉及相关的资源，与作业无关的资源应从物流成本核算中剔除。

（3）确认资源动因，将资源分配到作业。作业决定着资源的耗用量，这种关系称作资源动因。资源动因联系着资源和作业，它把总分类账上的资源成本分配到作业。

（4）确认成本动因，将作业成本分配到产品或服务中。作业动因反映了成本对象对作业消耗的逻辑关系，例如，问题最多的产品会产生最多客户服务的电话，因此可以按照电话数的多少（此处的作业动因）把解决客户问题的作业成本分配到相应的产品中。

采用作业成本法计算物流成本的逻辑如图 4-1 所示。

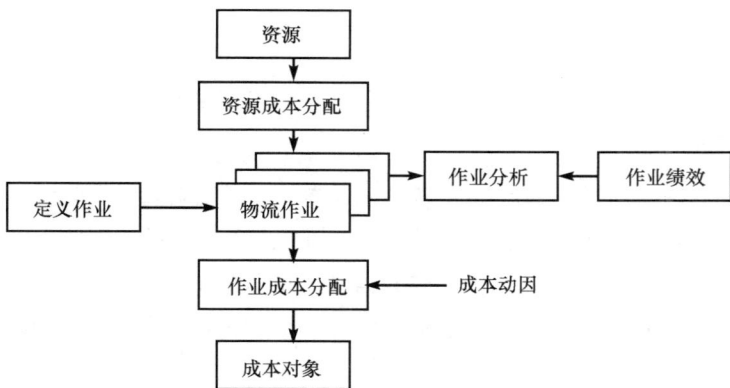

图 4-1　采用作业成本法计算物流成本的逻辑

第二节　物流作业成本法的实施步骤

从本质上看，企业物流系统是为了满足客户需求而设计的一系列物流作业的集合体，而作业是某个职能部门、二级单位、工序流程所进行的具有一定目的、需要消耗一定资源的活动的统称。企业采用物流作业成本法对每个物流作业建立成本库，利用作业成本库对该作业消耗的资源进行归集、考核与控制。在此过程中，物流作业成本信息能动态跟踪，有利于成本的分解与控制，从而达到对企业物流成本的事前预测合理、事中调控及时和事后核算准确的目的。物流作业成本法实施步骤如下。

一、选定成本对象

在作业成本法中，成本对象（成本核算对象）的定义可随研究的目的不同而有所不同。若研究的目的在于探讨每一客户的成本，则成本对象须定义为客户；若目的在于探讨每一产品的成本，则成本对象须定义为产品。关于成本对象的选定问题，在第 3 章中有详细的论述。

一般来说，企业可以以所经销或制造的所有产品作为产品类别，但是，当企业所经销或制造的产品很多时，这样的做法就显得过于烦琐，而可能不切实际。在这种情况下，除非在分摊作业成本时不依据"实际"成本动因使用量，而用"标准"成本动因使用量，否则光是收集每一产品的"实际"成本动因使用量便是一大问题。即使在作业成本分摊时采用"标准"成本动因使用量，仍需知道每一产品的"实际"成本动因使用量，以做事后评估。鉴于此，在产品品种很多时，有必要对所有产品进行必要的合并。产品合并的原则是使用共同作业的产品必须合并。

上述原则可能只适用于产品少的公司，对产品种类繁杂的公司，逐一比较每一产品所经过的作业而决定是否合并，可能仍是一项艰巨的工作。所以在实务中，可能仍需要依赖对产品的了解，依照每一产品的成本结构或属性，将有类似成本结构或属性的产品归成相同类别。例如物流业，可依仓储位置将产品分类，不同成本结构的产品，往往放置于不同位置。

二、确定物流作业

（一）作业与成本分摊

作业成本法以作业活动为基础，也就是说，成本的归属或累积以作业活动为中心，然后再将各作业活动的成本归属或分摊到成本对象。如果成本对象是产品，则最后可算出各产品的成本；如果成本对象为客户，则可算出为不同的客户服务所投入的成本。这种分摊方式就是"二阶段分摊"（Two-stage Allocation），即先分摊或直接归属到作业，再将作业成本分摊到成本对象，如图 4-2 所示。

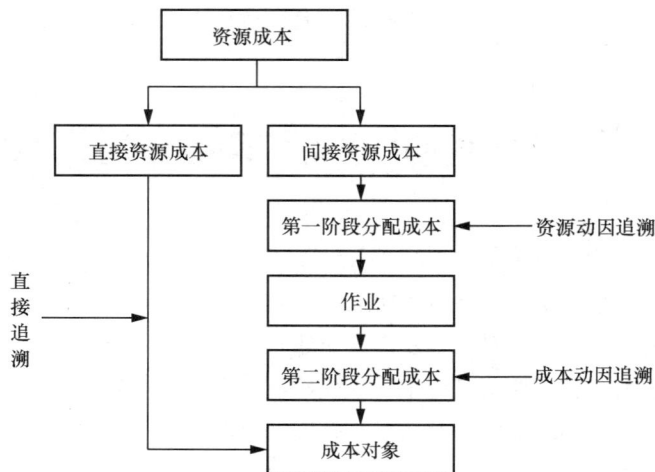

图 4-2　作业成本的二阶段分摊

在会计核算中，成本按其计入成本对象的方式可以分为直接成本与间接成本。直接成本是指与成本对象直接相关的那一部分成本，它可以直接计入成本对象。间接成本是指与成本对象相关联的成本中不能用一种经济合理方式追溯到成本对象的那一部分成本，它要用一定的方式分摊给成本对象。间接成本的分摊要力求做到准确。图 4-2 中的间接资源成本包括间接材料、间接人工、折旧、水电费等无法直接归属至产品的成本。

（二）作业的选定

作业的选定要根据流程的每一个细部作业来进行。因此，对物流作业的定义要求在对企业生产工艺流程和物流过程进行深入了解和分解的情况下进行，把企业物流运营的全过程划分为一定数量的作业。由于细部作业的数目过于庞大，因此，过细的作业划分会增加信息的处理成本。在确定作业数量时，究竟应划分和确定多少作业，应遵循"成本—效益"原则，在"粗分"和"细分"之间进行权衡。划分过"粗"，会导致在一项作业中含有不相关的作业成本；划分过"细"，则工作量太大，企业为此付出的成本过于高昂。

为了简化作业的数量，某些细部作业可以进一步合并为粗部作业。细部作业可以作为成本改善与绩效评估的单位来使用，因为每一个细部作业都可能由不同的员工和机器负责，所以可以单独进行绩效考核和作业改善。而如果仅仅是为了达到正确的成本累积，粗部作业就足够了。作业的合并一般需要遵循以下三个基本原则：①合并的作业必须属于同一层次；②合并的作业必须使用相同的成本动因；③合并的作业必须具有相同的功能。

建立作业中心时，一般首先确定一个核心作业，然后根据作业"质的相似性"原则，将上下游工序中一些次要任务或作业与之合并，归集为一个作业中心。在每一个作业中心中，都有一个同质成本动因。

（三）主要的物流作业

物流公司或货主企业的物流部门在划分物流作业（或作业中心）时，一般将其分为以下几个项目。

1. 采购作业

采购作业包括供应商管理、向供应商订货、货物验收以及货物入库等作业。

（1）供应商管理。供应商管理包括采购合约签订、订货、进货、验收、付款等作业。

（2）向供应商订货。向供应商订货的作业一般先由计算机考虑周转率、缺货率、前置时间、存货状况等，自动建议订货，再由人工决定。由计算机考虑季节性因素，算出过去出货资料的平均预估出货量，到了订购点，计算机自动列印出"订购建议表"，经过人工修订，将信息传给上游厂商。该项作业的成本主要包括存货控制、操作计算机的人工以及订单处理成本等。

（3）货物验收。每进一个托盘就要仔细清点货物，包括品质、制造日期等。当货物送来时，原则上采取诚信原则，以点箱数方式验收，但对高单价商品以开箱点数方式验收。

（4）货物入库。如果为整箱进货，则放置在托盘上，所使用的托盘若为标准托盘，则可直接入库；若使用的是非标准托盘，则第二次搬运至标准托盘上，通过商谈由上游厂商自行负责搬运。如果是非整箱进货，则需人工搬运。

2. 销售订单处理

订单若以电子订货系统（Electronic Ordering System，EOS）方式传来，则无须做输入工作；

若以传真方式传来，必须有专人做输入工作。若订单通过网络传到仓库现场的计算机上，则不需要打印拣货单；若不能通过网络传输订单，则需有人按批次打印拣货单，交给仓库现场人员拣货。

在销售订单处理作业上，也需在接电话确认、回答客户咨询问题等工作上花费一定的人工成本。

3. 拣货作业

拣货方式若为半自动化拣货，则不必人为判断商品，只看编号，人工动作主要为搬运货物及电动拖板车的行进。拣货方式若为自动化拣货，不仅不需要人为判断商品类型、编号，也不需要搬运货物，减小员工的劳动强度，提高效率，减少人员的使用，基本做到无人化。

4. 补货作业

补货作业的步骤通常有以下几个：人工从事割箱工作；人工从事补货工作，一箱一箱地补货；由专人操作堆高机从事堆高机补货工作，在此情况下补货单中的商品为一个托盘。

5. 配送作业

配送作业的基本工作流程包括：①接收订单后由计算机系统依货量、路线、重量因素做配车工作，再由人工依需要调整；②计算机打印派车单，配送人员根据派车单到现场拉货并与各门市做送货品项的核对；③拉货上车；④配送运输；⑤卸货，这是配送人员最辛苦的工作，有些商家要求直接卸在店内，有些则要求卸货上架；⑥点收。

6. 退货作业

采购进货时验收不符则当场退货。若货物储存在仓库时发生损坏，则依合同退货给厂商。客户退回商品时由司机运回放置在仓库内，由专人将货物整理分类，有些货物要报废，有些要重新上架，有些可以退给厂商。

三、归集每项作业发生的资源费用

作业成本法的基本思路是首先按照作业来归集各项资源费用，然后按照成本动因将各项作业成本分配到成本对象。因此，确定了各作业或作业中心之后，就要明确各项作业所包含的资源费用，并进行归集。

采购作业资源费用包括采购人员成本、采购处理成本、采购设备折旧及维护费；验收作业资源费用包括验收人员成本、设备工具折旧、货架费用、托盘费用；销售订单处理作业资源费用包括销售订单处理人员成本、计算机等设备信息处理费用、通信费用；拣货作业资源费用包括拣货人员成本、拣货准备成本、拣货设备折旧、拣货设备维修成本；补货作业资源费用包括补货人员成本、电动板车折旧、堆高机折旧、货架折旧、输送带折旧、自动分流设备折旧、物流箱费用、活动托盘费用、储存托盘费用；配送作业资源费用包括配送车辆折旧、配送人员工资、油料费、过路费、维修费等；仓储作业资源费用包括工具折旧、厂房租金、厂房管理员成本、设备折旧及保养费。

在采用作业成本法时，问题之一是如何将间接资源费用归属至作业。在将发生的各项资源费用归属至各个作业时，有的资源费用是可以直接计入确定的作业的，而有的资源费用并不能直接计入某项作业，需要在各个作业之间进行分摊。总的来说，将资源费用归属至作业的方法有以下三种：①直接归入；②估计；③武断分摊。

在这些方法中，直接归入能提供十分准确的信息。如果直接归入无法达到目的，则应该以与成本变动有因果关系的动因来归属；如果得不出动因，则只能采取武断分摊来完成，但此法能不用就最好不用。

虽然直接归入是较好的方法，但在实务中通常不可行，因为成本账户与作业之间往往没有直接关联性，所以在实务中往往需要使用估计方法，估计方法包括问卷或访谈，根据经验，对现场领班或部门经理访谈是较有效的方法。

四、确定每项作业的成本动因

成本动因是指每个物流成本对象消耗各作业或作业中心成本的动因，或期末将每个作业或作业中心成本总额分配给成本对象的依据。选择作业成本动因，即选择驱动成本发生的因素。一项作业的成本动因往往不止一个，应选择与实耗资源相关程度较高且易于量化的成本动因作为分配作业成本、计算产品成本的依据。成本计量要考虑成本动因材料是否易于获得，成本动因和消耗资源之间相关程度越高，现有的成本核算被扭曲的可能性就越小。

常见的物流作业成本动因主要有直接人工工时、托盘数量、订单数量、货物的价值等，这些成本动因需要在日常的工作中加以统计计量。成本动因的选择至少要考虑两个因素：①成本动因的计量性以及计量成本的合理性；②成本动因与作业中心消耗资源的相关程度。

有些资源成本动因是会计资料中现有的，如货值等，而有些资源成本动因需要在日常工作中进行计量，如订单数、托盘数等。

找出各项作业的成本动因，就可以将作业成本客观地分摊至成本对象，表 4-1 为常见物流作业可能的成本动因示例。

表 4-1　常见物流作业可能的成本动因示例

作业	成本项目	可能的成本动因
1. 采购处理	采购人员成本、采购处理成本、采购设备折旧及维护费	采购次数
2. 进货验收	进货验收人员成本、验收设备折旧及维护费	托盘数
3. 进货入库	进货人员成本、堆高机折旧	托盘数
4. 仓储	仓库管理员成本、仓库租金、折旧费用、维护费用	体积、所占空间
5. 存货盘点	盘点人员成本、盘点设备折旧及维护费	盘点耗用时间
6. 客户订单处理	接收订单人员成本、订单处理成本	订单数
7. 拣货准备	拣货人员成本、拣货准备成本	订单数
8. 拣货	拣货人员成本	拣货次数
9. 合流	处理合流人工成本、合流设备成本	每一订单跨区数
10. 配送	车辆调配费、油料费、车辆维护费及折旧、配送人员成本	出货托盘数
11. 拉货上车	拉货上车人员成本、辅助设备折旧	订单量
12. 人工补货	割箱人员成本、搬运人员成本、设备折旧及维护费	补货箱数
13. 堆高机补货	堆高机人员成本、堆高机折旧及维护费	补货托盘数
14. 下货	下货人员成本	订货标准箱
15. 销管	财会人员成本、文具用品费、设备折旧、管理及行政人员成本、通信成本	营业金额

五、将作业成本分摊到成本对象

将上述计算的各个作业成本，按照成本动因的统计结果分配到各个成本对象，并将分配来的各项费用，包括直接成本和间接成本加总，便可得到每个成本对象的总物流成本。每项作业的成本分配和每个成本对象的物流成本计算过程如下。

$$\begin{array}{c}\text{某成本对象} \\ \text{物流成本总额}\end{array} = \begin{array}{c}\text{直接} \\ \text{成本}\end{array} + \sum \begin{array}{c}\text{该成本对象消耗的} \\ \text{某项作业资源成本}\end{array}$$

$$\begin{array}{c}\text{某成本对象消耗的} \\ \text{某项作业资源成本}\end{array} = \begin{array}{c}\text{该成本对象消耗的} \\ \text{某作业成本动因数量}\end{array} \times \begin{array}{c}\text{某作业} \\ \text{的成本动因分配率}\end{array}$$

$$\begin{array}{c}\text{某作业的} \\ \text{成本动因分配率}\end{array} = \begin{array}{c}\text{该作业的} \\ \text{资源费用合计}\end{array} \div \begin{array}{c}\text{全部成本对象消耗该项作业} \\ \text{的成本动因数量的合计数}\end{array}$$

六、分析物流成本

一般企业在没有物流成本管理基础的情况下可依上述方法分离出物流成本。取得物流成本信息并不是目的，只是加强管理的一种手段，因此如何根据分离出的物流成本信息加强管理是问题的关键所在。

有些企业因成本日益增加而失去竞争力，却不知根据上述方法分离出物流成本，因而无法知道成本增加是由物流成本造成的，建议企业计算以下数据。

（1）总物流成本/总营业收入。如此就可观察物流成本占营业收入的变化趋势。

（2）各项物流成本/总物流成本。如此可以分析物流管理的重点、应当改善的重点，并按一定期间观察各项物流成本占总物流成本的变化趋势。

（3）作业成本分析。对每项作业所消耗的物流成本进行分析，考虑每项作业成本消耗的合理性，并以此为基础制定作业的成本消耗定额或成本消耗指标，作为对每项作业进行改善和绩效考核的基础。

七、管理物流成本

物流成本受许多因素的影响，良好的事前作业规划可以降低物流成本。下面提出几个可以降低物流成本的基本方向，在物流成本管理中要注意考虑。

（一）客户的特殊需求

（1）订单所需协调的复杂度。不同客户的订单，需要不同程度的协调。例如，对准时送货的要求，若要求送货时长在15分钟内，则其所需的协调工作，肯定比在3天内复杂，成本也就相应提高。单项商品，其所需协调的复杂程度比整套系统更小。

（2）运输点的特殊要求。每位客户的运输要求可能不同，有些客户只要求送至商店门口，有些客户可能要求入仓，另有些客户甚至要求每项产品依店面摆设上架。

（二）订单的特性

（1）每一订单所要求的反应时间、下单频率及订购数量可能不同。反应时间越短，物流处理越复杂及成本越高；下单频率越不规则，规划越困难。

（2）产品运输属性。产品是整箱上车，或是零星散装，会影响物流配送效率。此外，运输点的位置与集中程度、是否进行不合格产品回收等与成本有关的因素均会影响配送效率。

（三）加工及处理要求

产品加工及处理的特殊要求不同，其产生的物流成本也会有很大的差异。例如，干货与冷冻产品在物流处理上有极大不同，会大大影响物流成本。此外产品的加工需求、是否开箱逐一贴标签再装回，也会影响最终的物流成本。

（四）产品特性

产品间的可替代性不同，物流成本的差别也会很大。可替代性高的产品，会降低物流作业的复杂度，并会相对降低仓储的压力，因为无须提供超额存货以备不确定的需要。

管理者仔细思考上述问题之后，则可按照订单与产品的特性，制定合适的物流管理政策，以提高客户满意度及物流效率，如此才可有效管理物流成本。

第三节　企业物流作业分析与改善

作业成本法作为一种物流成本核算和分析的有效手段，总是离不开对作业的研究与把握，而作业分析是构建物流作业成本控制体系的前提与基础。作业分析包括认识作业、区分作业与改善作业三个阶段。

一、认识作业

日本会计学家吉川总结出了认识作业的三种方法，具体如下。

（一）作业地图法

作业地图法是把工厂各部门（包括厂部、各科室、车间等）画成详细的地图，根据地图判别直属于各部门的作业的方法。对于跨部门的作业，在这个方法中成为各部门各自的作业，所以存在较多跨部门作业时，作业地图法并不妥当。

（二）作业流程分析

作业流程分析依靠画作业流程图，即把为完成特定业务所要求的各种作业步骤，画成一张张系统的流程图，通过在图上加注各步骤所需人员、所耗时间等来计量、分析作业及其效率。作业流程是由各部门的作业贯穿起来的，在流程图中应标识部门名称，以明确职责。

（三）征询意见法

征询意见法要求向企业内部各部门的主管或工作人员询问（少数情况下向外部专家咨询），以确认某些关于作业的关键问题。这些问题大致有：谁在干活？干什么活？什么原因引起作业时间的耗费？要多少人？为什么需要这些人？为什么要加班？为什么存在人员闲置？为什么存在设备闲置时间？结合使用该方法与上述两种方法，对认识作业大有帮助。

二、区分作业

作业的区分主要包括以下几个方面。

（一）区分主要作业和次要作业

这种区分标准最早由美国管理学家布雷姆森提出，用于组织外部的作业是主要作业，在部门内部协调主要作业的作业是次要作业。作业分类是出于将次要作业成本分配给主要作业的需要及管理主要作业与次要作业间比例的需要。

（二）区分核心作业、支持作业与连带作业

这是由英国会计学家贝里斯·琼斯提出的一种三分法。"核心作业"是指以组织存在目的为中心的作业，具体来说，是为组织内部或外部的顾客提供服务的作业。"连带作业"是由组织或部门内部的缺陷连带造成的作业。"支持作业"是指为实现核心作业所必需的作业。

（三）区分增值作业与非增值作业

增值作业是指因为能给顾客带来附加价值，所以能为企业带来附加价值（利润）的作业。与之相反，凡不能给顾客带来附加价值的作业，从根本上说是无效的，属于非增值作业。在油田企业中，任何一项作业，设计、管理得当就是增值作业，否则就是非增值作业。具体来说，衡量作业增值与否的标准是看其能不能带来产量的增加或生产效率的提高。

三、改善作业

作业成本法使得共同成本分摊的准确性提高，而要有效地控制成本的发生并降低成本就必须基于过程分析来进一步认识成本与作业的关系。

（一）作业消除

作业消除就是消除非增值作业，即先确定非增值作业，进而采取有效措施予以消除。例如将原材料从集中保管的仓库搬运到生产部门，将某部门生产的零件搬运到下一个生产部门都是非增值作业。如果条件许可，将原料供应商的交货方式改为直接送达原料使用部门，将功能性的工厂布局转变为单元制造式布局，就可以缩短运输距离，削减甚至消除非增值作业。在成本控制中，作业消除是直接有效的手段。

（二）作业选择

作业选择就是尽可能列举各项可行的作业并从中选择最佳的作业。不同的策略经常产生不同的作业，例如不同的产品销售策略会产生不同的销售作业，而作业引发成本，因此不同的产品销售策略引发不同的作业及成本。在其他条件不变的情况下，选择作业成本最低的销售策略可以降低成本。在物流运作中，作业选择也是经常遇到的。例如，选择不同的运输工具与运输路径，会产生不同的运输作业，进而产生不同的作业成本，因而许多专业运输公司在时间允许的情况下，经常会选择速度较慢但较廉价的运输方式。

（三）作业减少

作业减少就是提高必要作业的效率或者改善在短期内无法消除的非增值作业，例如减少整

备次数就可以改善整备作业及减少成本。世界著名机车制造商哈雷戴维森（Harley-Davidson），就通过作业减少方式减少了 75% 的机器整备作业，从而降低了成本。再比如，某企业的包装作业一直效率低下，究其原因是相关的从业工人业务不熟练，于是对这些工人进行一段时间的强化培训，工人的业务熟练程度提升，企业的包装作业效率得到了提高。

（四）作业分享

作业分享就是利用规模经济效应提高必要作业的效率，即增加成本动因的数量但不增加作业成本，这样可以降低单位作业成本及分摊于产品的成本。例如在设计新产品时如果考虑到充分利用现有其他产品使用的零件，就可以免除新产品零件的设计作业，从而降低新产品的生产成本。在运输过程中，能满载的不装半车，能往返拉货的不跑单程，这些都是对作业进行的充分分享。

第四节 物流作业成本法实施中的
问题及实施案例

一、物流作业成本法实施中的两个问题

（一）作业成本法的实施很复杂吗

一般认为，作业成本法的高成本及操作复杂性阻碍了大多数企业特别是中小企业用作业成本法来改善自身的成本信息。根据美国的一项调查，许多企业不采用作业成本法的一个原因就是缺少资源（人力和财力），并且这一问题在中小企业中更加普遍。

实际上，阻碍这些企业采用作业成本法的原因并不是资源匮乏，而是它们对资源匮乏的感觉。作业成本法是一个简单的概念，它能以各种各样的手段来应用，并不一定需要软件公司或咨询公司提供复杂的、一体化的系统。作业成本法系统和软件只是作业成本会计理念实施的一种方式，但并不是唯一方式。实施作业成本法的目的是得到准确反映成本、作业以及产品或劳务之间因果关系的成本信息，有时候，相关经理人员只需要改变一下思维方式，或者对现有成本系统加以修改即可。

统计方式的作业成本实施方法，就是作业成本法应用的一种典型形式。作业成本法并不必须要与企业的日常会计和报告工作融为一体。实际上，从国外实施作业成本法的情况来看，在大多数情况下，作业成本法根本就不必成为一个"系统"，它能够作为一个"非联机"的决策支持工具有效地发挥作用。

（二）实施作业成本法的成本很高吗

实施作业成本法产生的费用的确要比传统成本法更多，然而，大部分人却高估了作业成本系统的核算成本（包括跟踪、收集数据成本）。随着计算机系统的普及，大部分数据可以通过电子数据处理环境正常获得。

美国的道格拉斯·希克斯在他的著作《作业成本会计——在中小企业中的实施方案（第二版）》中描述到："实施作业成本法需要大量的人力和时间，需要高达六位数的咨询费用，需要痛苦的系统转换，这些传闻已使得很多原来考虑接受这一概念的企业敬而远之。幸运的是，建立一个中小企业的相关的、准确的经济模型并不需要如此多的时间和巨大的财力投资。""我们的经验表明：将 ABC 的概念列入中小企业的决策流程只需很低比例的投入——从相当于中小企业中较大公司（超过 500 名雇员）销售额的 0.1%到较小公司（少于 50 名雇员）销售额的 0.3%。与所获利润相比，投入是微不足道的。"

实施统计方式的作业成本核算，对企业的工作人员来说并不需要增加太多的工作。在日常会计核算工作中，工作人员只需做好资源动因和作业动因的统计工作，就可以在期末实现作业成本的计算以及建立在作业成本基础上的作业管理工作。

二、销售型物流企业作业成本法的实施

本案例中的销售型物流企业（以下简称"该公司"或"公司"）是指向上游供应商买断商品，再转售给下游零售门市商店的企业，属于批发型商品流通企业。在这种类型的企业中，物流的合理组织非常重要，也是企业取得竞争优势的重要来源，而物流成本在整个企业经营成本中占有非常大的比例，因此有效的物流成本管理对企业来说十分重要。

该公司的仓库布置如图 4-3 所示。

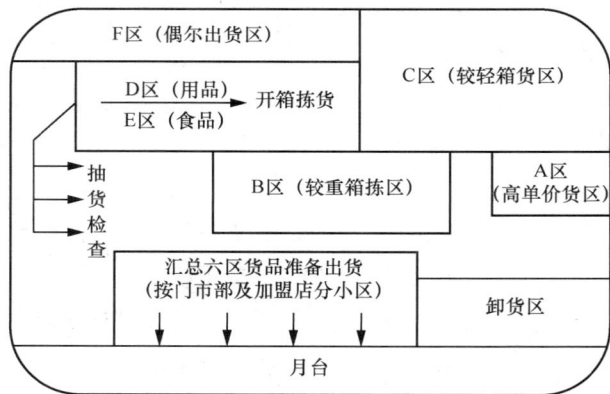

图 4-3　公司仓库布置

该公司在作业成本法的实施上主要从以下几个方面展开。

（一）作业的确定

根据实际了解该公司物流作业流程以及分析各种相关资料，再合并一些相关作业，归纳出表 4-2 所示的该公司作业划分情况。

表 4-2　公司作业划分

作业序号	作业	成本项目	可能的成本动因
1	采购处理	采购人员成本、订单服务费、采购设备的折旧及维护费	订单笔数
2	进货验收	进货验收人员成本、验收设备的折旧及维护费	托盘数（A、B、C、D、E 区）

作业序号	作业	成本项目	可能的成本动因
3	进货入库	进货人员成本、叉车设备的折旧及维护费	托盘数（A、B、C、D、E区）
4	仓储（A、B、C、D、E区）	仓库管理员成本、仓库租金、折旧费用、维护费用、财产税、杂项费用（包括拣货储存区的空间费用）	库存面积
5	人工补货（D、E区）	开箱人员成本、搬运人员成本、设备折旧	箱数（D、E区）
6	叉车补货（B、C区）	叉车驾驶员成本、叉车折旧及修费、托盘成本	托盘数（B、C区）
7	客户订单处理	接收订单人员成本、订单处理成本	订单数
8	B、C区拣货准备	拣货人员等待成本、拣货设备折旧及维护费	订单张数
9	B、C区拣货	拣货人员成本	拣货次数（箱数）
10	D、E区拣货准备	拣货准备成本、拣货设备折旧及维护费、人员等待成本	订单张数
11	D、E区拣货	拣货人员成本	拣货次数（包数）
12	A区拣货	拣货人员成本、拣货准备成本	拣货次数（条数）
13	出货	车辆调配费、油料费、车辆维修费及折旧、司机成本	出货托盘数
14	营销管理	人员成本、文具用品费用、计算机折旧、通信费用、教育培训费用	营业金额

（二）成本对象的选择

在作业成本法的实施中，成本对象的选择可以随着分析目的的不同而有所不同。如果分析的目的是探讨每一个便利店的成本，则成本对象一定是每一个便利店；如果分析的目的是探讨每一个商品的物流成本，则成本对象就定义为商品。

虽然该公司经销的商品种类繁多，但其流程仍因不同区位的商品而有所不同，因此可以把商品分成A、B、C、D、E、F六大类，而F区中的商品因属于非经常性销售项目，所以将其排除，在分析中真正涵盖的商品只有五大类。因此，最终用来计算成本分摊的商品被分为A、B、C、D、E五大类，从而得到该公司作业成本法下的二阶段成本分摊模型，如图4-4所示。

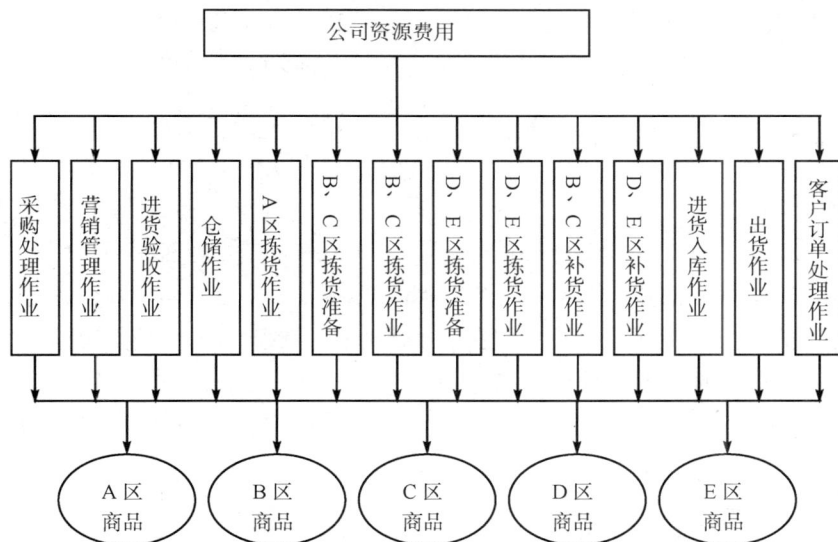

图4-4　二阶段成本分摊模型

（三）作业成本分析

由于人工成本以及折旧费用等都是按月计算的，因此，公司每月都要根据表4-2中的作业，累计计算各项作业的成本，然后再按照各成本对象的成本动因消耗量，将作业成本分摊到各区域的商品中。

1. 采购处理作业

采购处理作业是公司对外的采购作业，由于每个区域商品的采购频率不同，所以在分摊采购成本上也应该有所区别。根据实地研究观察，采购处理作业的成本动因为每个区域的"订单笔数"。每种商品采购一次，不管其每次的订货量或者订货金额多少都视为一笔。采购处理作业的成本主要是人事成本和订单服务费用。月末采购处理作业的成本分摊系数计算公式如下。

$$每笔采购处理作业成本 = \frac{采购处理成本总额（人事成本+折旧费+订单服务费用+耗材）}{订单总笔数（A 区+B 区+C 区+D 区+E 区）}$$

2. 验收作业

验收作业为对外采购商品入库前的检验工作，因每一个区域的商品采购量不同而不同，采购量越大则验收成本越高。因此，应以采购量作为验收成本分摊的动因。由于托盘数的多少反映了采购量的多少，因此以托盘数作为验收作业的成本动因。月末验收作业成本分摊系数的计算公式如下。

$$每托盘货物验收作业成本 = \frac{验收成本总额（人事成本+折旧费+耗材等）}{托盘数（A 区+B 区+C 区+D 区+E 区）}$$

3. 进货入库作业

进货入库作业是指将对外采购商品搬入仓库的作业。因为入库成本与采购量成正比，所以可以以托盘数作为进货入库作业的成本动因。计算公式与验收作业成本分摊的计算公式类似。

4. 仓储作业

由于仓库作业人员承担着入库、补货等作业，因此，这里的仓储作业成本主要是仓库租金等。而每个区域的面积通常是固定的，除非仓库布置改变，否则各区域面积很少变动，因此，仓储作业的相对成本动因为每个商品区域所分配的库存面积。月末仓储作业成本分配系数的计算公式如下。

$$单位面积仓储作业成本 = \frac{仓储作业成本总额（人事成本+折旧费+耗材等）}{总面积（A 区+B 区+C 区+D 区+E 区）}$$

5. 补货作业

补货作业指将商品由仓库搬运至拣货等待区，以利于拣货的进行。由于 B、C 区的商品属于箱货区，比 D、E 两区的重，因此补货需要用叉车；而 D、E 区的属于开箱拣货区，较 B、C 两区轻，补货作业由人工完成，因此它们在成本结构上存在很大的差异。尤其在机器的折旧与维护成本上，B、C 区的补货作业成本要高出 D、E 区很多。由于 B、C 区的补货大多以叉车将整托盘商品搬运至拣货区，因此其对应的成本动因为"托盘数"；而 D、E 区的补货作业为人工搬运，因此可以用"箱数"作为其补货作业的成本动因。

6. 拣货准备以及拣货作业

A 区商品的拣货作业比较简单，一般由卡车司机在出货时按照拣货单直接到 A 区仓库领取。而 B、C 区以及 D、E 区所牵涉的作业就比较麻烦，B、C 区内的商品分为重型箱货与轻型箱货，D、E 区内的商品种类多，因此在作业划分时有必要将拣货作业区分成两段，前段称为拣货准备作业，后段称为真正的拣货作业。

就"拣货作业"而言，每个区域商品的成本动因都是"拣货次数"。但是每区使用的销售单位有所不同，A区商品销售按"条"计，B、C区商品销售按"箱"计，而D、E区商品销售则按"包"计。此外，每个区域的拣货作业成本的构成也不同：A区以人事成本为主；B、C区除人事成本外，还需要计算拣货搬运设备的折旧和维修成本；而D、E区除人事成本外，还包括传送带的折旧和维护费用。

B、C区和D、E区的商品需要经过"拣货准备"作业，此项作业是拣货作业的规划设计以及拣货单的准备工作，以使拣货作业更有效率。拣货准备作业成本以人事成本为主，其成本动因为"订单张数"，假设每一张订单所耗用的拣货准备成本不会因订单内容或订购数量而改变。

7. 出货作业

出货作业包括拉货上车、运输、卸货以及车辆维护与指派等作业。从理论上讲，该作业应该进行进一步的细化，但由于该公司在该作业的成本资料追踪和归集上有困难，因此只好将这些作业合并为一项。出货作业的成本主要包括司机成本以及外包车辆的费用、内部车辆的维修费、折旧费、保险和油料费等。出货作业的成本与运输量有关，由于等待出货的商品均放置在托盘上，因此合理的出货作业成本动因为"出货托盘数"。

8. 营销管理作业

营销管理作业是指行政管理部门的支持性作业。由于管理成本必须分摊到三个物流中心，而这里只讨论了一个物流中心，因此，这里只需摊提部分的营销管理成本。营销管理成本的分摊以"营业金额"作为成本动因，其理由是营销管理成本往往是按照营业金额的固定百分比提取的，随着公司业务量和营业金额的提高，公司的营销管理成本也会随之提高。

9. 客户订单处理作业

客户订单处理作业（EOS作业）为各便利店向公司订购的作业，其作业成本包括人事成本、机器的折旧与维护费用。随着商品订货项目的增加，客户订单处理成本也会随之增加，因此，客户订单处理作业以"订单数"作为成本动因。

该公司划分了作业，明确了每项作业消耗的资源成本并进行日常的统计工作，再按照图4-4所示的二阶段成本分摊模型，就可以按照既定的成本对象进行公司作业成本的计算，并在此基础上开展相应的作业附加值分析、作业成本标杆的确定以及客户的盈利能力分析。

三、仓储配送型物流公司作业成本法的实施

（一）确定成本对象及物流作业

为了对物流公司五个客户的成本进行单独核算，这里选择以客户A、B、C、D和E作为成本对象。

根据对该公司作业流程的分析，先将公司的业务过程分为进货入库、储存、冷库储存、分拣配货、配送及行政管理六个作业。进货入库作业以进货托盘数作为成本动因。储存作业以各客户占用的仓储面积作为成本动因。冷库储存作业只为A客户的进口药品服务，因此直接计入A客户的成本，不需要进行成本分摊。分拣配货作业以各客户需要分拣的销售订单数作为成本动因。选择配送作业的成本动因时，最合适的是配送的吨·公里数，但是由于五个客户的配送

地点都是省内各大中医院，物流公司对五个客户实行共同配送，因此要单独计量每个客户的配送吨·公里数有很大的困难，这里简化选择需要配送的销售订单数作为配送作业的成本动因。这样，分拣配货作业与配送作业都选择客户的销售订单数作为成本动因，从而可以将这两个作业合并为分拣配送作业。行政管理作业包括财务、行政办公室等职能管理部门的业务活动，一般认为订单数量越多，行政管理的业务就越复杂，因此选择各客户的进货订单和销售订单合计数作为行政管理作业的成本动因。从而可以得到该公司作业的划分及成本动因的选择结果，如表4-3所示。

表4-3　作业成本的确定与成本动因的选择

序号	作业	成本项目	作业成本额（元）	可能的成本动因
1	进货入库	进货人员成本、叉车设备折旧	582 311.45	进货托盘数
2	储存	仓库管理员成本、仓库的折旧费用、维护费用、财产税、杂项费用	1 544 339.34	所占仓储面积（平方米）
3	冷库储存	冷库人员工资、库房折旧、电费等	345 628.29	直接计入 A 客户的成本
4	分拣配送	拣货和配送人员成本、车辆调配费、油料费、车辆维修费及折旧等	1 023 768.36	销售订单数
5	行政管理	人员成本、文具用品费用、计算机折旧、通信费用、教育培训费用	617 236.37	进货订单和销售订单合计数
	合计		4 113 283.81	

（二）将各项资源费用计入作业，并计算成本动因分配率

根据本书第三章的介绍，将资源费用计入作业的方法有三种：一是会计方式，二是统计方式，三是会计和统计相结合的方式。采用会计方式时，要求物流公司的会计人员在各项费用发生时，直接将费用计入各项作业，从而可以得到每项作业的作业成本金额。而统计方式则要求会计人员在资源费用发生时，仍然将费用计入管理费用或者经营费用，到月末或者年末，再将各项资源费用的汇总数按照资源动因分配到各个作业中。

要将总物流成本 4 113 283.81 元分摊到五个成本对象中，首先应将其分摊计入各项作业，分摊结果如表4-3所示。

对五个客户五项作业的成本动因进行统计，并计算各项作业的成本动因分配率。统计与计算结果见表4-4。

表4-4　各客户在各项作业上的成本动因发生额及成本动因分配率计算

项目	进货入库作业	储存作业	冷库储存作业	分拣配送作业	行政管理作业
成本动因	进货托盘数（个）	所占仓储面积（平方米）	直接计入（元）	销售订单数（个）	订单合计数（个）
客户 A	3 876	850		8 865	9 665
客户 B	8 387	3 200		7 682	8 676
客户 C	22 865	7 800		12 464	15 784
客户 D	5 287	1 700		6 598	7 863
客户 E	8 548	4 450		6 520	8 065
成本动因合计	48 963	18 000		42 129	50 053
作业成本	582 311.45	1 544 339.34	345 628.29	1 023 768.36	617 236.37
成本动因分配率	11.892 9	85.796 6		24.300 8	12.331 7

（三）计算分摊到每个客户的成本

根据每个作业的成本动因分配率，将作业成本分摊到五个客户，并计算每个客户的物流成本总额。计算结果如表 4-5 所示。

表 4-5　以客户为成本对象的物流成本计算

客户	进货入库作业（元）	储存作业（元）	冷库储存作业（元）	分拣配送作业（元）	行政管理作业（元）	成本合计（元）
客户 A	46 096.83	72 927.14	345 628.29	215 426.58	119 185.45	799 264.29
客户 B	99 745.65	274 549.22		186 678.74	106 989.45	667 963.06
客户 C	271 930.87	669 213.71		302 885.16	194 642.86	1 438 672.60
客户 D	62 877.70	145 854.27		160 336.67	96 963.81	466 032.45
客户 E	101 660.40	381 795.00		158 441.21	99 454.80	741 351.41
作业成本	582 311.45	1 544 339.34	345 628.29	1 023 768.36	617 236.37	4 113 283.81

（四）依据物流作业成本计算结果，确定对每个客户的物流服务定价

依据每个客户物流成本的计算结果，采用成本加成的方法进行定价决策，结果如表 4-6 所示。

表 4-6　基于作业成本计算的物流企业定价

客户	货物周转额（元）	原收费标准（%）	原来的企业收入（元）	客户作业成本（元）	成本加成定价后的收入（元）	作业成本法的收费标准（%）
客户 A	285 678 320	0.5	1 428 391.60	799 264.29	895 176.00	0.31
客户 B	187 653 980	0.5	938 269.90	667 963.06	748 118.63	0.40
客户 C	165 642 870	0.5	828 214.35	1 438 672.60	1 611 313.31	0.97
客户 D	87 542 980	0.5	437 714.90	466 032.45	521 956.34	0.60
客户 E	142 256 130	0.5	711 280.65	741 351.41	830 313.59	0.58
合计	868 774 280	—	4 343 871.40	4 113 283.81	4 606 877.87	—

表 4-6 中，货物周转额为一年内每个客户在物流公司的货物周转额，按照原来的收费标准 0.5% 计算，得到原来的企业收入。企业原来的总收入为 4 343 871.4 元。

根据作业成本法计算出每个客户的作业成本之后，可以按照成本加成法对每个客户进行单独定价。这里的成本加成比例定为 12%，即物流服务收费（收入）=客户的作业成本 ×（1+12%）。营业收入，扣除营业收入的 5.5% 左右的税金及附加（企业缴纳的增值税和城市维护建设税、教育费附加）后的余额，再扣除财务费用，才是物流公司的利润。用成本加成法确定的收入除以货物周转额，就可以得到按照作业成本法确定的对每个客户的收费标准。

从表 4-6 中可以看到，按照作业成本法计算后，客户 A 的收费标准可以确定为货物周转额的 0.31%，比统一定价时的 0.5% 有了很大程度的降低。主要原因是：客户 A 销售的药品以进口药品为主，体积小而价值高，尽管需要冷库单独储存，但是作业成本法计算结果显示原来的 0.5% 的收费标准依然偏高。而客户 C 以经营中成药为主，相对来说货物体积大而价值低，装卸搬运工作量大，储存空间占用多，因此应适当提高收费标准。

在本案例中，基于作业成本法的物流成本核算，至少有两个用途：第一，作业成本核算使得每个客户的成本分摊结果更加准确清晰，有利于企业做出定价决策；第二，作业成本核算，可以为企业加强每项作业的成本管理与控制提供有效的信息，管理者可以在每项作业的成本计算结果基础上开展物流作业过程的成本控制。

四、制造企业作业成本法的实施

A 公司是一家机器设备制造厂，主要生产甲和乙两种型号的设备。甲产品主要通过各地经销商向客户销售，乙产品则由厂家直接销售给用户。A 公司根据用户或经销商的订单组织安排生产，产品的配送由第三方物流 B 公司负责。

A 公司的生产流程大致可以分为"零部件加工"和"生产组装"两个阶段。产品所需零部件采购分为两个部分：一是国外进口零部件，通常采取到岸价的方式结算，从口岸到工厂的运输由 B 公司负责；二是国内采购的零部件，供应商比较稳定，由供应商直接送货到仓库交接，部分零散零部件采取零担方式配送，由 A 公司自有运输车队在市内零星收货。

A 公司成立专门的物流部门，负责收货验货、零部件和成品仓储、货物的装卸搬运和物流信息系统管理；采购部门负责货物采购；业务部门负责销售。

其他有关资料如下。

销售：本月 A 公司共处理销售订单 158 份，其中甲产品 56 份，共 320 台，乙产品 102 份，共 180 台。

零部件采购：本月进口零部件订单 98 份，国内零部件订单 224 份，共 322 份，其中甲产品订单 105 份，乙产品订单 217 份。

运输：运输业务主要由第三方物流 B 公司承担，运费可以直接归属到具体产品。A 公司自有车队负责市内零星货物的收发，本月运输里程为 3 000 千米，由于零星收发货物，统计具体为哪个产品服务的工作量很大，因此采用折中方式，按收发货物的次数分摊费用，其中甲产品 36 次，乙产品 75 次。

收货验收：各种零部件的收货和验收过程基本相同，每次货物入库均需检验人员检验。A 公司本月库房共入库 118 批产品，其中甲产品 40 批，乙产品 78 批。

仓储管理：本月库房提供 2 150 小时的管理能力，甲产品耗用 850 小时，乙产品耗用 1 300 小时。

装卸搬运：本月共提供 3 860 小时的搬运能力，其中甲产品耗用 2 100 小时，乙产品耗用 1 760 小时。

信息系统：本月信息系统运行时间为 840 小时，其中处理甲产品信息所需时间为 280 小时，处理乙产品信息所需时间为 560 小时。

A 公司运用作业成本法来计算物流成本，具体步骤如下。

（1）分析和确定资源。通过会计核算，本月归集到各资源成本库中的资源价值如表 4-7 所示。

表 4-7　A 公司所提供的各资源价值　　　　　　　　　单位：元

资源项目	工资	第三方物流费用	折旧费	电力费	燃料费	办公费
资源价值	59 846	140 964	132 408.05	7 825	4 565	13 054

（2）分析和确定作业。通过对 A 公司生产流程的分析，A 公司的主要物流作业有销售（订单处理）、采购（订单处理）、运输、收货验货、仓储管理、装卸搬运、信息系统共七项作业。财务部门需要为每项作业设置成本库，但由于运输有自有运输车队的零星运输和第三方物流公司的运输，为了更准确核算，可以设置成零星运输和第三方物流两个成本库，所以总共设置八个成本库。

（3）确定资源动因，将资源价值分配到各作业成本库。

① 工资的分配。工资是按照各作业所耗费的职工人数来计算发放的，因此工资的资源动因是作业的职工人数。工资应按照各作业所耗用的职工人数和对应的工资标准进行分配，分配结果如表 4-8 所示。

表 4-8　工资分配

金额单位：元

	销售	采购	零星运输	第三方物流	收货验货	仓储管理	装卸搬运	信息系统	合计
职工人数	3	3	2		2	5	8	1	
每人月工资标准	3 540	3 250	2 380		2 568	2 032	1 890	4 300	
每项作业月工资额	10 620	9 750	4 760		5 136	10 160	15 120	4 300	59 846

② 第三方物流费用的分配。第三方物流费用可以直接分配到第三方物流作业成本库，不需要在其他作业之间进行分配，分配结果如表 4-9 所示。

表 4-9　第三方物流费用分配

单位：元

	销售	采购	零星运输	第三方物流	收货验货	仓储管理	装卸搬运	信息系统	合计
每项作业月工资额				140 964					

③ 折旧费和办公费的分配。折旧费是各作业在使用固定资产时产生的，某项固定资产折旧费专属于使用该项固定资产的作业，因此，应该根据各作业实际使用固定资产的情况来分配折旧费。办公费与折旧费相似，某一办公费是专属于某项作业的，在分配时，应根据作业消耗的办公费来分配。折旧费和办公费的分配结果如表 4-10 所示。

表 4-10　折旧费和办公费分配

单位：元

	销售	采购	零星运输	第三方物流	收货验货	仓储管理	装卸搬运	信息系统	合计
折旧费	12 098.34	13 088.50	24 076.29		12 677.80	45 329.09	18 754.30	6 383.73	132 408.05
办公费	3 267.00	3 873.00	1 286.00		1 107.00	1 236.00	954.00	1 331.00	13 054.00

④ 电力费的分配。电力的资源动因是电量，一般以千瓦时作为单位。已知每千瓦时电力的价格是 0.5 元，具体分配结果如表 4-11 所示。

表 4-11　电力费分配

	销售	采购	零星运输	第三方物流	收货验货	仓储管理	装卸搬运	信息系统	合计
用电量（千瓦时）	1 460	1 650	450		1 580	3 520	5 210	1 780	15 650
金额（元）	730	825	225		790	1 760	2 605	890	7 825

⑤ 燃料费的分配。燃料的资源动因是耗用的柴油量，一般以升作为单位，已知每升柴油的价格为 5.5 元，具体分配结果如表 4-12 所示。

表 4-12　燃料费分配

	销售	采购	零星运输	第三方物流	收货验货	仓储管理	装卸搬运	信息系统	合计
消耗燃料（升）			350			180	300		830
金额（元）			1 925			990	1 650		4 565

⑥ 确定作业动因。根据企业的实际情况，确定的作业动因如表 4-13 所示。

表 4-13　各项作业的作业动因

作业	作业动因
销售	销售订单处理份数
采购	采购订单处理份数
零星运输	收发货物的次数
收货验货	货物入库批数
仓储管理	工作小时数
装卸搬运	工作小时数
信息系统	运行小时数

第三方物流费用根据实际配送的货物进行结算，属于直接费用，可以直接根据结算单分派到具体产品，不需确认作业成本动因。

（4）计算各作业成本动因的分配率。根据资源分配的结果，计算出各作业成本库的作业成本数，然后根据各作业的作业量，计算确定各作业成本动因的分配率。具体计算结果如表 4-14 所示。

表 4-14　各作业成本动因分配率计算

	销售	采购	零星运输	收货验货	仓储管理	装卸搬运	信息系统	合计
作业成本（元）	26 715.34	27 536.50	32 272.29	19 710.80	59 475.09	39 083.30	12 904.73	217 698.05
提供的作业量	158	322	111	118	2 150	3 860	840	
作业动因分配率	169.08	85.52	290.74	167.04	27.66	10.13	15.36	

（5）计算甲、乙两种产品实际耗用的资源价值。根据各作业成本动因分配率和各产品所耗用的作业数，计算甲、乙两种产品实际耗用的资源价值。其中根据 B 公司的结算单确定，甲产品耗用的第三方物流费为 81 759.12 元，乙产品耗用的第三方物流费为 59 204.88 元。具体计算结果如表 4-15 所示。

表 4-15　甲、乙两种产品物流作业成本核算

作业	作业动因分配率	耗用作业数			各产品所耗用的作业成本数	
		甲产品	乙产品	合计	甲产品	乙产品
销售	169.08	56	102	158	9 468.48	17 246.16

作业	作业动因分配率	耗用作业数			各产品所耗用的作业成本数	
		甲产品	乙产品	合计	甲产品	乙产品
采购	85.52	105	217	322	8 979.60	18 557.84
零星运输	290.74	36	75	111	10 466.64	21 805.60
第三方物流					81 759.12	59 204.88
收货验货	167.04	40	78	118	6 681.60	13 029.12
仓储管理	27.66	850	1 300	2 150	23 511.00	35 958.00
装卸搬运	10.13	2 100	1 760	3 860	21 273.00	17 828.80
信息系统	15.36	280	560	840	4 300.80	8 601.60
合计					166 440.24	192 232.00

本章习题

一、填空题

1. 成本库按_____设置，每个成本库代表它所在_____里由作业引发的成本。

2. 认识作业的三种方法，包括_____、_____、_____。

3. 在作业成本法的实施中，成本对象的选择可以随着分析目的的不同而_____。

4. 将资源费用计入作业的方法有两种：一种是_____，另一种是_____。

5. 可替代性高的产品，会_____物流作业的复杂度，并会相对_____仓储的压力，因为无须提供超额存货以备不确定的需要。

二、单项选择题

1. 二阶段分摊的目的是（　　　）。

A. 将间接成本分摊到作业

B. 将作业成本分摊到成本对象

C. 将间接成本和作业成本分摊到成本对象

D. 将直接成本和间接成本分摊到作业

2. 在成本控制中，（　　　）是直接有效的手段。

A. 作业消除   B. 作业选择

C. 作业减少   D. 作业分享

3. 作业管理的核心思想是（　　　）。

A. 以顾客为中心   B. 以作业为中心

C. 以效率为中心   D. 以价值为中心

4. 作业地图法的主要作用是（　　　）。

A. 识别作业的流程和位置   B. 评估作业的效率和质量

C. 优化作业的布局和设计   D. 分析作业的成本和收益

5. 作业流程图的主要作用是（　　　　）。

A. 识别作业的流程和位置　　　　　　　　B. 评估作业的效率和质量

C. 优化作业的布局和设计　　　　　　　　D. 分析作业的成本和收益

三、多项选择题

1. 作业的区分主要包括（　　　　）。

A. 区分主要作业和次要作业　　　　　　　B. 区分核心作业、支持作业与连带作业

C. 区分增值作业与非增值作业　　　　　　D. 区分作业与非作业

2. 作业分析包括（　　　　）等阶段。

A. 认识作业　　　　　　　　　　　　　　B. 区分作业

C. 改善作业　　　　　　　　　　　　　　D. 作业地图

3. 认识作业的三种方法有（　　　　）。

A. 作业地图法　　　　　　　　　　　　　B. 作业流程分析

C. 征询意见法　　　　　　　　　　　　　D. 作业改善

4. 作业分享的主要优点有（　　　　）。

A. 提高作业的效率　　　　　　　　　　　B. 降低作业的成本

C. 提升作业的质量　　　　　　　　　　　D. 提高作业的灵活性

5. 在物流成本管理中可以降低物流成本的基本方向有（　　　　）。

A. 客户的特殊需求　　　　　　　　　　　B. 订单的特性

C. 加工及处理要求　　　　　　　　　　　D. 产品特性

四、名词解释

1. 作业成本法。

2. 成本动因。

3. 成本对象。

五、简答题

1. 简述作业成本法二阶段成本分摊模型的逻辑思路。

2. 与传统成本计算方法比，作业成本法的优点是什么？

3. 作业有哪些种类？作业的确定要考虑哪些因素？

4. 主要的物流作业有哪些？

5. 成本动因的确定要考虑哪些因素？

6. 应用作业成本法时，如何确定成本对象？

7. 作业改善的方法有哪些？

六、案例分析

资料：某钟表制造公司采用作业成本法计算分配间接费用，5 月，该公司的有关资料如表 4-16 所示。

表 4-16　企业作业与成本分配

作业	成本动因	成本（元）	作业水平	
			时钟（只）	手表（只）
生产准备	准备次数	70 000	30	20
材料管理	零件数	20 000	15	25
包装与运输	运输数量	45 000	5 000	7 000
间接费用合计		135 000		

　　用作业成本法计算分配每种产品的间接费用总额；以人工工时作为分配标准计算分配各产品的间接费用总额。假定装配每只时钟的小时数是 0.5 小时，装配每只手表的小时数是 1 小时。时钟的生产量为 5 000 只，手表的生产量为 7 000 只。

第五章 企业物流成本分析

【学习目标】

- 掌握物流成本的性态分析；
- 了解物流系统的本量利分析。

【引导案例】

企业物流成本分析方法

表 5-1 是某物流公司 2023 年度简化的利润表。基于 2023 年度的财务信息以及对 2024 年度的经营预测，公司财务经理要制订 2024 年度管理费用和销售费用的计划。

表 5-1　某物流公司 2023 年度简化的利润表　　　　　　　　　　单位：万元

项目	金额
主营业务收入	500
减：主营业务成本	200
税金及附加	30
主营业务利润	270
减：管理费用	100
销售费用	120
财务费用	10
税前利润	40
减：所得税	16
税后利润	24

公司预计 2024 年度的营业收入可以达到 600 万元，财务经理据此确定 2024 年度管理费用的计划数为 120 万元，而销售费用的计划数也按比例确定为 144 万元。而到 2024 年年末，公司实际完成了营业收入 550 万元，实际发生管理费用 109 万元，实际发生销售费用 130 万元。

启发思考

（1）财务经理按照营业收入增长的幅度来制订管理费用和销售费用的计划是否合理？

（2）如果不合理，你觉得应该如何改善？

第一节　企业物流成本分析的一般步骤

健全的物流成本管理，通常会事先按物流成本构成内容制订企业物流成本计划，期末计算出各项物流成本后，通过将物流成本的实际消耗与计划水平相比较，分析实际与计划的差距，进而评价企业物流成本计划执行的好坏。此外，对企业物流成本内部结构进行分析，可以进一步明确影响物流成本升降的具体成本项目有哪些，从更深层次探寻企业物流成本升降的原因，为企业控制和降低物流成本提供依据。

物流成本分析的内容非常广泛。不同的人、不同的目的、不同的数据范围，可以采用不同的分析方法。物流成本分析不是一种有固定程序的工作，不存在唯一的通用程序，而是一个研究和探索的过程。

物流成本分析的具体步骤，是根据分析目的、一般分析方法和特定分析对象，由评价人员具体设计的。物流成本分析的一般步骤应包括几个方面，如图 5-1 所示。

图 5-1　物流成本分析一般步骤

（1）明确分析目的。在进行物流成本分析之前，首先要明确分析的目的，根据分析目的来设计后续分析程序和收集相关资料。

（2）收集相关信息。分析目的明确后，应根据分析目的来收集相关资料。例如，如果分析目的是了解物流成本计划的执行情况，则应收集物流成本计划的有关资料；如果分析目的是了解本企业物流成本水平在行业内的水平，则需要收集行业平均物流成本水平、行业内其他企业物流成本水平等信息和资料，以便与本企业进行对比。

（3）设计分析方法。根据分析目的把整体的各个部分分割开来，予以适当安排，使之符合需要。在掌握了充分的信息后，应根据分析目的，进行分析方法的设计。在这里，需要对有关因素进行分解，明确为了实现分析目的需要做哪些工作，完成这些工作需要哪一种或者哪几种分析方法，运用这一种或几种分析方法需要哪些信息材料。按照这一思路，将所有的信息资料进行分类和分解，使之满足分析需要。

（4）研究业务本质。根据各类信息资料，运用相应的分析方法，研究业务本质。

（5）综合各部分关系。在深入分析各个部分的本质后，需要对各部分内容进行综合，找出不同部分之间的联系，使之成为一个整体。

（6）解释分析结果。物流成本分析的过程实际上是一个定量分析与定性分析相结合的过程。一般来说，定量分析是工具和手段，没有定量分析就弄不清楚数量界限、阶段性和特殊性；定性分析是基础和前提，没有定性分析就弄不清本质、趋势和与其他事物的联系。因此，在物流成本分析的过程中，除要获取数据信息，进行定量分析外，还应对整个分析过程进行定性分析，说明有关比率或指标值的内涵，解释其趋势及变动原因，帮助物流成本管理者进行决策。

第二节 企业物流成本的比较分析

物流成本分析包括物流成本结构分析、物流成本增减变动与趋势分析。结构分析的主要目的在于寻找降低企业物流成本的切入点，并通过与企业前期和对标企业的比较，分析结构的稳定性和合理性。结构分析的主要思路是以某一成本核算对象作为分析起点，层层展开，层层推进，找到影响企业物流成本的最基本、最重要的因素，从而找到降低物流成本的切入点。

一、物流成本结构分析

物流成本结构分析以共同比物流成本表和比较共同比物流成本表的形式，来反映不同物流成本项目以及不同范围物流成本和不同支付形态物流成本在物流总成本中所占的百分比，以及该百分比与企业不同时期的比较、与其他企业之间的比较，进而明确企业降低物流成本的取向，了解物流成本结构的变化趋势，把握企业物流成本结构的合理性。

（一）物流成本结构分析的基本思路

物流成本结构分析一般应遵循以下思路。

首先，计算结构百分比。由于企业物流成本核算对象包括多个维度，如物流成本项目维度、物流范围维度和物流成本支付形态维度，所以在计算物流成本结构百分比的过程中，应根据企业实际和物流成本管理的具体要求，选择上述一个或全部维度，分别计算结构百分比，并以共同比物流成本表的形式来反映。

其次，与企业上期和行业内其他企业做比较。比较是一种基本的分析和评价方法，在计算出企业本期物流成本结构百分比的基础上，应分别计算出企业上期以及行业内其他企业相同维度或相同项目的物流成本的结构百分比，并以比较共同比物流成本表的形式反映，以便和企业本期进行比对。

最后，根据计算结果进行分析评价。一般来说，评价要从三个方面入手。一是根据共同比物流成本表的结果，分析在整个物流成本的构成中，哪个或哪几个具体的物流成本项目或哪个范围物流成本或哪个支付形态物流成本所占的比重最大，明确成本改进的方向，并针对这个或这几个具体的项目做进一步深入的分析，指明问题所在。这实际上遵循了经济学上的"二八"原则，将有限的资源用于解决相对重要的问题。二是根据共同比物流成本表，比较企业本期和上期有关项目的结构百分比，从而分析不同年度企业各项目比重的变化，针对结构比重变化比较大的项目做进一步分析，从中发现问题。三是根据共同比物流成本表，比较企业和行业内其他企业各项目的结构百分比，尤其是通过与行业标杆企业的比较，明确企业当前物流成本的项目结构是否合理，若有关项目结构差异较大，应分析具体原因。

（二）物流成本项目结构的总体分析

如果按照国家标准《企业物流成本构成与计算》中成本项目的基本分类，企业的物流成本由物流功能成本和存货相关成本构成。其中物流功能成本包括物流活动过程中所发生的包装成本、运输成本、仓储成本、装卸搬运成本、流通加工成本、物流信息成本和物流管理成本，存货相关成本包括企业在物流活动过程中所发生的与存货有关的资金占用成本、存货风险成本、存货保险成本。物流成本结构分析就是要分析上述各具体成本项目在物流总成本中所占的比重，以便对物流成本管理工作做出评价。

表 5-2 为甲制造企业及其对标企业乙企业物流成本信息，基于该数据展开物流成本项目的结构分析。

表 5-2 甲、乙企业物流成本信息 金额单位：万元

项目		甲企业 2023 年		甲企业 2022 年		乙企业 2023 年	
		金额	比重	金额	比重	金额	比重
物流功能成本	运输成本	20	22.99%	18	21.95%	16	18.82%
	仓储成本	10	11.49%	11	13.41%	12	14.12%
	包装成本	6	6.90%	6	7.32%	7	8.24%
	装卸搬运成本	11	12.64%	9	10.98%	12	14.12%
	流通加工成本	8	9.20%	7	8.54%	8	9.41%
	物流信息成本	9	10.34%	8	9.76%	11	12.94%
	物流管理成本	12	13.79%	10	12.20%	10	11.76%
	小计	76	87.36%	69	84.15%	76	89.41%
存货相关成本	资金占用成本	6	6.90%	7	8.54%	5	5.88%
	存货风险成本	2	2.30%	3	3.66%	2	2.35%
	存货保险成本	3	3.45%	3	3.66%	2	2.35%
	小计	11	12.64%[*]	13	15.86%[*]	9	10.58%[*]
物流成本合计		87	100%	82	100%	85	100%

注：*尾差系四舍五入导致。

根据表 5-2 的资料，可做以下分析。

（1）甲企业 2023 年物流成本的总体构成是物流功能成本占 87.36%，存货相关成本占 12.64%。从表层来看，物流功能成本在物流总成本中占有相当大的比重，是今后降低和控制物流成本的主要方向，但存货相关成本是否有下降潜力，只有在做进一步的细化分析后才能确定。

（2）与 2022 年相比，甲企业 2023 年物流功能成本和存货相关成本在物流总成本中所占的比重差异不大，物流功能成本比重上升了 3.21 个百分点，存货相关成本比重下降了 3.22 个百分点，具体原因需做进一步分析。

（3）2023 年，甲企业与乙企业相比，物流功能成本和存货相关成本在物流总成本中所占的比重差异也不大。甲企业物流功能成本比重比乙企业少了 2.05 个百分点，存货相关成本比重比乙企业多了 2.06 个百分点；与乙企业相比，甲企业存货相关成本比重较大，初步分析有可能是甲企业期末存货余额较大，导致资金占用成本较高，但具体原因仍需做进一步分析。

（三）物流成本项目结构的具体分析

这里以物流功能成本的结构为例，分析如下。

（1）甲企业 2023 年物流功能成本中运输成本所占比重最大，占整个物流成本的 22.99%，

然后依次为物流管理成本、装卸搬运成本和仓储成本，有必要对上述四项成本从物流范围和支付形态方面做进一步的分析。

（2）与2022年相比，甲企业2023年各成本项目占物流成本的比重差异不大，说明甲企业物流功能成本结构相对稳定，比重变化趋势不明显。

（3）2023年，甲企业与乙企业相比，除运输成本和物流信息成本在物流总成本中所占比重有一定差异外，其他各项成本所占比重差异不大。其中，运输成本所占比重甲企业比乙企业多4.17个百分点，物流信息成本所占比重甲企业比乙企业少2.6个百分点，说明进一步分析甲企业运输成本的构成及产生原因极为必要。甲企业物流信息成本所占比重比乙企业低，可能有两个原因，一是甲企业物流信息成本控制较好，二是甲企业运用信息化手段进行物流成本管理的程度低，所以需要结合企业实际情况做具体分析。

关于存货相关成本，也可以类似地进行具体的结构分析。

（四）物流范围结构与支付形态结构分析

这里以占物流成本比重最大的运输成本为例，对其进行物流范围结构与支付形态结构的具体分析。

1. 运输成本的物流范围结构分析

表5-3为甲、乙企业运输成本的物流范围结构统计结果。

表5-3 甲、乙企业运输成本物流范围结构 金额单位：万元

项目		甲企业2023年		甲企业2022年		乙企业2023年	
		金额	比重	金额	比重	金额	比重
运输成本	供应物流成本	10	50%	10	55.56%	10	62.5%
	生产物流成本	1	5%	2	11.11%		
	销售物流成本	7.5	37.5%	6	33.33%	6	37.5%
	回收物流成本	1	5%				
	废弃物物流成本	0.5	2.5%				
小计		20	100%	18	100%	16	100%

根据表5-3，可以对运输成本物流范围结构做如下分析。

（1）甲企业2023年运输成本中，供应物流成本和销售物流成本所占比重较大，分别为50%和37.5%，合计达87.5%。同时，由于企业内部发生一部分短途运输业务，所以企业内运输成本在运输成本总额中也占有一定比重。另外，2023年甲企业发生了退货、返修以及废旧物品处理等运输业务。不过，就比重而言，供应和销售阶段运输成本所占比重较大，应成为降低成本的方向。

（2）与2022年相比，甲企业2023年各物流范围运输成本占总运输成本的比重差异不大，2022年供应物流成本和销售物流成本占总运输成本的比重达88.89%。

（3）2023年，甲企业与乙企业相比，供应物流成本占总运输成本的比重较低，比乙企业少12.5个百分点，但乙企业2023年度在生产物流、回收物流和废弃物物流阶段未发生运输成本。另外，甲、乙两企业2023年度的销售物流成本占总运输成本的比重持平，均为37.5%。

2. 运输成本的支付形态结构分析

表 5-4 为甲、乙企业运输成本的支付形态结构统计结果。

表 5-4　甲、乙企业运输成本支付形态结构　　　　金额单位：万元

项目		甲企业 2023 年		甲企业 2022 年		乙企业 2023 年	
		金额	比重	金额	比重	金额	比重
运输成本	人工费	13	65%	10	55.56%	8	50%
	维护费	5	25%	6	33.33%	6	37.5%
	一般经费	2	10%	2	11.11%	2	12.5%
小计		20	100%	18	100%	16	100%

根据表 5-4，可以对甲企业 2023 年运输成本的支付形态结构做以下分析。

（1）甲企业 2023 年运输成本中，人工费和维护费所占比重较大，分别为 65% 和 25%，合计达 90%。所以，要想降低运输成本，应从降低人工费和维护费入手，详细分析人工费和维护费的支出明细，寻找成本降低点。

（2）与 2022 年相比，甲企业 2023 年人工费占运输成本的比重变动幅度大，接近 10 个百分点，应进一步分析人工费增加的原因，明确是司机人数增加导致人工费增加，还是人工费列支和控制方面存在问题。应将 2023 年人工费支出明细与 2022 年做详细比对，寻找原因。

（3）2023 年，甲企业与乙企业的人工费占运输成本的比重有一定差异，甲企业比乙企业高 15 个百分点，进一步说明了 2023 年甲企业人工费支出可能存在一定问题，应做进一步分析。

在实际应用中，企业可以结合实际情况和管理重点，选择一个或多个维度对物流成本进行展开分析。例如，对物流企业的物流成本分析来说，不涉及物流范围维度的成本分析，针对客户的物流成本展开分析更有意义。

二、物流成本增减变动与趋势分析

结构分析是单项物流成本占总物流成本百分比的分析，增减变动与趋势分析是企业在不同期间、实际与计划、企业与对标企业之间的差异分析和企业在若干期内发展趋势的分析。

（一）物流成本增减变动与趋势分析的基本思路

物流成本增减变动与趋势分析应遵循以下基本思路。

（1）计算物流成本增减变动绝对额和相对额，以及若干期间物流成本的趋势百分比。

无论计算增减变动额还是趋势百分比，均可根据企业实际情况和物流成本管理要求，在物流成本项目、物流范围和物流成本支付形态等不同维度中选择一个维度为分析起点，然后层层展开，这与结构分析的思路一致。

在计算物流成本增减额时，首先要确定比较标准。比较的标准可以是企业上期的物流成本，也可以是计划的物流成本，还可以是同行业对标企业或先进企业的物流成本。分析过程中要注意数据的可比性，如果存在计算方法和标准不一致的情况，应在适当的调整后再进行比较分析。物流成本增减额一般以绝对额与相对额两种形式反映，且相对额更具有比较意义。

在计算物流成本趋势百分比时，首先要选好期间。进行物流成本增减变动与趋势分析时应

选三个以上期间。计算方法有定基和环比两种。定基是选取一个年度为基期，以该年度的数据为基数（100%），将以后年度的成本项目与基期的相同项目进行比较，得到百分比，再将百分比进行比较，观察发展趋势。采用定基方法必须选择好基期，基期选择不当会减弱比较分析的效果。环比是各年以上一年度为基数，分别计算出各年的百分比，然后据百分比比较分析发展趋势。

（2）根据计算结果进行分析评价。

在对物流成本增减变动情况进行评价时，应从不同的维度出发，分析物流成本中哪些具体项目增减变动幅度较大，并对增减变动幅度较大的项目做具体和进一步的分析，找出成本上升或下降的真正原因。

在对物流成本变动趋势进行分析时，应分别从物流成本项目、物流范围和物流成本支付形态等不同维度来评价趋势变动情况，说明这种趋势变动是否合理。有时，简单的成本变动是不能说明任何问题的。例如，就趋势而言，假设企业物流成本近年呈现上升趋势，但并不能就此断定企业物流成本的控制有问题，还要具体分析变动的原因以及每个原因对物流成本变动的影响有多大。另外，也不能仅仅基于数据表提供的信息，还要结合其他分析方法及企业管理信息做进一步的分析。

（二）物流成本增减变动分析

1. 物流成本增减变动的总体分析

物流成本增减变动的层层展开跟企业物流成本核算对象与科目设置相关，可以选择物流成本项目、物流范围或者物流成本支付形态作为层层分析展开的起点。这里，选择物流成本项目作为一级科目展开，然后再进行物流范围和物流成本支付形态的具体分析。表5-5为甲、乙企业物流成本有关资料及相关增减变动分析情况。

表5-5　甲、乙企业物流成本项目增减变动分析　　金额单位：万元

项目		甲企业 2023 年	甲企业 2022 年	乙企业 2023 年	甲企业 2023 年比 2022 年增减		甲企业 2023 年比 乙企业 2023 年增减	
					金额	比例（%）	金额	比例（%）
物流功能成本	运输成本	20	18	16	2	11.11	4	25.00
	仓储成本	10	11	12	−1	−9.09	−2	−16.67
	包装成本	6	6	7	0	0.00	−1	−14.29
	装卸搬运成本	11	9	12	2	22.22	−1	−8.33
	流通加工成本	8	7	8	1	14.29	0	0.00
	物流信息成本	9	8	11	1	12.50	−2	−18.18
	物流管理成本	12	10	10	2	20.00	2	20.00
	小计	76	69	76	7	10.14	0	0.00
存货相关成本	资金占用成本	6	7	5	−1	−14.29	1	20.00
	存货风险成本	2	3	2	−1	−33.33	0	0.00
	存货保险成本	3	3	2	0	0.00	1	50.00
	小计	11	13	9	−2	−15.38	2	22.22
合计		87	82	85	5	6.10	2	2.35

根据表 5-5 的数据可做如下分析。

（1）甲企业 2023 年物流总成本比 2022 年增长了 6.10%，比乙企业 2023 年增长了 2.35%。其中对物流功能成本来说，甲企业 2023 年同比 2022 年增长了 10.14%，与乙企业 2023 年持平。对于存货相关成本，甲企业 2023 年同比 2022 年下降了 15.38%，比乙企业 2023 年增长了 22.22%。物流总成本增长是否合理，还应结合收益的增长情况做进一步分析。

（2）在物流功能成本中，甲企业 2023 年同比 2022 年除仓储成本下降了 9.09%、包装成本持平外，其他各项功能成本均大幅增长，增长幅度均在 10% 以上。2023 年，甲企业与乙企业相比，运输成本高出 25%，物流管理成本高出 20%，流通加工成本持平，其余各项成本均大幅低于乙企业。综合甲企业 2023 年各项成本与甲企业 2022 年以及乙企业 2023 年各项成本的比较情况，运输成本和物流管理成本均大幅增长，所以有必要对这两项成本做进一步的分析。

（3）在存货相关成本中，甲企业 2023 年同比 2022 年，除存货保险成本持平外，资金占用成本与存货风险成本均大幅下降，说明甲企业 2023 年资金和存货管理水平有所提高。2023 年，甲企业与乙企业相比，存货风险成本持平，资金占用成本和存货保险成本却高出较多，说明甲企业与对标企业相比，资金和存货管理水平有待进一步提升，所以有必要对资金占用成本和存货保险成本的发生进行更深入细致的分析。

2. 物流成本增减变动的具体分析

这里以运输成本为例，对其增减变动进行更深层次的分析。表 5-6 为甲、乙企业运输成本按照支付形态和物流范围划分的统计结果情况。

表 5-6　甲、乙企业运输成本按支付形态与物流范围划分的增减变动　　　金额单位：万元

项目		甲企业 2023 年	甲企业 2022 年	乙企业 2023 年	甲企业 2023 年比 2022 年增减		甲企业 2023 年比乙企业 2023 年增减	
					金额	比例（%）	金额	比例（%）
按支付形态分	人工费	13	10	8	3	30.00	5	62.50
	维护费	5	6	6	−1	−16.67	−1	−16.67
	一般经费	2	2	2	0	0.00	0	0.00
	小计	20	18	16	2	11.11	4	25.00
按物流范围分	供应物流成本	10	10	10	0	0.00	0	0.00
	生产物流成本	1	2		−1	−50.00	1	
	销售物流成本	7.5	6	6	1.5	25.00	1.5	25.00
	回收物流成本	1			1		1	
	废弃物物流成本	0.5			0.5		0.5	
	小计	20	18	16	2	11.11	4	25.00

基于以上数据，对运输成本按支付形态与物流范围划分的增减变动进行如下分析。

（1）按支付形态划分的运输成本增减变动分析。甲企业运输成本。2023 年同比 2022 年增长 11.11%，比乙企业同期增长 25%，其主要原因是人工费的大幅度增长。2023 年甲企业人工费与 2022 年相比增长 30%，与乙企业 2023 年相比增长 62.5%，应进一步分析运输成本中人工费大幅增长的原因。一般来说，如果运输量没有出现较大变化，且维护费和一般经费都没有增长的情形下，人工费的大幅增长可能存在一定的问题，应查明原因，确认是增加了员工

福利，还是增加了司机，增加司机后工作量是否饱和，等等。应对人工费支出按照人头、支出明细逐一进行核对检查。

（2）按物流范围划分的运输成本增减变动分析。从物流范围来看，甲企业 2023 年运输成本的增长主要是由销售阶段运输成本的增长造成的，同比 2022 年以及环比乙企业 2023 年的数据，销售阶段的运输成本均高出 25%，所以应对销售阶段的运输业务进行进一步梳理，分析每一项支出明细，明确成本改进的方法。

（三）物流成本趋势分析

物流成本趋势分析也是按照物流成本核算对象的不同维度展开的，要求针对某一个物流成本核算对象维度选取连续数期的数据进行比较分析，以观察其发展变化趋势，为未来物流成本管理决策和制订物流成本计划提供依据。这里仍然以物流成本项目维度为例展开分析。表 5-7 为甲企业物流成本项目三年的成本统计结果以及趋势分析数据。

表 5-7　甲企业物流成本项目趋势分析数据

成本项目		物流成本（万元）			定基趋势分析（%）			环比趋势分析（%）		
		2021 年	2022 年	2023 年	2021 年	2022 年	2023 年	2021 年	2022 年	2023 年
物流功能成本	运输成本	21	20	18	100	95.24	85.71	100	95.24	90.00
	仓储成本	11	10	11	100	90.91	100.00	100	90.91	110.00
	包装成本	7	6	6	100	85.71	85.71	100	85.71	100.00
	装卸搬运成本	12	11	9	100	91.67	75.00	100	91.67	81.82
	流通加工成本	9	8	7	100	88.89	77.78	100	88.89	87.50
	物流信息成本	9	9	8	100	100.00	88.89	100	100.00	88.89
	物流管理成本	13	12	10	100	92.31	76.92	100	92.31	83.33
	小计	82	76	69	100	92.68	84.15	100	92.68	90.79
存货相关成本	资金占用成本	7	6	7	100	85.71	100.00	100	85.71	116.67
	存货风险成本	2	2	3	100	100.00	150.00	100	100.00	150.00
	存货保险成本	3	3	3	100	100.00	100.00	100	100.00	100.00
	小计	12	11	13	100	91.67	108.33	100	91.67	118.18
合计		94	87	82	100	92.55	87.23	100	92.55	94.25

根据表 5-7 的数据，可以做出以下分析。

（1）甲企业 2021 年至 2023 年的物流成本呈现下降趋势。从定基百分比看，2021 年、2022 年、2023 年分别为 100%、92.55% 和 87.23%；从环比百分比看，2021 年、2022 年、2023 年分别是 100%、92.55% 和 94.25%。如果三年间物流业务量变化并不大，则说明企业物流成本控制水平较高。

（2）甲企业物流功能成本在三年间变动趋势和物流总成本的变动趋势一致，也呈下降趋势。从定基百分比看，2021 年、2022 年、2023 年分别是 100%、92.68% 和 84.15%；从环比百分比看，2021 年、2022 年、2023 年分别是 100%、92.68% 和 90.79%。其中运输成本、装卸搬运成本、流通加工成本、物流管理成本在三年间均呈现下降趋势；仓储成本 2022 年比 2021 年有所下降，但是 2023 年又回升到 2021 年的水平；2023 年的包装成本和 2022 年相同，但比 2021 年低；而物流信息成本在 2023 年比前两年都低。总体上看，企业物流功能成本三年间呈现下降趋势，初步认定企业物流功能成本控制水平良好。

（3）甲企业存货相关成本在三年中呈现出先降后升的趋势。从定基百分比看，2021 年、2022 年、2023 年分别为 100%、91.67% 和 108.33%；从环比百分比看，2021 年、2022 年、2023 年分别是 100%、91.67% 和 118.18%。其中存货保险成本三年间水平基本相当，存货风险成本在 2023 年较前两年有较大幅度提高；而资金占用成本则出现了波动。要想了解存货相关成本变动趋势的详细信息，需要获取更长期间的成本资料进行趋势分析。

三、企业物流成本结构分析案例

案例企业是某第三方物流企业集团下属的专业子公司，其主营业务包括跨区域长途运输、区域内配送、仓储管理、零担专线运营、能源运输等物流服务。所有业务归入项目操作和快运专线两种方式经营。该公司有欧洲轮胎、韩国轮胎、欧牌机油三个大型客户，公司财务进行独立核算。通过传统的成本核算方法计算案例公司的物流成本，结果如表 5-8 所示。

表 5-8　第三方物流公司 2024 年物流成本统计结果

成本项目			总成本（元）	欧洲轮胎项目（元）			零担快运（元）
				项目组	快运分摊	小计	
直接业务成本	项目组	仓储	240 093	0	0	0	0
		配送成本	11 844	2 180	0	2 180	0
		长途汽车运输	4 875 316	1 436 452	0	1 436 452	0
	快运部	网外 运输	217 378	0	50 707	50 707	130 726
		网外 配送	36 884	0	8 604	8 604	22 181
		网内 干线车成本	301 749	0	70 388	70 388	181 465
		网内 支线车成本	112 290	0	26 193	26 193	67 528
		网内 配送成本	35 113	0	8 190	8 190	21 116
	小计		5 830 667	1 438 632	164 082	1 602 714	423 016
	占总成本比例		92.91%				
操作费用	职工薪酬		122 629	16 455	18 349	34 804	47 306
	业务招待费		3 186	0	400	400	1 032
	差旅费		2 052	1 317	87	1 404	224
	邮电通信费		8 384	645	727	1 372	1 874
	办公费用		3 263	118	166	284	429
	车辆费用		65 419	28 186	4 088	32 274	10 540
	市场交通费		122	0	0	0	0
	折旧费		147 377	132 237	1 893	134 130	4 881
	低值易耗品		10 332	0	2 410	2 410	6 213
	房屋场地费		22 526	0	492	492	1 269
	税金（非营业税金）		13 401	12 504	183	12 687	471
	小计		398 691	191 462	28 795	220 257	74 239
	占总成本比例		6.35%				

成本项目		总成本（元）	欧洲轮胎项目（元）			零担快运（元）
			项目组	快运分摊	小计	
业务税金	增值税	43 046	18 184	4 957	23 141	12 780
	城建税	3 013	1 273	347	1 620	895
	教育费附加	1 722	727	198	926	511
	其他	−1 604	−12 001	2 120	−9 881	5 466
	小计	46 177	8 183	7 622	15 806	19 652
	占总成本比例	0.74%				
合计		6 275 535	1 638 277	200 499	1 838 777	516 907
占总成本比例		100%	26.11%	3.19%	29.30%	8.24%

（一）成本构成分析

从表 5-8 中可以看出，该公司的成本主要包括直接业务成本、操作费用和业务税金三种。公司总成本中绝大部分为直接业务成本，占总成本的比例为 92.91%，其中，项目组的成本合计占 87.94%{[（240 093+11 844+4 875 316）÷6 275 535）]÷92.91%}，快运专线业务成本占 12.06%（1−87.94%）。从业务角度讲，欧洲轮胎项目成本和零担快运成本分别占公司总成本的 29.30% 和 8.24%。其中，欧洲轮胎外派项目组成本占整个项目成本的 89.11%（26.11%÷29.30%），快运部为欧洲轮胎项目提供快运服务分摊的成本占整个项目成本的 10.89%（3.19%÷29.30%）。

操作费用主要是项目组及快运部直接服务于物流业务的人员、设备等发生的相关费用，占总物流成本的比例为 6.35%。操作费用可以进一步分为与人员相关的费用、与设备相关的费用、与业务相关的费用。

业务税金占总成本的比例为 0.73%，业务税金包括增值税、城建税、教育费附加。该公司的城建税为增值税总额的 7%，教育费附加为增值税总额的 3%。该公司在具体操作过程中，有大量代开发票业务，下月互相冲减调整，但是并不影响公司整体税负大小。

（二）成本趋势分析

该公司从 2021 年至 2024 年发生的物流成本情况如表 5-9 所示。

表 5-9　2021—2024 年物流成本核算结果比较

成本项目	2021 年		2022 年		2023 年		2024 年	
	金额（元）	占总成本的比例	金额（元）	占总成本的比例	金额（元）	占总成本的比例	金额（元）	占总成本的比例
直接业务成本	7 112 663	93.30%	8 330 388	91.05%	10 613 751	96.31%	5 830 667	92.92%
操作费用	425 355	5.58%	431 188	4.71%	306 181	2.78%	398 691	6.35%
业务税金	85 244	1.12%	387 565	4.24%	100 213	0.91%	45 746	0.73%
合计	7 623 262	100%	9 149 141	100%	11 020 145	100%	6 275 104	100%

从表 5-9 可知，该公司 2021—2024 年成本构成几乎未变，成本构成比例相近，直接业务成本占公司总成本的比例一直高于 90%。从绝对数来看，直接业务成本在 2021—2024 年呈上升趋势，从 2023—2024 年开始下滑。究其原因，该公司于 2024 年在辖区内其他子公司新设了两个快运专线部，新设的两个区域快运专线部使得其操作费用即间接成本增加。

（三）项目部成本分析

四个项目部包括欧洲轮胎项目、韩国轮胎项目、欧牌机油项目和零担快运项目，其均为公司的成本中心和利润中心。由于该公司为区域中心公司，其区域内除本公司快运部外还下辖其他几个快运部，区域内成本由公司统一核算。其直接成本通过三个层次来实现：①依据干线收入将成本分摊至各干线；②依据物流量将成本分摊至区域内的各快运部；③按照项目物流量将公司快运部的成本分摊至各项目。作者选用快运部的原始收入构成为成本动因，并重新分摊快运部成本至各成本中心，结果如表 5-10 所示。

表 5-10　项目部成本核算结果

成本项目			欧洲轮胎项目（元）	韩国轮胎项目（元）	欧牌机油项目（元）	零担快运项目（元）
直接业务成本	金额	项目物流	1 438 632.00	586 489.40	3 102 131.82	0.00
		快运部分摊	164 082.00	116 316.37	0.00	423 016.54
		小计	1 602 714.00	702 805.77	3 102 131.82	423 016.54
	占项目总成本比例		87.16%	93.29%	97.97%	81.84%
操作费用	金额		220 257.00	28 988.70	75 201.29	74 241.68
	占项目总成本比例		11.98%	3.85%	2.37%	14.36%
业务税金	金额		15 806.00	21 565.56	−10 846.61	19 651.77
	占项目总成本比例		0.86%	2.86%	−0.34%	3.80%
合计			18 387 777.00	753 360.03	3 166 486.51	516 909.99
占总成本比例			29.30%	12.00%	50.46%	8.24%

由表 5-10 可知，欧洲轮胎项目、韩国轮胎项目、欧牌机油项目及零担快运项目成本分别占公司总成本的 29.30%、12.00%、50.46% 和 8.24%。值得指出的是，该公司欧洲轮胎项目和零担快运项目直接业务成本占项目总成本的比例低于 90%。对于全部由快运部负责的零担快运项目，具有客户数目多且单个业务规模小的特点，通常需要拼车，多个项目通常由一人负责，而快运部的职工薪酬、折旧费、信息费等服务于所有客户，故操作费用较多也是比较合理的。对于欧洲轮胎项目，则大部分由外派的欧洲轮胎项目组完成，直接业务成本主要是运输车辆费用。此处车辆折旧费用比较高，这是由于欧洲轮胎项目大部分业务由项目操作管理部的自有车辆完成。相应地，因为使用外采车辆运输费用高，故欧洲轮胎项目的直接业务成本较低。所以，公司应该计量外采车辆引起的高直接费用与自有车辆引起的高管理费用的效益。

（四）项目部利润分析

根据对公司总收入和总成本再次分摊核算的结果，按照成本中心核算利润，结果如表 5-11 所示。

表 5-11　项目部利润核算结果

项目	欧洲轮胎项目（元）	韩国轮胎项目（元）	欧牌机油项目（元）	零担快运项目（元）
收入	1 909 133.80	1 153 845.67	3 966 803.89	647 841.68
成本	1 838 780.63	753 360.03	3 166 486.51	516 909.99
利润	70 353.17	400 485.64	800 317.38	130 931.69
毛利率	3.69%	34.71%	20.18%	20.21%

由表 5-11 可知，韩国轮胎项目毛利率最高，欧洲轮胎项目毛利率最低，而欧牌机油项目和零担快运项目毛利率居中。分析结果显示欧洲轮胎项目实际盈利性较低，与公司的相关陈述不符。在将快运部发生的成本分摊至各项目前，各项目的利润核算结果如表 5-12 所示。

表 5-12 快运部成本分摊前各项目部利润核算结果

项目	欧洲轮胎项目（元）	韩国轮胎项目（元）	欧牌机油项目（元）	零担快运项目（元）
收入	1 909 133.80	1 153 845.67	3 966 803.89	647 841.68
成本	1 638 277.85	611 225.89	3 166 486.51	859 546.91
利润	270 855.95	542 619.78	800 317.38	−211 705.23
毛利率	14.19%	47.03%	20.18%	−32.68%

根据表 5-12，在快运部成本分摊前，公司认为欧洲轮胎项目和欧牌机油项目的盈利情况比较接近，这主要是因为公司忽略了以下两点。

（1）欧牌机油项目不需要快运专线部提供承运服务，而欧洲轮胎项目需要。公司在核算过程中已经将快运部收取的承运价款计入欧洲轮胎项目收入中，但未将其成本分摊至欧洲轮胎项目，即收入已经全额计算，但成本未全额核计；而欧牌机油项目的收入和成本已经全额计算。

（2）在分摊快运部成本前，欧洲轮胎项目较欧牌机油项目的操作费用更高。欧洲轮胎项目和欧牌机油项目的操作费用占其利润的比例分别为 81.32% 和 9.40%。其中，二者差别最大的是折旧费，对欧洲轮胎项目是车辆折旧费，对欧牌机油项目是仓库折旧费。

案例公司成立不久，运营已初上轨道，但是财务核算尚未完善，目前只能计算公司整体的盈利状况，尚不能对各项目的利润进行计量。因此，应该规范公司财务核算体系，按照项目进行收入和成本核算，准确了解项目盈利能力，合理分配公司现有资源，提高公司综合竞争力。

第三节　物流成本性态分析

成本性态也称成本习性，是指成本总额与业务总量之间的依存关系。成本总额与业务总量之间的关系是客观存在的，而且具有一定的规律性。企业的业务量水平提高或降低时，会影响企业的各种经济活动，进而影响企业的各项成本，使之增减。在一定的相关范围内，一项特定的成本可能随着业务量的变化而增加、减少或者不变，这就是不同的成本所表现出的不同的成本性态。

研究成本与业务量的依存关系，进行成本性态分析，可以从定性和定量两方面掌握成本与业务量之间的变动规律，这不仅有利于事先控制成本和挖掘降低成本的潜力，而且有助于进行科学的预测、规划、决策和控制。

一、物流成本性态

在物流系统的生产经营活动中，发生的成本与业务量之间的关系可以分

为两类。一类是随着业务量的变化而变化的成本，如材料的消耗、燃料的消耗、工人的工资等。这类成本的特征是业务量高，成本的发生额也高，业务量低，成本的发生额也低，成本的发生额与业务量近似成正比关系。另一类是在一定的业务量范围内，与业务量的增减变化无关的成本，如固定资产折旧费、管理部门的办公费等。这类成本的特征是在物流系统正常经营的条件下，这些成本是必定要发生的，而且在一定的业务量范围内基本保持稳定。对于这两类不同性质的成本，我们将前者称为变动成本，而将后者称为固定成本。也就是说，按物流成本的性态特性，可将物流成本划分为变动成本和固定成本。有部分成本的特征介于变动成本和固定成本之间，可以称其为混合成本。

（一）变动成本

变动成本是指发生总额随业务量的增减变化而近似成正比例增减变化的成本。这里所需强调的是变动的对象是成本总额，而非单位成本。变动成本具有以下特点。

（1）变动成本总额的正比例变动性，即在相关范围内，成本总额随着业务量的变动而成倍数变动的特性。

（2）单位变动成本的不变性，即无论业务量怎样变化，单位成本都保持在原有水平上的特性。

变动成本的这两个特点可以用图 5-2 来表示。一般来说，运输过程中的直接材料消耗，工作量法计算的折旧额，流通加工成本中的直接材料、直接人工消耗，按包装量、装卸搬运量计算工资的包装人工费用、装卸搬运人工费用等，都属于变动成本的范畴。

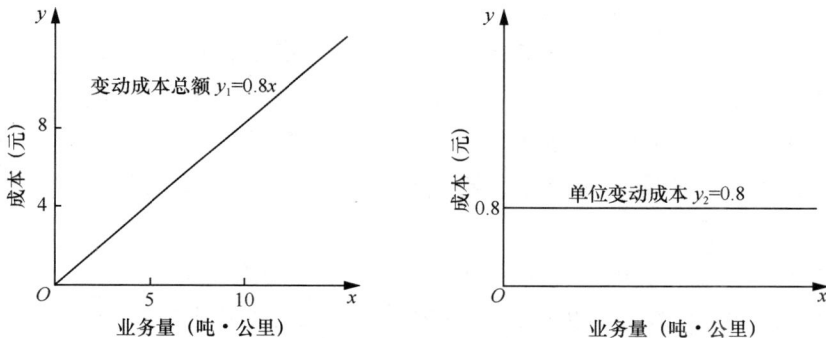

图 5-2 变动成本的特点

（二）固定成本

固定成本是指成本总额保持稳定，与业务量的变化无关的成本。同样应予以注意的是，固定成本的发生总额是固定的，而就单位成本而言，却是变动的。因为在成本总额固定的情况下，业务量小，单位产品所负担的固定成本就高；业务量大，单位产品所负担的固定成本就低。固定成本具有以下特点。

（1）固定成本总额的不变性，即在相关范围内，成本总额总是保持在同一水平上的特性。

（2）单位成本的反比例变动性，即单位固定成本与业务量的乘积恒等于一个常数的特性，即单位成本与业务量成反比例关系。

固定成本的特点可以用图 5-3 表示。员工工资、按直线法计算的固定资产折旧费及其他与业务量无关的成本费用等都属于固定成本的范畴。

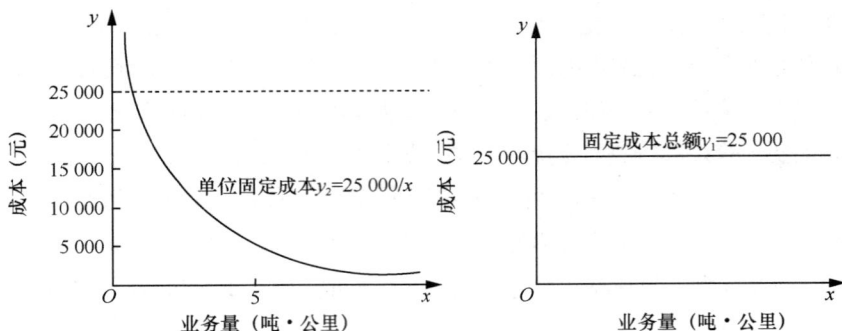

图 5-3　固定成本的特点

（三）混合成本

混合成本是指全部成本中介于固定成本和变动成本之间，既随业务量变动又不与其成正比例的那部分成本。把企业的全部成本根据成本性态划分为变动成本和固定成本两大类，是管理会计规划与控制企业经济活动的前提条件，但是在实务中，往往有很多成本项目不能简单地归类于固定成本或变动成本。一些成本明细项目兼有变动成本和固定成本两种不同的特性，它们既非完全固定不变，也不随业务量成正比例变动，不能简单地把它们列入固定成本或变动成本，应列入混合成本。

二、混合成本的分解

企业为了规划与控制企业的经济活动，必须首先将全部成本按其性态划分为固定成本和变动成本两大类。因此，要采用不同的专门方法将混合成本最终分解为固定成本和变动成本两部分，再分别纳入固定成本和变动成本两大类中，这就叫混合成本的分解。事实上，在物流系统的运营过程中，混合成本所占的比例是比较大的，因此，混合成本的分解对有效的成本性态分析起着非常重要的作用。

常见的用于分解混合成本的方法有两大类。一类是侧重于定性分析的方法，如账户分析法、合同确认法、技术测定法等。采用这类分析方法，就是根据各个成本账户的性质、合同中关于支付费用的规定、生产过程中各种成本的技术测定等来具体分析，进而确认哪些成本属于固定成本，哪些成本属于变动成本。另一类是历史成本分析法，即利用一定期间的业务量与成本数据，采用适当的数学方法进行分析，确定所需分解的混合成本的函数方程，进而将其分解为固定成本和变动成本，常用的有高低点法、散布图法和回归直线法。

（一）定性分析方法

1. 账户分析法

账户分析法亦称会计分析法，它根据各个成本项目及明细项目的账户性质，通过经验判断，把那些与变动成本较为接近的成本划入变动成本，把那些与固定成本较为接近的成本划入固定成本；至于不宜简单地划入变动成本或固定成本的项目，则可通过一定比例将它们分解为变动成本和固定成本两部分。账户分析法的优点是简单明了，分析的结果能清楚地反映出具体成本项目，实用价值较高；账户分析法的缺点是分析的工作量大，成本性态的确定较粗。

2. 合同确认法

合同确认法是根据企业与供应单位所订立的合同（或契约）中关于支付费用的具体规定来确认成本性态的方法。例如电话费，每月向用户收取的基本费用，可以看作固定成本，而按照用户的通话时长计收的费用则是变动成本。合同确认法的优点是成本性态分析比较准确，但其应用范围较小，只限于签有合同的生产经营项目的成本的性态分析。

3. 技术测定法

技术测定法是根据生产过程中消耗量的技术测定和计算来划分成本的变动部分和固定部分的混合成本分解方法。例如，通过技术测定，把热处理电炉的预热耗电成本（初始量）划为固定成本，把预热后进行热处理的耗电成本划为变动成本。这种方法的优点是划分比较准确，缺点是工作量较大，一般适用于新建企业或新产品的成本性态分析。

（二）历史成本分析法

历史成本分析法是根据混合成本在过去一定期间内的成本与业务量的历史数据，采用适当的数学方法加以分解，来确定其中固定成本总额和单位变动成本的平均值的方法。在实际工作中常用的数学方法有高低点法、散布图法和回归直线法三种。

1. 高低点法

高低点法亦称两点法，是根据企业一定期间历史数据中的最高业务量（高点）和最低业务量（低点）之差以及它们所对应的混合成本之差，计算出单位变动成本，进而将混合成本最终分解为固定成本和变动成本的方法。

由于混合成本包含变动成本和固定成本两种成本，因此它的数学模型与总成本的数学模型类似，也可用直线方程式 $y = a + bx$ 来表示。其中 a 为混合成本中的固定成本部分；b 为混合成本中的单位变动成本；x 表示业务量；y 表示成本总额。高低点法的计算公式如下。

$$单位变动成本 = \frac{最高业务量的成本 - 最低业务量的成本}{最高业务量 - 最低业务量}$$

$$固定成本 = 最高业务量的成本 - 最高业务量 \times 单位变动成本 = 最低业务量的成本 - $$
$$最低业务量 \times 单位变动成本$$

高低点法分解成本简便易行，有助于管理人员迅速确定成本关系。但这种方法只以诸多历史数据中的最高点和最低点两种情况来取代其他数据，进而确定一条直线，并以该直线代表所有历史数据。如果最高点和最低点是偏离较大的点，它们所代表的可能是非典型的成本——业务量关系，其结果是不太准确的。

2. 散布图法

散布图法亦称布点图法、目测画线法，是指将若干期业务量和成本的历史数据标注在业务量和成本构成的坐标图上，形成若干个散布点，然后画一条尽可能接近所有坐标点的直线，并据以推测固定成本和变动成本的方法。

运用散布图法的第一步就是画出各点，以便确定成本与业务量的关系。

散布图法利用散布图分解混合成本，综合考虑了一系列观测点上业务量与成本的依存关系，因此，分解的结果较高低点法准确。但散布图法的缺陷是选择最佳直线时缺乏客观标准，成本方程式的质量取决于分析者主观判断的质量，所以有时误差比较大。

3. 回归直线法

回归直线法亦称最小平方法，是根据最小平方法原理，从大量历史数据中计算出最能反映出成本变动趋势的回归直线方程，并以此作为成本模型的一种成本性态分析方法。

回归直线法的数学推导以混合成本的直线方程式 $y=a+bx$ 为基础，根据这一方程式和实际所采用的一组 n 个观测值(x_1, y_1)，(x_2, y_2)，…，(x_n, y_n)，即可得到一组用于决定回归直线的方程式。

$$\sum_{i=1}^{n} y_i = na + b\sum_{i=1}^{n} x_i$$

$$\sum_{i=1}^{n} x_i y_i = a\sum_{i=1}^{n} x_i + b\sum_{i=1}^{n} x_i^{2}$$

解方程组，得

$$b = \frac{\left(n\sum_{i=1}^{n} x_i y_i - \sum_{i=1}^{n} x_i \sum_{i=1}^{n} y_i\right)}{\sum_{i=1}^{n} x_i^{2} - \left(\sum_{i=1}^{n} x_i^{2}\right)}$$

求得 b 后，即可解得 a。

回归直线法使用了误差平方和最小的原理，相对高低点法和散布图法，结果更为精确；但计算过程较烦琐，适用于计算机操作。

三、总成本公式及其成本性态模型

根据以上的分析，全部成本依其性态可分为固定成本、变动成本和混合成本三大类，其中混合成本又可分解为固定部分和变动部分，因此，企业的总成本公式可以写成

总成本=固定成本总额+变动成本总额=固定成本总额+（单位变动成本×业务量）

现用 y 表示总成本，a 表示固定成本总额，b 表示单位变动成本，x 表示业务量，则上述总成本公式可写成：$y=a+bx$。

总成本的成本性态模型如图 5-4 所示。

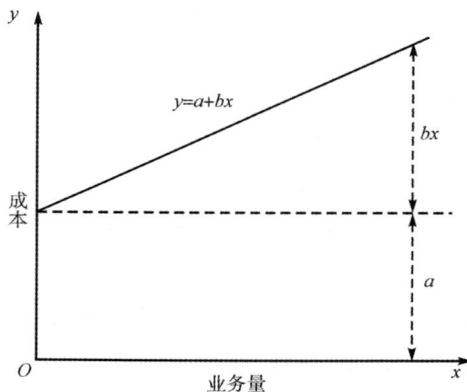

图 5-4　总成本的成本性态模型

第四节 物流系统的本量利分析

本量利分析是成本—业务量—利润关系分析的简称，是指在变动成本计算模式的基础上，以数学模型与图形来揭示固定成本、变动成本、业务量、单价、营业额、利润等变量之间的内在规律性联系，为预测、决策和规划提供必要财务信息的一种定量分析方法。

一、本量利分析基本模型

在介绍本量利分析在物流中的应用前，必须了解一些本量利的基本公式与图形，即本量利分析的原理。本量利分析的基本模型可用如下公式表示。

$$利润=营业收入-变动成本总额-固定成本总额$$

$$=单价 \times 业务量-单位变动成本 \times 业务量-固定成本总额$$

$$=（单价-单位变动成本）\times 业务量-固定成本总额$$

$$=单位边际贡献 \times 业务量-固定成本总额$$

$$=边际贡献总额-固定成本总额$$

$$利润+固定成本总额=边际贡献总额=营业收入-变动成本总额$$

$$=（单价-单位变动成本）\times 业务量$$

$$\frac{利润+固定成本总额}{业务量}=单价-单位变动成本=单位边际贡献$$

$$\frac{利润+固定成本总额}{营业收入}=\frac{单价-单位变动成本}{单价}=边际贡献率=1-变动成本率$$

若需考虑所得税，则用下式将以上各式中的利润替代即可：

$$利润=\frac{净利润}{1-所得税税率}$$

边际贡献又称贡献边际、贡献毛利、边际利润或创利额，是指营业收入与相应变动成本总额之间的差额。它除了以总额表示外，还有单位边际贡献和边际贡献率两种形式。单位边际贡献是某产品或服务的单价减去单位变动成本后的差额，也可用边际贡献总额除以相关业务量求得；边际贡献率是指边际贡献总额占营业收入总额的百分比，又等于单位边际贡献占单价的百分比。

在上面的公式中，（单价-单位变动成本）就是产品或服务的单位边际贡献，而[（单价-单位变动成本）×业务量]就是边际贡献总额。从而可以看出，各种产品或物流服务所提供的边际贡献，虽然不是物流的营业净利润，但它与物流的营业净利润的形成有着密切的关系。因为边际贡献首先用于补偿物流系统的固定成本，边际贡献弥补固定成本后的余额即物流系统的利润。本量利分析可以用图 5-5 表示。

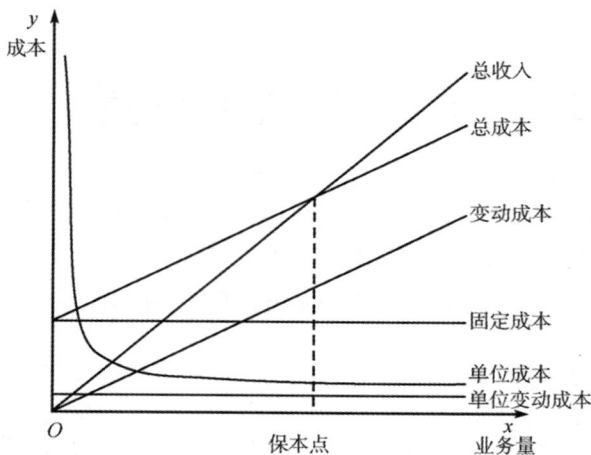

图 5-5 本量利分析

二、物流服务的保本点和保利点分析

本量利分析包括盈亏平衡分析和盈利条件下的本量利分析。从上面的分析可以看出，只有当物流系统所实现的边际贡献大于固定成本时才能实现利润，否则物流系统将会出现亏损，而当边际贡献正好等于固定成本总额时，物流系统不盈不亏。所谓盈亏平衡点，又称保本点，是指物流系统的经营规模（业务量）刚好使利润等于零，即出现不盈不亏的状况。盈亏平衡分析就是根据成本、营业收入、利润等因素之间的函数关系，预测物流系统在怎样的情况下可以达到不盈不亏的状态。而盈利条件下的本量利分析主要考虑在特定利润要求情况下应达到的业务量，以及在一定业务量情况下物流系统的利润以及安全边际情况。

本量利分析的应用十分广泛，它与物流经营分析相联系，可促使物流系统降低经营风险；与预测技术相结合，可进行物流系统保本预测，预测目标利润实现的最少业务量等；物流系统能据本量利分析结果进行作业决策、定价决策和投资不确定性分析；此外，它还可以应用于物流系统的全面预算、成本控制和责任会计。

单项物流服务的本量利分析包括保本点分析和保利点分析。

（一）保本点分析

单项物流服务保本点是指能使物流达到保本状态的单项业务量的总称，即在该业务量水平上，该项物流业务收入与变动成本之差刚好与固定成本持平。稍微增加一点业务量就有利润；反之，稍微减少一点业务量就会亏损。

单项物流服务的保本点有两种表现形式：一是保本点业务量，二是保本点营业收入，它们都是衡量是否达到收支平衡的物流业务指标。保本点的确定过程就是计算保本点业务量和保本点营业收入的过程。在多项物流作业条件下，虽然也可以按具体品种计算各自的保本业务量，但由于不同服务的业务量不能直接相加，因而往往只能确定它们总的保本点营业收入，而不能确定总保本点业务量。下面以汽车运输企业的运输业务为例来说明单项物流服务的本量利分析方法。

汽车运输企业的运输收入同运输成本的数量关系，不外乎以下三种情况：运输收入大于运输成本、运输收入小于运输成本或者运输收入等于运输成本。在以上三种情况中，只有运输收入同运输成本相等时企业才处于不盈不亏状态，也就是盈亏平衡状态。因此盈亏平衡点就是企业的运输收入同运输成本相等的点，在这一点以上就获利，在这一点以下就亏损。

运输业务量越大，企业所实现的盈利就越多或亏损就越少。企业保本点运输周转量的计算公式如下。

$$保本点运输周转量 = \frac{固定成本总额}{单位运价 - 单位变动成本}$$

其中，单位变动成本的计算公式如下。

$$单位变动成本 = \frac{车公里变动成本}{载运系数} + 吨 \cdot 公里变动成本$$

（二）保利点分析

保利点分析是比较特殊的本量利分析，它以利润为零、物流系统不盈不亏为前提条件。从现实的角度来看，物流系统不但要保本，还要有盈利，因此只有在考虑盈利存在的条件下才能充分揭示成本、业务量和利润之间正常的关系。除了进行盈亏平衡分析之外，还可以进行有盈利条件下的本量利分析，即保利分析。

在单价和成本水平已定的条件下，物流系统为了实现一定目标利润，就需要达到一定的业务量或营业收入，这可以称为实现目标利润的业务量或营业收入，也可以称为保利点业务量或营业收入。保利点业务量和保利点营业收入的计算公式如下。

$$保利点业务量 = \frac{固定成本总额 + 目标利润}{单位价格 - 单位变动成本} = \frac{固定成本总额 + 目标利润}{单位边际贡献}$$

$$保利点营业收入 = \frac{固定成本总额 + 目标利润}{边际贡献率}$$

如果考虑所得税因素，需要确定实现目标净利润条件下的业务量和营业收入，则上述公式可以演变为如下公式。

$$保利点业务量 = \frac{固定成本总额 + \dfrac{目标净利润}{1 - 所得税税率}}{单位价格 - 单位变动成本}$$

$$= \frac{固定成本总额 + \dfrac{目标净利润}{1 - 所得税税率}}{单位边际贡献}$$

$$保利点营业收入 = \frac{固定成本总额 + \dfrac{目标净利润}{1 - 所得税税率}}{边际贡献率}$$

三、物流企业的安全边际与经营风险

（一）安全边际和安全边际率

安全边际是把盈亏平衡点和企业的利润联系起来的一个概念，它是指实际的（或预计的）销售量或销售额与盈亏平衡点的销售量或销售额的差额。它反映了企业从目前状态至盈亏平衡状态的空间有多大，即企业的销售量或销售额降低多少都不会造成亏损。安全边际可以用于分析物流系统所面临的经营风险大小。

根据定义，安全边际既可以用实物量来表示，也可以用价值量来表示，其计算公式如下。

$$安全边际量 = 实际（或预计）业务量 - 保本点业务量$$

$$安全边际额 = 实际（或预计）营业收入 - 保本点营业收入$$

显然，对企业的经营来说，安全边际越大，经营风险越低；安全边际越小，经营风险越高。此外，反映企业经营安全程度的另一个指标是安全边际率。其计算公式如下。

$$安全边际率 = \frac{安全边际量}{实际或预计业务量}$$

或

$$安全边际率 = \frac{安全边际额}{实际或预计营业收入}$$

安全边际量与安全边际率都是正指标，即指标值越大越好。在欧美企业一般用安全边际率来评价物流经营的安全程度。表 5-13 列示了安全边际率与评价物流系统经营安全程度的一般标准。

表 5-13　物流系统经营安全程度检验标准

安全边际率	10%以下	10%~20%	20%~30%	30%~40%	40%以上
安全程度	危险	值得注意	一般安全	比较安全	非常安全

物流系统可以通过降低单位变动成本、降低固定成本、扩大业务量或提高价格等方式来提高安全边际率，降低经营风险。

（二）经营风险

物流系统的经营风险可以用安全边际来衡量，也可以用经营杠杆（或营业杠杆）来衡量。

经营杠杆是本量利分析中的另一个重要概念。根据成本性态的原理，在一定的业务量范围内，销售量的增减不会改变固定成本总额，但它会使单位固定成本随之增减，从而提高或降低单位产品的利润，并使利润的变化率大于业务量的变化率。这种由于固定成本的存在，销售上较小幅度的变动引起利润上较大幅度的变动（即利润变动率大于业务量变动率）的现象，就称为经营杠杆，它可以反映企业的经营风险。

将经营杠杆量化的一个指标是经营杠杆率，亦称经营杠杆程度，它是指利润变动率相当于营业收入变动率的倍数。其计算公式如下。

$$\text{经营杠杆率} = \frac{\text{利润变动率}}{\text{营业收入变动率}} = \frac{\text{边际贡献}}{\text{利润}} = \frac{\text{固定成本+利润}}{\text{利润}}$$

$$= \frac{\text{营业收入-变动成本总额}}{\text{营业收入-变动成本总额-固定成本总额}}$$

显然，经营杠杆是由固定成本的存在引起的，所以企业的固定成本与变动成本在其成本总额中所占的比例，即成本结构对经营杠杆有着重要的影响。一般来说，固定成本比例较高的企业具有较高的经营杠杆，而变动成本比例较高的企业则具有较低的经营杠杆。经营杠杆率能反映企业经营的风险，并能帮助管理当局进行科学的预测分析和决策分析。

本章习题

一、填空题

1. 物流成本的计算实质上是为物流成本的分析和评价提供＿＿＿＿＿依据。

2. 物流成本分析的过程实际上是一个＿＿＿＿＿与＿＿＿＿＿相结合的过程。

3. 定量分析是＿＿＿＿＿，没有定量分析就弄不清楚数量界限、阶段性和特殊性；定性分析是＿＿＿＿＿，没有定性分析就弄不清本质、趋势和与其他事物的联系。

4. 根据国家标准《企业物流成本构成与计算》中成本项目的基本分类，企业的物流成本由＿＿＿＿＿成本和＿＿＿＿＿成本构成。

5. 成本性态也称成本习性，是指＿＿＿＿＿与＿＿＿＿＿之间的依存关系。

二、单项选择题

1. 下列关于变动成本和固定成本的区别的说法，正确的是（　　　）。

A. 变动成本随产量的变化而变化，固定成本不随产量的变化而变化

B. 变动成本不随产量的变化而变化，固定成本随产量的变化而变化

C. 变动成本和固定成本都随产量的变化而变化

D. 变动成本和固定成本都不随产量的变化而变化

2. 某企业的混合成本为 $y=50+10x$，其中 x 为产量，y 为成本。则该企业的变动成本、固定成本分别为（　　　）。

A. 50 元，10 元
B. 10 元，50 元

C. 50 元，$10x$ 元
D. $10x$ 元，50 元

3. 边际贡献的定义是（　　　）。

A. 营业收入与相应变动成本总额之间的差额

B. 营业收入与固定成本总额之间的差额

C. 营业收入与单价之间的差额

D. 单位售价与单位总成本之间的差额

4. 在多项物流作业条件下，虽然也可以按具体品种计算各自的保本业务量，但由于不同服务的业务量不能直接相加，因而往往只能确定（　　）。

A. 总保本点营业收入　　　　　　　B. 分业务保本点业务收入

C. 分业务保本点业务量　　　　　　D. 总保本点业务量

5. 安全边际率是指（　　）。

A.（销售收入−变动成本）/销售收入

B.（销售收入−变动成本）/固定成本

C.（销售收入−变动成本−固定成本）/销售收入

D.（销售收入−保本点收入）/销售收入

三、多项选择题

1. 物流成本分析的目的包括（　　）。

A. 分析评价企业物流成本计划的执行情况

B. 找问题，解决对策

C. 评价企业物流成本升降的原因

D. 评价和寻求进一步降低企业物流成本的途径和方法

2. 企业物流成本分析的一般步骤包括（　　）。

A. 明确评价的目的

B. 收集有关的信息

C. 根据评价目的把整体的各个部分分割开来，予以适当安排，使之符合需要

D. 深入研究各部分的特殊本质

3. 物流成本结构分析一般应遵循的思路包括（　　）。

A. 计算结构百分比

B. 与企业上期和行业内其他企业比较

C. 根据计算结果进行分析评价

D. 根据共同比物流成本表的结果，分析结构占比与变化趋势。

4. 变动成本的特点包括（　　）。

A. 变动成本总额的正比例变动性　　B. 单位变动成本的不变性

C. 固定成本总额的不变性　　　　　D. 单位成本的反比例变动性

5. 固定成本的特点包括（　　）。

A. 变动成本总额的正比例变动性　　B. 单位变动成本的不变性

C. 固定成本总额的不变性　　　　　D. 单位成本的反比例变动性

四、名词解释

1. 成本性态。

2. 变动成本。

3. 固定成本。

4. 本量利分析。

5．安全边际。

五、简答题

1．物流成本核算、物流成本分析与物流成本控制之间是什么关系？

2．企业物流成本分析的一般步骤是什么？

3．简述企业物流成本比较分析法的分析对象。

4．物流成本结构分析的基本思路是什么？

5．简述企业物流成本增减变动与趋势分析的基本思路。

6．什么是固定成本和变动成本，其各有什么特点？请列举物流成本中比较常见的固定成本和变动成本项目。

7．混合成本的分解方法有哪些？

8．如何计算物流系统的保本点和保利点？你觉得企业在运用本量利分析方法的过程中可能遇到哪些困难？

9．如何利用安全边际和经营杠杆来衡量企业的经营风险？

六、案例分析

某汽车运输公司运输 A、B、C 三种产品，其固定成本总额为 19 800 元，三种产品的资料如表 5-14 所示。请采用加权平均法计算该公司的综合保本运输额。

表 5-14　汽车运输公司产品相关信息

产品品种	单位运价（元）	运输量（件）	单位变动成本（元）
A	2 000	60	1 600
B	500	30	300
C	1 000	65	700

第六章 物流责任会计与物流成本预算管理

【学习目标】

- 了解物流责任会计的内容；
- 了解物流责任中心划分及其成本管理；
- 了解物流成本预算的编制内容与基本方法；
- 理解弹性预算在物流成本管理中的应用。

【引导案例】

物流公司经营绩效考核

某区域性大型医药分销企业年销售额超过 20 亿元，业务范围主要集中在北京市及周边县市，原来公司的物流配送业务是由物流部负责的。公司在北京市郊五元桥附近设有一个配送中心，业务部门接到的订单被传送到配送中心，由物流部负责按照订单要求将货物配送到客户手中。

为了加强物流部门的经营意识，也为了适应市场商流与物流分离的趋势，公司将原有的物流部门与配送中心独立出来，成立了一个具有独立法人资格的物流公司，继续为该分销公司（母公司）提供物流服务。分销公司按照流转货值的 0.5% 付给物流公司物流费用，这也构成物流公司的收入来源，物流公司收入的多少取决于分销公司的销售业务量。由于分销公司的业务量较大，所以物流公司没有精力对外提供额外的物流服务。物流公司是独立的法人，因此，要独立向外提供财务报告，也要独立地核算会计利润，并缴纳所得税。

启发思考

基于以上资料，请思考下列问题。

（1）在物流部门独立以前，如何进行物流部门的财务绩效考核？

（2）在成立独立的物流公司之后，如何对物流公司的经营绩效进行考核？

第一节 物流责任中心的划分及其成本管理

在企业组织内部，高层管理者往往通过制定预算或编制计划等方式，对下级责任者设定财务绩效标准，然后进行绩效计量，据以反映预算或计划的实际执行情况，对相关责任者做出绩效评价。

物流财务绩效评价是以对物流活动实施分权管理为基础，将企业整个物流过程划分为各种不同形式的责任中心，对每个责任中心明确其权责及其财务绩效计量和评估方式，特别是物流成本的计量与评估方式，建立起一种以责任中心为主体，责、权、利相统一的机制，通过信息的积累、加工、反馈而形成的物流系统内部的一种严密控制系统。

一、物流责任中心的划分

所谓物流责任中心，是指由一个主管人员负责，承担着规定责任并具有相应权利的内部物流单位。物流责任中心必须有十分明确的、由其控制的物流活动范围。

企业物流责任中心通常可分为三大类：物流成本（费用）中心、物流利润中心和物流投资中心。这里以一个物流公司为例，说明物流责任中心的划分，如图6-1所示。

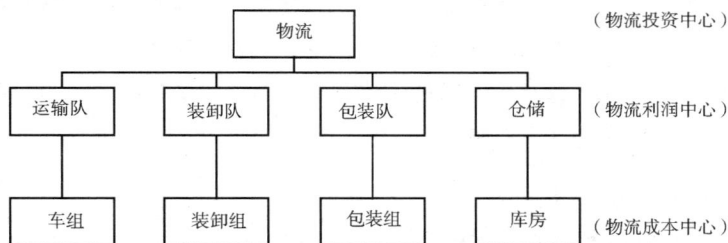

图 6-1 物流责任中心的划分

（一）物流成本中心

物流成本中心也称物流费用中心，是指对物流成本进行归集、分配，对物流成本能加以控制、考核的责任单位，即对物流成本具有可控性的责任单位。这里的"可控性"，是与具体的责任中心相联系的，而不是某一个成本项目所固有的性质。物流成本中心的成本项目一般可分为直接成本和间接成本两种，前者可以直接计入物流成本，后者则需要通过一定的方法、根据一定的标准分配后才能计入物流成本。一般来说，直接成本是变动的、可控制的，间接成本是固定的、不可控制的。但并非所有直接成本都是变动的、可控制的。例如，运输队各车组的折旧费是车组的直接成本和固定成本（在直线法折旧下），但不是可控制成本，因为该车组及其上属运输队无权决定购入或出售车辆，无法控制车辆折旧的发生。又如，仓库保管人员的工资是直接的、可控制的，但不是变动的。

此外，应予以注意的是，可控制成本与不可控制成本在一定条件下是可以互相转化的，二者的划分并不是绝对的。例如，材料仓库若将材料仓储费按比例分配给其他责任中心，那么对被分摊责任中心来说仓储费是一种不可控制成本，因为它们无法控制仓储费的多少。如果按各责任中心领用材料多少、按价值多少收取仓储费，那么对各责任中心来说仓储费则是可控成本，因为多领材料、领用高档材料要多负担仓储费，反之则少负担仓储费。这就促使各责任中心努力降低材料消耗，在保证物流质量的前提下，降低物流成本。

由此可见，物流成本按可控性所进行的分类，对控制成本中心的物流成本、考核成本中心的工作绩效是十分重要的。可控成本对成本中心来说是相关成本，进行成本决策时必须予以考虑；不可控成本则是无关成本，可以忽略不计，这也是编制成本中心责任预算时必须注意的。

电子商务物流成本包括仓储管理成本、订单处理成本、配送成本、系统使用费、固定资产和装修费的分摊。仓储管理成本包括卸货费、质量控制费用、条码费、入库检核上架费、储位费、批量退库费、盘点费等。订单处理成本包括分拣费、配单费、打包费、指派费、交接费、退料审查费，以及耗材费用等。配送成本包括干线物流费和分区配送费等。

（二）物流利润中心

物流利润中心是指既负责物流收入，又负责物流支出，并负责管理一定数量资产的物流责任单位，即对物流收入、成本的发生都能加以控制的责任单位。物流利润中心的领导者必须具有控制物流服务价格、物流业务和所有相关费用的权力。

物流利润中心可分为两类：一是实际物流利润中心，二是内部人为物流利润中心。前者是能直接对外发生经济往来，在银行独立开户的相对独立的责任单位，其成本和收入都是实实在在的。后者是在企业内部各部门之间提供物流服务，其收入按内部转移价格结算，成本按实际发生额转移，因而其收支都是虚构的。近几年来，我国企业内部经济责任制已取得很大成绩，在企业内部和物流系统内部结算以及内部利润核算上获得了许多有益的经验，并日臻完善，所有这些为物流利润中心的确定打下了坚实的基础。

（三）物流投资中心

物流投资中心是指既负责收入、成本，又负责投资的物流责任单位，它不但要计算利润，还要计算投资回报率。在图 6-1 所示的例子中，可以将物流公司作为投资中心，通过转让给运输队、装卸队、包装队和仓储部门的房屋、设备、存货的价值和各自所提供的利润，考核其投资回报率。

二、物流责任中心的成本管理

物流责任成本指以物流责任中心为对象所归集的该责任中心责任范围内各项可控物流成本之和。物流责任成本应在明确物流责任中心的基础上，按企业实际情况根据管理需要分层次进行计算。

（一）物流成本中心的成本管理

对一个物流系统来说，可以将其划分成几个物流成本中心。物流成本中心可以是货主企业的整个物流系统，可以是物流系统中的每个部门（仓储部门、运输部门、行政管理部门等），也可以进一步划分成物流作业班组，甚至是每个作业人员。将物流成本总预算按照每个成本中心一步步细化，并明确责任，使得每个责任中心和责任人员明确自身的成本管理职责，并对其进行相应的绩效考核。从这样的角度看，物流成本中心的责任会计管理又是预算管理的一部分，其具有以下两个方面的特点。

（1）物流责任成本管理注重各级责任中心的预算和考核，强调责任人和责任中心，它是按照各级责任成本中心进行的层层预算细化管理。

（2）物流成本中心管理所分析和考核的是各责任中心的可控成本，对于责任中心无法控制的成本，不进行预算和考核，或者进行单独的预算与管理。

（二）物流利润中心的成本管理

物流利润中心不仅要考核责任中心的成本，还需要考核其收入。对物流系统内部的某个部门来说，本来可能是一个成本中心，通过内部结算价格的确定，将其确定为一个内部人为利润中心，这对责任中心的成本控制来说具有一定的促进作用。这样做可以提高每个部门的经营意识，了解物流成本的节约对自己部门绩效的重要性，从而促使部门改善自己的管理和物流技术，降低自身的物流成本。

1. 应注意解决的问题

在利用人为利润中心进行物流成本控制的过程中，应注意解决以下问题。

（1）对于几个责任中心共同负担的费用，应根据一定标准，按照"谁受益谁负担，受益多的多负担，受益少的少负担"的原则分配。一定要避免因共同费用分配不合理而挫伤各个责任中心的积极性。

（2）内部转移价格的制定要合理。这是合理评估各物流责任中心工作成绩，促进各单位努力提高物流效率、降低物流成本的重要保证。合理确定内部结算价格是加强物流系统内部资金、成本、利润管理的有效措施，是客观评估各利润中心工作成绩的重要手段。

2. 物流内部结算价格的确定

物流内部结算价格是指运输、装卸、包装、仓储等人为利润中心之间相互提供物流业务的结算价格。内部结算价格一般可分为成本定价和利润定价两大类。

（1）成本定价即依据实际成本或标准成本来制定内部转移价格。一般可以以标准成本进行定价，因为实际成本定价下供方可能向需方转嫁不利成本差异，不利于分清责任。而按标准成本定价则可以克服这一缺陷，但它不符合利润中心要考核收益、评定利润的要求。

（2）利润定价即各利润中心之间结转物流业务时除成本外，还要加上一定的利润结算。其中成本加成定价是最常见的一种，它是指在标准成本基础上加上一定比例的利润确定转移价格。另外，也可以参考市场价格来制定内部转移价格。

3. 责任会计的作用

责任会计是在企业实行分权管理体制后，以企业内部责任单位为主体，以提高经济效益、降低成本、保证企业计划顺利落实为目的，以各责任单位（或个人）的经济责任为对象，利用价值形式并采用专门的会计方法对各责任单位的行为及结果进行核算、考核与评估的会计。成本是由费用的发生额决定的，而费用发生额是由其各自的发生源经济活动决定的，对责任单位的控制就是控制费用的发生源。物流责任会计核算与管理，一方面可以使物流成本能够显现出来，另一方面也可以加强物流成本的控制与管理。物流责任会计为管理物流成本提供了理论基础和有效的运作方法。

三、物流目标成本管理

目标成本管理是一种现代成本管理方法，同样适用于物流成本控制。

（一）物流责任目标成本的测算

在进行物流责任目标成本管理时，首先需要测算物流责任目标成本。物流责任目标成本的测算包括两个方面，即物流总目标成本测算和物流单项目标成本测算。

1. 物流总目标成本测算

物流目标成本等于服务收入与目标利润的差，只要测算出物流目标利润，物流目标成本也随之确定。预计物流目标利润的方法有目标利润率法和上年利润基数法。

（1）目标利润率法。目标利润率法是使用经营相同或相似业务的物流企业的平均报酬率来预计本企业利润的方法。计算公式如下。

$$目标利润 = 预计服务收入 \times 同类企业平均服务利润率$$

或

$$目标利润 = 本企业净资产 \times 同类企业平均净资产利润率$$

或

$$目标利润 = 本企业总资产 \times 同类企业平均总资产利润率$$

（2）上年利润基数法。本年利润是上年利润的延续，但随着竞争环境的改变和企业自身的进步，管理层会提出利润增长率的要求。计算公式如下。

$$目标利润 = 上年利润 \times 利润增长率$$

这样测算出的目标成本只是初步的设想，在物流目标成本制定过程中，需要不断进行修正。

2. 物流单项目标成本测算

测算各项服务或作业的目标成本时，可按以下方法进行。

（1）倒扣法。倒扣法是根据调查确定的客户或服务对象可接受的单位价格，扣除企业预期达到的单位服务目标利润和预计单位服务税金以及预计单位服务期间费用倒算出单位服务目标成本的方法。计算公式如下。

$$物流单位服务目标成本 = 预计单价 - 单位服务目标利润 - 预计单位服务税金 - 预计单位服务期间费用$$

（2）比价测算法。比价测算法是将新服务或作业与原来相似的服务或作业进行对比，对与原来一样的环节，按原成本指标测定，对新的不同环节，按新材料标准成本、作业工时标准等加以估算测定的方法。

与物流总目标成本一样，物流单项目标成本的测算也需不断修正。

目标成本测算是进行目标成本控制的基础，物流目标成本测算的准确与否，关系着物流目标成本控制的好坏。

（二）物流责任目标成本管理的步骤

物流责任目标成本管理的步骤如下。

（1）设置物流总目标成本。最高管理层结合企业发展战略和企业的实际情况，制定计划期要实现的物流服务利润，确定物流成本总目标。这个总目标要分解到各级责任中心，直到最基层。

（2）明确物流责任中心的成本责任。对每个目标和子目标，根据物流组织结构要求，建立责任中心，明确其应完成的任务和应承担的责任与应享有的权利。

（3）设置下级物流目标成本。根据物流资金、人力资源等情况，上下级协商、合作，拟定考核下级的目标成本。在这个过程中，可能需要修订总目标成本。

（4）研究物流目标成本可行性。物流目标成本的制定不可能一次就成功，需要对初步设置的物流目标成本进行分析、判断，对不可行目标成本还要从最高层开始重新制定，直到可行为止。在不断循环的过程中，完善物流目标成本。

（5）分解物流目标成本。对物流目标成本的分解，需从三方面进行：第一，将物流目标成本分解为材料费用目标、人工费用目标等；第二，将物流目标成本分解到各级具体责任中心或责任人；第三，将物流目标成本分解为年度目标成本、季度目标成本、月度目标成本等。

物流责任目标成本的分解也需要循环，不断修订。物流目标成本控制是责任成本控制与目标管理的有机结合，能及时反映实际物流成本与物流目标成本的偏差，以便采取有效措施加以纠正。

第二节　物流成本预算的编制内容与基本方法

物流责任成本指以物流责任中心为对象所归集的该责任中心责任范围内各项可控物流成本之和。物流责任成本应在明确物流责任中心的基础上，按企业实际情况根据管理需要分层次计算。

一、编制物流成本预算的作用

物流成本预算作为物流系统成本计划的数量反映，是控制物流活动的重要依据和考核物流部门的绩效标准。它有如下作用。

（一）预测未来成本

物流成本计划是以物流成本预算为基础的，而物流成本预算是根据对未来某期间的物流成本的预测而编制的。在确定物流成本预算之前，需要根据历史数据，并通过各种调查或运用适当的统计和数学方法，预测物流活动各个环节所发生的各项成本。做好物流成本预算可以在掌握物流成本现状、预计物流成本未来上有充分的主动性，从而有利于物流计划的制订、物流成本的绩效考核和物流成本的降低。

（二）建立成本目标

物流成本预算是物流成本计划的定量反映，有助于明确建立和显示物流系统所要实现的近期成本目标。通过总的物流成本预算，以及按照一定的对象进行分解后的物流成本预算，各级物流运营主体可明确自身的成本管理和控制目标，从而能够在此基础上不断控制成本，齐心协力地完成物流系统的总体成本目标。

（三）绩效评估与成本控制

经确定的各项成本预算数据，可以作为评估物流工作完成任务情况的一种尺度。对各物流部门及其主管的成本控制绩效，一般以成本预算为标准进行衡量、评估。若发现成本差异，就要采取适当措施进行控制，使之尽量符合预算。

总之，物流成本预算有助于及时和准确地预测未来的物流成本，从而使物流成本管理工作有明确的方向；物流成本预算有助于明确各种物流成本控制目标，使每个物流部门、物流运营者为各自的成本控制目标而努力，有利于发挥各部门和个人的积极性、主动性和创造性；物流成本预算能为评估物流成本控制绩效提供标准，只有通过评估和比较才能发现差异，修正方案，进而使物流部门和物流运营者能够按科学的计划去开展物流业务，降低物流成本。

二、物流成本预算编制的内容

物流成本预算应根据物流系统成本控制与绩效考核的需要，分解到各个部门、各个物流功能、各物流成本项目等，并在日常的成本核算过程中分别实施对这些形式的物流成本的核算，以便比较物流成本预算与实际物流成本发生额之间的差异，达到预算管理的目的。因此，物流成本预算的编制内容与物流成本的核算内容基本类似。

如前所述，物流成本可按各种不同的划分标准进行分类核算。与此相适应，物流成本预算也可以按照各种不同的标准进行编制。例如，按照某种物流功能（如包装、运输、储存等）编制，按照每个物流部门（如仓库、运输队、装配车间等部门）编制，按照每个服务客户编制，按照每个产品编制，按照物流流程（如供应、生产、销售、退货等）编制，按照每个物流成本项目（如材料费、人工费、燃料费、办公费、维护费、利息、折旧费等）编制，按照某一物流设备和工具编制，等等。在每一种形式的物流成本预算中，还可以按照更细的项目对预算进行进一步细化。图 6-2 反映了物流成本预算的细化编制内容。

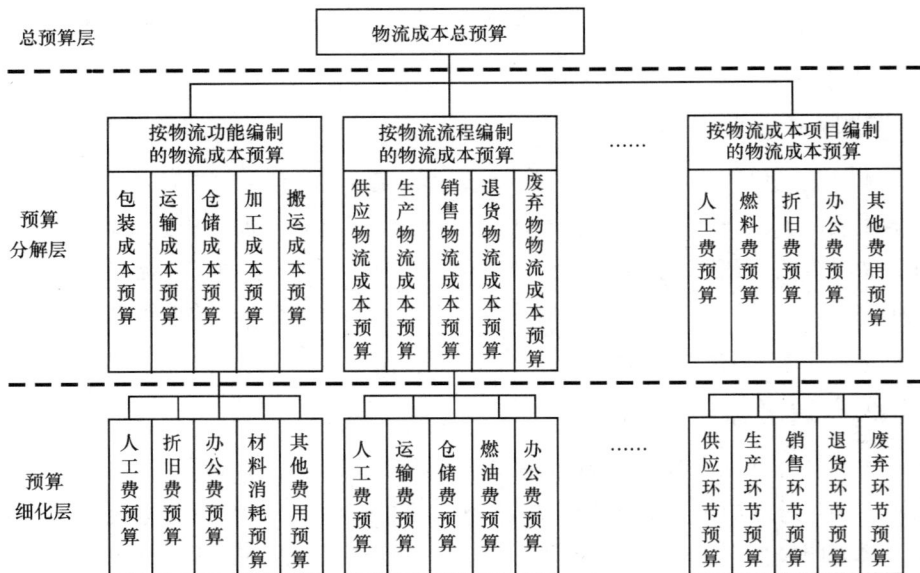

图 6-2　物流成本预算的细化编制内容

三、物流成本预算的编制方法

一般来说，物流成本预算的编制对象取决于物流系统绩效考核形式以及物流成本的核算形式。这里介绍几种物流成本预算的编制方法。

（一）按物流流程编制物流成本预算

按物流流程编制物流成本预算是指按照物流系统的流程进行物流成本预算的编制。这样编制出的预算可以规划出计划期内各物流领域的物流成本支出数目，从而作为各领域的物流运营者降低物流成本的目标。以制造企业物流系统为例，这样编制出的预算可以包括供应物流成本预算、生产物流成本预算、销售物流成本预算、退货物流成本预算和废弃物物流成本预算等内容。

例如，可以以上年的物流成本统计数据为基础，考虑到物流作业量的变化以及成本的控制节约目标，制定新一年各物流流程的物流成本，如表6-1所示。

表6-1 按物流流程编制的物流成本预算 单位：万元

成本项目	上年实际数	预计增减比例（%）	本年预算金额
供应物流成本	100	10	110
生产物流成本	150		150
销售物流成本	200	−5	190
退货物流成本	10	−40	6
废弃物物流成本	20	−10	18
总计	480		474

在上述物流成本预算中，应注意几个问题。首先是预计增减比例的确定。该增减比例要考虑到物流业务量的变化，一般来讲，当业务量预计增加时，物流成本预算也会有所增加；同时又要考虑物流成本控制和降低的因素。因此，预计增减比例的确定是一个关键因素。其次是对于每一项物流成本预算，应采用一定的技术方法对其进行细化。例如，将供应物流成本预算细化为材料费、人工费、折旧费、办公费等。另外，不同流程的物流成本预算除可按年度编制以外，也可按季、月分别编制，然后汇总编制年度预算。如果企业物流业务量较大，且不同月份的物流业务量增减变化较为明显，最好先按季分月编制预算。

（二）按物流的功能编制物流成本预算

按物流的功能编制物流成本预算是指按不同的物流功能编制费用预算。这样编制出的预算包括包装成本预算、运输成本预算、仓储成本预算等。这种形式的物流成本预算能够将预算同物流部门及其工作人员有机地结合起来，将不同功能的物流成本指标落实到具体的物流部门，从而有利于明确责任，提高物流部门及其工作人员降低物流成本的积极性。这时，只要将预算与实际比较，就能知道各物流部门执行预算的情况，明确责任，从而有利于物流成本的降低。

1. 包装成本预算的编制

包装成本是指商品包装过程中所发生的费用，它可分为直接包装费和间接包装费。直接包装费是指与商品包装业务量大小直接有关的各种费用，包括直接材料费、直接人工费和直接经费。间接包装费是指与各种商品包装有关的共同费用，它是由间接材料费、间接人工费和间接经费组成的。由于直接包装费随包装件数的增减而成比例增减，因此，直接包装费一般属于变动费用。间接包装费则属于固定费用，但也有一部分间接包装费是半变动费用，如电费、煤气费、水费等。在编制某类商品的包装成本预算时，直接包装费可按商品的包装件数乘以该商品每件的直接包装费计算确定。对间接包装费的确定，可用企业间接包装费总额按一定的分摊标准计算出一个分配率，然后用该分配率分别乘各种商品的分配标准数（如包装的件数，包装商品的产值、销售收入等）。

2. 运输成本预算的编制

运输成本包括营业运输费和自家运输费两个部分。营业运输费是指利用营业性运输工具进行运输所支付的费用，自家运输费则是用自备运输工具进行运输所发生的费用。这两种费用的支付对象、支付形式及项目构成有较大的差别，因而，必须区别对待，分别编制预算。

首先看营业运输费预算的编制。在进行营业运输时，运输费是直接以劳务费的形式支付给承运单位（运输企业）的。营业运输费实质上是一种变动费用，这种运输费预算的编制是很简单的。如果企业采用公路运输，运输费可按公路标准运费率乘以运输吨·公里数计算确定；如果采用铁路运输，运输费可按铁路标准运费率乘以运输吨·公里数计算确定；水路、航空运输，以此类推。

自家运输费的情况比较复杂，有随运输业务量增减而成比例增减的变动运输费，如燃料费、维修费、轮胎费等；也有不随运输业务量成比例变化的固定运输费，如运输工具的折旧费、保险费、养路费等。因此，为了有效地实施预算控制，需要在编制运输费预算之前，区分变动运输费和固定运输费。

3. 仓储成本预算的编制

仓储成本预算也是物流成本预算的重要组成部分。根据所使用的仓库是否归本企业所有，可将仓储形式分为自家仓储和营业仓储。由于自家仓储与营业仓储所支付的费用形式与内容有很大的差别，不可等同对待，所以在编制仓储成本预算时，要分别编制营业仓储成本预算和自家仓储成本预算。

如果使用营业性仓储设备储存商品，只需向仓储企业支付一笔保管费，对委托仓储的单位来说，所支付的仓储费就是保管费。保管费的多少，往往因储存商品的价值大小、保管条件的好坏以及仓库网点所处的地理位置而有所不同。

自家仓储成本预算的编制较营业仓储成本预算的编制复杂，这是因为自家仓储成本所包括的内容比营业仓储成本多，计算起来比较麻烦。为编制自家仓储成本预算，首先要区分变动仓储成本和固定仓储成本。一般来说，属于变动仓储成本的有转库搬运费、检验费、挑选整理费、临时工人工资及福利费、库存物资损耗等，属于固定仓储成本的有仓储设备折旧费、维修费、管理人员的工资及福利费、保险费、其他费用（如水费、电费、煤气费）等。

自家仓储成本预算可按月、季和年度编制。不论是月度、季度，还是年度预算，费用的计算方法基本相同，可根据上年统计数据在预算期的变化因素进行计算，然后编成预算表。

（三）按物流成本项目编制物流成本预算

物流成本项目包括物流人员工资、燃料费、租金、折旧费、材料费、修缮费以及各种杂费等。以这种形式编制的物流成本预算，与现行的财务会计核算系统接轨，有利于评价分析一定时期内物流系统的成本状况；但是这种编制方式不利于物流系统的管理。

第三节　弹性预算在物流成本管理中的 应用及案例分析

一、弹性预算概述

编制预算的传统方法是固定预算法，即根据固定业务量水平（如产量、运输量、销售量等）编制预算。这种预算编制方法的主要缺陷是：当实际发生的业务量与预期的业务量有较大偏差时，各项变动成本的实际发生数与预算数之间就失去了比较的基础。在市场形势多变的情况下，这种偏差出现的可能性极高，因而将导致固定预算失去应有的作用。

为了弥补按传统方法编制预算所造成的缺陷，保证实际数同预算数的可比性，就必须根据实际业务量的变动对原预算数进行调整，于是就产生了弹性预算。

（一）弹性预算的概念

弹性预算也称为变动预算或滑动预算，它是相对于固定预算而言的一种预算。

所谓弹性预算，是指在编制成本预算时，预先估计计划期内业务量可能发生的变动，编制出一套能适应多种业务量的成本预算，以便分别反映各业务量所对应成本水平的一种预算。由于这种预算随着业务量的变化而变化，本身具有弹性，因此称为弹性预算。

（二）弹性预算的基本原理

弹性预算的基本原理是：把成本按成本性态分为变动成本与固定成本两大部分，由于固定成本在其相关范围内，总额一般不随业务量的增减而变动，因此在按照实际业务量对预算进行调整时，只需调整变动成本。变动成本的计算公式如下。

$$Y=a+bX$$

式中：Y—变动成本总额（元）；a—固定成本总额（元）；b—单位变动成本（元/单位业务量）；X—计划业务量（单位业务量）。

（三）弹性预算的特点

弹性预算具有下述特点。

（1）弹性预算可根据各种不同的业务量水平进行编制，也可随时按实际业务量进行调整，具有伸缩性。

（2）弹性预算的编制是以成本可划分为变动成本与固定成本为前提的。

弹性预算由于可根据不同业务量进行事先编制或根据实际业务量进行事后调整，因此具有适用范围广的优点，提高了预算对生产经营变动情况的适应性。只要各项消耗标准价格等编制

预算的依据不变，弹性预算就可以连续地使用，而不用每期都重新编制成本预算。由于弹性预算的编制是以成本可划分为变动成本与固定成本为前提的，所以可以分清成本增加的正常与非正常因素，有利于成本分析与控制。

二、物流成本弹性预算的编制及案例

（一）物流成本弹性预算的编制步骤

弹性预算在成本控制中可用于编制各种成本预算。对于某项物流成本的弹性预算的编制，首先要选择合适的业务量计量单位，确定一定的业务量范围，然后根据各项物流成本项目与业务量之间的数量关系，区分出变动成本与固定成本，并在此基础上分析确定各项目的预算总额或单位预算，并用一定的形式表达出来。其编制步骤如下。

1. 选取业务量计量单位

选取业务量计量单位，应以代表性强、直观性强为原则。例如，对于运输成本预算，可以选择吨•公里作为计量单位；对于仓储成本预算，可以选择货物周转量（如托盘数、吨等）作为计量单位；对于供应物流成本预算，可以以材料采购量（如吨）作为计量单位；对于销售物流成本预算，可以以产品销售量或销售收入作为计量标准；等等。

2. 确定业务量范围

确定业务量范围应满足业务量实际可能变动的需要。一般来说，可以将业务量范围确定在正常业务量的 60%～120%；也可以把历史上的最低业务量和最高业务量分别作为业务量范围的下限和上限；还可以将对预算期的业务量做出的悲观预测和乐观预测，分别作为业务量范围的下限和上限。

3. 选择弹性预算的表达方式

物流成本的弹性预算通常可以用公式法和列表法来表示。

公式法是以公式 $Y=a+bX$ 来表示物流成本弹性预算的方法，而列表法是常见的弹性预算表示方式。表 6-2 就是一个运用列表法表示运输成本弹性预算的例子。

表 6-2　运输成本弹性预算　　　　　　　　　　　　　　　金额单位：元

项目	预算值				
业务量（万吨•公里）	60	80	100	110	120
单位变动成本（元/百吨•公里）	10	10	10	10	10
变动成本总额	60 000	80 000	100 000	110 000	120 000
固定成本总额	60 000	60 000	60 000	60 000	60 000
运输成本总预算	120 000	140 000	160 000	170 000	180 000

需要指出的是，弹性预算只是编制物流成本预算的一种方法，在具体编制时，仍然要按照前面所述的各种物流成本预算的对象来编制弹性预算，然后再进行汇总、日常成本核算，并在期末根据实际业务量对成本预算数与实际发生数进行比较考核。

（二）物流成本弹性预算的编制案例

（1）某电子商务运输企业正在编制 2025 年的运输成本预算，企业自营运输业务由运输车队负责，年终进行考核。经过多年的分析以及根据 2024 年各项运输成本的数据，确定各项变动运输费的变动成本率分别是：燃料费为 0.8 元/吨·公里，维修费为 0.5 元/吨·公里，轮胎费为 0.6 元/吨·公里，其他费用为 0.45 元/吨·公里。另外，根据 2024 年实际情况，并考虑预算期的变化因素，确定预算期各项固定运输费的数额如下：运输设备折旧费为 5.5 万元，养路费为 2.2 万元，交通管理费为 3.2 万元，其他固定成本为 1.1 万元。经业务部门预测，企业 2025 年可能完成的商品运输任务为 250 万吨·公里。

根据上述资料，财务部门编制了企业 2025 年自营运输成本的预算，如表 6-3 所示。

表 6-3　2025 年企业自营运输成本预算

项目		变动成本率（元/吨·公里）	计划运输量（万吨·公里）	费用预算（万元）
变动运输费	燃料费	0.8	250	200.00
	维修费	0.5	250	125.00
	轮胎费	0.6	250	150.00
	其他费用	0.45	250	112.50
	小计	2.35		587.50
固定运输费	运输设备折旧费			5.50
	养路费			2.20
	交通管理费			3.20
	其他固定成本			1.10
	小计			12.00
合计				599.50

于是，确定运输车队 2025 年的运输成本预算总额为 599.5 万元，并以此金额对运输车队进行考核。预算编制完成后，交到企业总经理手中。总经理认为，2025 年的业务量预测为 250 万吨·公里存在很高的不确定性，如果运输车队的实际完成业务量高于或者低于该业务量，则无法确定是否还可以按照 599.5 万元的预算额对运输车队进行考核。另外，有财务背景的总经理认为，财务人员在编制预算时，有相当多的基础资料，而财务人员却没有有效地利用起来，于是让财务人员重新编制运输成本预算。表 6-4 是财务人员重新编制的企业自营运输成本弹性预算。

表 6-4　企业自营运输成本弹性预算（2025 年）

项目		变动成本率（元/吨·公里）	费用（万元）				
			210 万吨·公里	230 万吨·公里	250 万吨·公里	270 万吨·公里	290 万吨·公里
变动运输费	燃料费	0.8	168.00	184.00	200.00	216.00	232.00
	维修费	0.5	105.00	115.00	125.00	135.00	145.00
	轮胎费	0.6	126.00	138.00	150.00	162.00	174.00
	其他费用	0.45	94.50	103.50	112.50	121.50	130.50
	小计	2.35	493.50	540.50	587.50	634.50	681.50
固定运输费	运输设备折旧费		5.50	5.50	5.50	5.50	5.50
	养路费		2.20	2.20	2.20	2.20	2.20
	交通管理费		3.20	3.20	3.20	3.20	3.20
	其他固定成本		1.10	1.10	1.10	1.10	1.10
	小计		12.00	12.00	12.00	12.00	12.00
合计			505.50	552.50	599.50	646.50	693.50

实际上，该企业 2025 年自营运输成本的预算也可以用如下公式表示。

$$y=（5.5+2.2+3.2+1.1）+（0.8+0.5+0.6+0.45）x=12+2.35x$$

其中，x 为业务量，y 为运输成本。

（2）A 电子商务公司编制 2025 年的运输成本预算。根据对多年数据的分析和 2024 年公司各项运输成本的数据，确定运输各项变动成本和固定成本指标如表 6-5 所示。如果公司在 2025 年可能实现的运输任务为 500 万吨·公里，以 400 万吨、450 万吨、500 万吨、550 万吨、600 万吨的运输任务，编制该公司运输成本弹性预算，如表 6-6 所示。

表 6-5　A 公司运输各项变动成本和固定成本指标

成本项目	指标
变动成本：	
燃料费	按单位运输周转量（吨·公里）计算，1 元
维修费	按单位运输周转量（吨·公里）计算，0.4 元
轮胎费	按单位运输周转量（吨·公里）计算，0.5 元
其他	按单位运输周转量（吨·公里）计算，0.45 元
固定成本：	
工资及津贴	20 万元
折旧费	5 万元
养路费	4 万元
管理费	3 万元
其他	1 万元

表 6-6　A 公司运输成本弹性预算

项目		变动成本率（元/吨·公里）	费用（万元）				
			400 万吨·公里	450 万吨·公里	500 万吨·公里	550 万吨·公里	600 万吨·公里
变动运输费	燃料费	1	400	450	500	550	600
	维修费	0.4	160	180	200	220	240
	轮胎费	0.5	200	225	250	275	300
	其他	0.45	180	202.5	225	247.5	270
	小计	2.35	940	1 057.5	1 175	1 292.5	1 410
固定运输费	工资及津贴		20	20	20	20	20
	折旧费		5	5	5	5	5
	养路费		4	4	4	4	4
	管理费		3	3	3	3	3
	其他		1	1	1	1	1
	小计		33	33	33	33	33
合计			973	1 090.5	1 208	1 325.5	1 443

按表 6-6 中的数据，用公式法求出 A 公司 2025 年运输成本预算公式，并求出当运输任务为 600 万吨·公里的预算成本。假定运输任务与运输成本之间的关系为线性关系，则成本预算可用 $Y=a+bX$ 表示。

式中：a 为固定成本；b 为单位变动成本；X 为运输任务；Y 为预算成本。

按照上述数据可知：

$$a = 33 \text{ 万元}$$

$$b = 2.35 \text{ 元/吨·公里}$$

则公式可具体化为 $Y = 33 + 2.35X$，该公式即 A 公司运输成本预算公式。

当运输任务为 600 万吨·公里时，其预算成本为

$$Y = 33 + 2.35 \times 600 = 1\,443 \text{（万元）}$$

（3）某物流公司在正常情况下，全年业务量预计为 5 万件。要求：以 3.5 万件、4 万件、4.5 万件、5 万件、5.5 万件、6 万件的业务量，按表 6-7 中各项费用标准编制该公司各项费用弹性预算，见表 6-8。

表 6-7　各项费用标准

费用项目	标准
佣金	2 元/件
包装费补贴	1 元/件
装卸费	基本工资 2 100 元，另付补贴费 1.5 元/件
管理人员工资	基本工资 30 000 元，另付补贴费 0.1 元/件
保险费	2 000 元
广告费	30 000 元
办公费	40 000 元

表 6-8　各项费用弹性预算

费用项目	单位变动费用（元/件）	费用（元）					
		3.5 万件	4 万件	4.5 万件	5 万件	5.5 万件	6 万件
变动费用							
佣金	2	70 000	80 000	90 000	100 000	110 000	120 000
包装费补贴	1	35 000	40 000	45 000	50 000	55 000	60 000
装卸费补贴	1.5	52 500	60 000	67 500	75 000	82 500	90 000
管理人员工资补贴	0.1	3 500	4 000	4 500	5 000	5 500	6 000
变动费用小计		161 000	184 000	207 000	230 000	253 000	276 000
固定费用							
装卸费		2 100	2 100	2 100	2 100	2 100	2 100
管理人员工资		30 000	30 000	30 000	30 000	30 000	30 000
保险费		2 000	2 000	2 000	2 000	2 000	2 000
广告费		30 000	30 000	30 000	30 000	30 000	30 000
办公费		40 000	40 000	40 000	40 000	40 000	40 000
固定费用小计		104 100	104 100	104 100	104 100	104 100	104 100
合计		265 100	288 100	311 100	334 100	357 100	380 100

按表 6-7 中的数据，由于费用分为固定费用和变动费用两大类，所以，总费用预算可采用下式计算。

$$y = a + bx$$

式中：y 为预算总费用；a 为固定费用总额；b 为单位变动费用；x 为业务量。

表 6-7 中的数据可整理成表 6-9 中的数据。

表 6-9　按公式法编制的弹性预算结果

费用项目	固定费用 a（元）	单位变动费用 b（元）
佣金		2
包装费补贴		1
装卸费	2 100	1.5
管理人员工资	30 000	0.1
保险费	2 000	
广告费	30 000	
办公费	40 000	
合计	104 100	4.6

将表 6-9 中的 $a = 104\ 100$、$b = 4.6$ 代入 $y = a + bx$ 得

$$y = 104\ 100 + 4.6x$$

当业务量 x 在相关范围内，均可用 $y = 104\ 100 + 4.6x$ 求出各预算值。如当 $x = 55\ 000$ 件时，$y = 104\ 100 + 4.6 \times 55\ 000 = 357\ 100$（元）。

本章习题

一、填空题

1. 企业物流责任中心通常可分为三大类：_____、_____、_____。

2. 物流责任目标成本的测算包括两个方面，即_____、_____。

3. 物流成本计划是以_____为基础的。

4. 物流成本预算是_____的定量反映，明确建立和显示物流系统所要实现的近期成本目标。

5. 弹性预算也称为变动预算或滑动预算，它是相对于_____而言的一种预算。

二、单项选择题

1. 物流责任中心可以划分为（　　）。

A．成本中心　　　　B．利润中心　　　　C．投资中心　　　　D．以上所有选项

2. 物流目标成本等于（　　）的差。

A．收入与利润　　　　　　　　　B．收入与成本

C．利润与所有者权益　　　　　　D．收入与资本公积

3. 物流成本预算的编制方法有（　　）。

A．按物流过程编制物流成本预算　　B．按物流的职能编制物流成本预算

C．按成本项目编制物流成本预算　　D．以上所有选项

4. 弹性预算也称为（　　）。

A．变动预算　　　　B．固定预算　　　　C．零基预算　　　　D．全面预算

5．测算各项服务或作业的目标成本时，可按（　　　）进行。

A．倒扣法　　　　　　B．比价测算法　　　　C．A 和 B　　　　　　D．以上都不是

三、多项选择题

1．下列与物流成本中心相关的正确论述是（　　　）。

A．运输队各车组的折旧费是车组的直接成本和固定成本（在直线法折旧下），但不是可控制成本，因为该车组及其上属运输队无权决定购入或出售车辆，无法控制车辆折旧的发生

B．仓库保管人员的工资是直接的、可控制的，但不是变动的

C．物流公司通过转让给运输队、装卸队、包装队和仓储部门的房屋、设备、存货的价值和各自所提供的利润，考核其投资回报率

D．材料仓库若将材料仓储费按比例分配给其他责任中心，那么对被分摊责任中心来说仓储费是一种不可控制成本，因为其无法控制仓储费。如果按各责任中心领用材料多少、按价值多少收取仓储费，那么对各责任中心来说仓储费则是可控制成本，因为多领材料、领用高档材料要多负担仓储费

2．物流利润中心可分为（　　　）。

A．实际物流利润中心　　　　　　　　　B．内部人为物流利润中心

C．物流投资中心　　　　　　　　　　　D．物流成本中心

3．物流内部结算价格是（　　　）等人为利润中心之间相互提供物流业务的结算价格。

A．运输　　　　　　B．装卸　　　　　　C．包装　　　　　　D．仓储

4．物流总目标成本测算方法包括（　　　）。

A．目标利润率法　　　　　　　　　　　B．上年利润基数法

C．倒扣法　　　　　　　　　　　　　　D．比价测算法

5．按物流的职能编制物流成本预算包括（　　　）。

A．包装成本预算的编制　　　　　　　　B．运输成本预算的编制

C．仓储成本预算的编制　　　　　　　　D．销售成本预算的编制

四、名词解释

1．物流利润中心。

2．弹性预算。

3．物流责任中心。

五、简答题

1．物流责任中心有哪些种类？如何对其绩效进行考核？

2．物流成本预算有什么意义？物流成本预算有哪些内容？

3．如何实施物流目标成本管理？如何确定目标成本？

4．弹性预算的编制原理是什么？

5．弹性预算的表示方式有哪些？

6．基于作业的弹性预算编制基本思路是什么？

六、案例分析

请以企业业务相关作业为例说明该电子商务公司作业物流成本弹性预算的编制方法。

AB 公司是一家以提供货物运输服务为主的物流企业。在使用作业成本法进行成本控制前，该公司的成本核算是以运输服务作为核算对象按分步法和分批法进行的，它基本上是以数量为基础的成本核算方法。这种成本核算法适用于服务品种少、批量大、直接人工费用高、管理费用低的运输企业。近年来，公司引入了现代信息系统，通过效率化的配送、一贯制的运输等物流方法来应对越来越激烈的行业竞争。由于现代化信息技术的使用，公司直接人工费用逐步下降，批量减少、批次增加，在运输服务中同时面对多家供应商与零售商，这一切造成公司管理及其他费用大幅上升，也使得公司的成本构成发生了根本的改变。公司成本构成的改变，使传统的成本计算方法在营运间接费用分配方面不适用，不再满足公司成本核算和控制的需要，但是成本构成的改变却为作业成本法提供了应用的条件。

公司的成本核算对象为运输服务的路线、地区及客户。在作业成本法的实施中，需要确定作业中心及其成本动因。

公司的主要生产活动是运输，运输属于批水平作业，如对每批产品的订单处理、规划、车辆准备、维修检验及运输等。公司总成本中还有为维持公司生产而从事的作业成本，如公司的管理费、暖气费、照明费及库房折旧等。这类作业的成本，应视为全部运营活动的共同成本。根据公司业务活动情况划分公司的作业中心及其成本动因，如表 6-10 所示，表中还列出了某月各个作业中心发生的作业成本及成本动因分配率。

表 6-10　公司作业中心及成本动因

作业分类	作业中心	成本动因	作业成本发生额（元）	成本动因分配率
业务相关作业	货物检验	订单数	60 000	500 元/单
	货物入库	入库货物数量	7 500	600 元/吨
	货物搬运	搬运货物数量	7 500	600 元/吨
	货物分类	分类货物数量	5 000	350 元/吨
	运输	运输里程	120 000	0.2 元/吨·公里
后勤保证相关作业	维修中心	人工工时	10 000	20 元/时
	订单处理	订单数	6 000	30 元/单
	调度中心	货物运输量	4 000	10 元/吨
	行政管理	订单数	20 000	40 元/单

第七章 企业物流成本绩效评价

【学习目标】

- 理解物流绩效评价的基本步骤；
- 了解货主企业物流成本比率分析评价与存货管理绩效评价；
- 掌握物流企业的财务绩效评价。

【引导案例】

企业降库存提升物流绩效

库存是货主企业物流环节的重要组成部分。近年来，典型的高科技公司的库存绩效成倍增长，年存货周转次数从 2.5 次增加到了 5 次，现今某些公司如苹果和戴尔的库存的运作时间甚至为 6~8 天（相应的周转次数分别为 61 次和 46 次）。这意味着公司运营其业务所需的库存较之前减少了 50%。是什么驱使这些公司纷纷在降低库存、提高库存周转率方面不断寻求更优？

统计数据显示，发达国家全年社会物流成本约占 GDP 的 10%，而我国社会物流成本约占 GDP 的 20%。库存成本在物流成本中占相当高的比例。

削减库存带来的经济效益十分明显：美国制造业过去十年平均库存成本占存货价值的 30%~35%。例如，如果一个公司的存货价值是 2 000 万美元，则每年其库存成本将在 600 万美元以上。这些成本由过时、保险、机会成本等原因引起。如果库存价值可减少到 1 000 万美元，直接在账面上反映该公司至少可以节约 300 万美元。也就是说减少库存而节约的成本可看作利润的增加。同时高科技企业因为产品过时特别快和物流运作条件要求高，其存货持有成本明显高于一般企业。具体如何实现降低库存，不同类型的企业有着不同的政策，而各家企业为了获得竞争优势也纷纷采用独一无二的方式。

上海通用利用"牛奶取货"方式降低库存成本。上海通用是典型的制造企业，各种零部件总量有 5 400 多种，在国内外拥有 180 家供应商。上海通用的本地供应商会根据生产的要求在指定的时间直接送货到生产线上去生产，这使得上海通用保持了很低或接近于"零"的库存，大量减少了资金占用。对于有些用量很少的零部件，为了不浪费运输车辆的运能，充分节约运输成本，上海通用使用了"牛奶圈"的小技巧：每天早晨由上海通用聘请的第三方物流服务商的汽车从厂家出发到第一个供应商那里装上准备的原材料，然后到第二家、第三家，依此类推直到装上所有的材料，然后再返回。这样做的好处是避免了所有供应商空车返回，也避免了供应商为了整车运输才送货所造成的高库存。通过循环取货，上海通用的零部件运输成本下降了30%以上。

启发思考

对于货主企业与商品流通企业，为什么减少库存成本有利于物流绩效的提升？

第一节　物流绩效评价的基本步骤

物流活动进行了一段时间后，需要对成本效益情况进行评估，以便发现问题，及时反馈。物流绩效评价的实施步骤如下。

一、确定评估组织机构

评估组织机构直接组织实施评估活动，负责成立评估工作组。如果需要，评估组织机构还可选聘有关专家作为评估工作的咨询顾问。参加评估工作的成员应具备以下基本条件。

（1）具有较丰富的物流管理、财务会计、资产管理等专业知识。

（2）熟悉物流成本绩效评价业务，有较强的综合分析判断能力。

（3）评估工作主持人应有较长时间的经济管理工作经历，并能坚持原则，秉公办事。

二、制定评估工作方案

由评估工作组制定评估工作方案，确定以下内容。

（1）评估对象。不同的企业可能具有不同的物流活动，因此必须首先确定企业的具体物流环节，明确评估对象。当对物流企业进行成本绩效评价时，评估对象就是整个物流企业。

（2）评估目标。物流财务绩效评估目标是整个评估工作的指南和目的。不同的评估目标决定了不同的评估指标、评估标准和评估方法，其报告形式也不相同。

（3）评估指标。评估指标是评估对象对应于评估目标的具体考核内容，是评估方案的重点和关键。评估指标分为物流作业评估指标、物流企业评估指标等。

（4）评估标准。评估标准取决于评估目标，常用的评估标准是年度预算标准、竞争对手标准等。

（5）评估方法。有了评估指标和评估标准，还需利用一定的方法对评估指标和标准进行实际运用，以取得公正合理的评估结果。在物流财务绩效评价中常采用定量方法。

（6）报告形式。根据评估目标，确定最终需要形成的绩效报告形式，如趋势报告等。

三、收集和整理基础资料和数据

根据评估工作方案的要求及评分需要，收集、核实和整理基础资料和数据，包括各项具体物流作业的基础数据、其他企业的评估方法及评估标准、企业以前年度的物流成本绩效评价的报告资料等。

四、评估计分

评估计分是绩效评价过程的关键步骤。根据评估工作方案确定的评估方法，利用收集整理的资料数据计算评估指标的实际值。

五、编制报告

按评估工作方案确定的报告形式，填写相应的评估指标值，并对评估指标数据进行分析，结合相关资料，得出评估结论。

六、评估工作总结

将评估工作背景、时间地点、基本情况、工作中的问题及措施、工作建议等形成书面材料，建立评估工作档案。

第二节　货主企业物流成本比率分析评价

物流成本的结构分析、增减变动分析和趋势分析侧重于在企业物流成本表内部的成本项目间进行比较分析；而比率分析则是将物流成本表中的项目与利润表中的项目及有关非财务项目数据进行对比分析，计算出相关比率，建立两者之间的比对关系，并通过这种比对关系，从另一个层面来评价企业物流成本水平。

一、物流成本比率分析的基本思路

物流成本比率分析一般遵循下列思路。

首先，计算物流成本与其他相关项目的比率。与物流成本密切相关的项目主要来自利润表，少数来自其他统计资料，其中既有财务数据，也有非财务数据。大体来说，主要有三类比率指标：一是物流成本与产品数量指标的比率；二是物流成本与成本费用类指标的比率；三是物流成本与收入类指标的比率。

其次，根据计算结果进行评价。在对每一个成本比率指标进行分析时，都应明确指标的适用范围、使用的前提条件、指标的缺陷等，并采用比较分析的方法，与企业前期、计划水平比较，与行业平均水平比较，进而评价企业的物流成本水平。

二、货主企业物流成本比率

（一）物流成本与产品数量指标的比率

该指标可以用单位产品的物流成本表示。该指标的计算公式如下。

$$单位产品的物流成本 = \frac{物流成本}{产品数量}$$

这里的物流成本是指物流总成本。产品数量对制造企业来说，可以是完工产品数量或者销售产品的数量；对商品流通企业来说，可以是采购入库的商品数量也可以是销售的商品数量。该指标不受产品价格变化和交易条件变化的影响，因此，广泛应用于企业内部管理。通过历史数据的比较，可以比较准确地了解物流成本的实际变动情况和趋势。

需要指出的是，如果企业生产或销售的产品只有一种（如单品种大批量生产和销售企业），那么该指标的计算和应用就较为简单。但在实践中，很多企业生产和销售的产品往往不止一种，这就需要在物流成本的核算中按照不同的产品设置物流成本核算对象，从而得到每种产品的物流成本。

（二）物流成本与成本费用类指标的比率

1. 单位成本物流成本率

该指标的计算公式如下。

$$单位成本物流成本率 = \frac{物流成本}{总成本} \times 100\%$$

这里的总成本一般包括营业成本、销售费用、管理费用和财务费用。单位成本物流成本率一般作为企业内部的物流合理化目标或用于检查企业是否达到合理化目标。这个比率受原材料价格变动和工厂设备折旧的影响较大。

2. 单位期间费用物流成本率

该指标的计算公式如下。

$$单位期间费用物流成本率 = \frac{物流成本}{销售费用+管理费用} \times 100\%$$

对商品流通企业来说，物流成本一般都集中在销售费用和管理费用之中。而对制造企业而言，企业的供应物流成本与销售物流成本也大都包含在销售费用与管理费用之中。因此，通过物流成本占销售费用和管理费用的比率，可以判断企业物流成本所占的比例，而且这个比率不受制造成本变动的影响，得出的数值比较稳定，适合作为企业物流成本合理化指标。

（三）物流成本与收入类指标的比率

该指标为单位销售额物流成本率。其计算公式如下。

$$单位销售额物流成本率 = \frac{物流成本}{销售额} \times 100\%$$

这个比率越高，则其对价格的弹性越小。从企业历年的数据中，大体可以了解其动向。另外，通过与同行业和行业外进行比较，可以进一步了解企业的物流成本水平。该比率受价格变动和交易条件变化的影响较大，因此作为考核指标还存在一定的缺陷。

第三节　货主企业的存货管理绩效评价

存货管理水平是衡量制造企业和商品流通企业物流管理水平的重要标志。因此，除了对物流成本进行分析评价之外，对货主企业物流部门的绩效评价还可以通过对企业资金占用额的分析以及物流成本的节约额等指标来进行。

一、货主企业存货资金定额的核定

存货是货主企业在生产经营过程中为销售或者耗用而储备的物资，包括制造企业的原材料、在制品、产成品以及商品流通企业的商品等。在货主企业中，存货占流动资金的比例一般都比较大，因此，存货资金管理对货主企业的物流管理至关重要。

保持一定量的存货是企业开展正常生产经营活动的前提，而同时存货的保持需要一定的成本支出，如果存货储备量过大，就会发生额外的支出。因此，进行存货管理的主要目的就是在满足正常生产经营活动的前提下，尽可能使存货最少，存货周转率最高。

因此，货主企业在物流管理过程中，需要制定合理的存货资金定额，并严格执行。在日常运营过程中，企业应随时对存货资金的占用情况进行评估；会计期末，也要求对实际的存货占用资金与预先确定的存货资金定额情况进行考核分析，如果实际占用资金额超出定额，应进一步分析其原因，并追究相应责任部门的责任。

核定存货资金定额的方法通常有周转期计算法、因素分析法和比例分析法等。

（一）周转期计算法

周转期计算法又称为定额日数计算法，是根据各种存货每天的平均周转额和资金定额周转日数来确定资金定额的一种方法。存货资金定额的大小取决于两个基本因素：一是资金完成一次循环所需要的日数，即资金定额周转日数；二是每日平均周转额，即每日平均资金占用额。存货资金定额的计算公式如下。

$$存货资金定额 = 每日平均周转额 \times 资金定额周转日数$$

周转期计算法是核定存货资金定额的基本方法。对于商品流通企业，每日平均周转额可以用每日平均的销售成本来反映，而资金定额周转日数是指从商品购进一直到商品售出所要经历的定额天数。

对于制造企业，存货资金定额的确定可以进一步划分为储备资金定额的核定、生产资金占用额的核定和产成品资金定额的核定三个方面。其定额的核定分别如下。

1. 储备资金定额的核定

储备资金是指从企业用币资金购买各种材料物资开始，直到把各种材料物资投入生产为止的整个过程所占用的资金。储备资金包含的材料物资品种很多，其中最主要的就是原材料占用资金，这里主要介绍原材料资金占用额的核定。一般来讲，原材料资金应按照不同规格分别核定，而对于数量少、品种多的原材料，可按照类别加以核定。原材料资金占用额计算公式为如下。

原材料资金占用额=计划期原材料计划每日耗用量×原材料计划价格×原材料资金周转日数

原材料资金周转日数，是指从企业支付原材料价款起，直到将原材料投入生产为止这一过程中资金占用的日数，它包括在途日数、验收日数、应计供应间隔日数、整理准备日数和保险日数。

原材料资金周转日数=在途日数+验收日数+应计供应间隔日数+整理准备日数+保险日数

在途日数主要是指原材料在途运输日数；验收日数是指原材料运到企业后进行计量点收、拆包开箱、检查化验到入库为止这一过程中资金占用的日数；应计供应间隔日数是指供应间隔日数乘以供应间隔系数，即应计供应间隔日数=供应间隔日数×供应间隔系数，其中供应间隔日数是指前后两次供应原材料的间隔日数，而在通常情况下，供应间隔系数多为 50%～70%；整理准备日数是指原材料投入生产以前进行技术处理和生产准备所占用资金的日数；保险日数是指为了防止特殊原因致使原材料供应偶然中断而建立的保险储备所占用资金的日数，保险日数的长短，应根据供应单位执行合同的情况、原材料货源的充分程度、是否有可替代原材料、交通运输是否有延误的可能性等因素予以确定。

2. 生产资金占用额的核定

生产资金（在制品资金）是指从原材料投入生产开始，直到产品制成入库为止的整个过程所占用的资金。在制品资金定额也应该按照不同的半成品种类分别核定。

在制品资金定额取决于四个因素：计划期产品每日平均产量、单位产品计划生产成本、在制品成本系数和产品生产周期。计算公式如下。

在制品资金定额=计划期产品每日平均产量×单位产品计划生产成本× 在制品成本系数×产品生产周期

在该公式中，在制品成本系数是指在制品在生产过程中的平均生产费用占完工产品成本的比例。对于不同的生产过程，在制品成本系数的确定和计算方法是不一样的，其大小主要取决于生产过程中费用的投入方式。在费用均衡投入的生产过程中，在制品成本系数的值可以为40%～80%。

3. 产成品资金定额的核定

产成品资金是指从产品制成入库，直到销售并取得货款或结算货款为止的整个过程所占用的资金。产成品资金定额的大小取决于三个因素，即计划期产成品每日平均产量、产成品单位计划生产成本以及产成品资金定额日数，计算公式如下。

产成品资金占用额=计划期产成品每日平均产量×产成品单位计划生产成本×产成品资金定额日数

其中，产成品资金定额日数是指从产成品制成入库开始，直到销售并取得货款或结算货款为止的整个过程所占用资金的日数，包括产成品储存日数、发运日数和结算日数。

（二）因素分析法

因素分析法是以存货项目上一年度的实际平均占用额为基础，根据计划年度的生产任务情况以及加速资金周转的要求，进行一定的分析调整，来计算存货或流动资金定额的一种方法。其计算公式如下。

$$资金数额=（上年资金实际平均占用额-不合理占用额）\times$$
$$（1\pm计划年度营业额增减百分比）\times（1-加速资金周转百分比）$$

这种方法适用于物资品种繁多、用量较少、资金占用较少的原材料和辅助材料等项目的物资资金定额的计算，也可以用来匡算整个企业存货资金定额。

（三）比例分析法

比例分析法是根据存货资金需要量和相关指标因素之间的比例关系，按比例来测算资金数额的方法。它主要用于辅助材料和修理用备件等资金数额的确定，同样也可以用来匡算全部存货资金或全部流动资金需要量。以销售收入存货资金率为例，资金定额的计算公式如下。

$$存货资金数额=计划年度商品销售收入计划额\times计划销售收入存货资金率$$

$$计划销售收入存货资金率=\frac{上年存货资金平均余额-不合理占用额}{上年实际销售收入总额}\times（1-计划年度资金周转加速率）\times100\%$$

二、货主企业存货周转率分析

（一）存货周转率分析

存货的流动性将直接影响企业的流动比率，也是货主企业物流管理水平的体现。存货的流动性一般可以用与存货的周转速度相关的指标来反映，即存货周转率或存货周转天数。存货周转率是衡量和评估货主企业购入存货、投入生产、销售收回等各物流环节管理状况的综合性指标。不管是制造企业还是商品流通企业，存货周转率都可以用销售成本除以平均存货余额而得到的比率来表示，或叫存货周转次数。用时间表示的存货周转率就是存货周转天数。其计算公式如下。

$$存货周转率=\frac{销售成本}{平均存货}$$

$$存货周转天数=\frac{360}{存货周转率}=\frac{360}{销售成本/平均存货}=\frac{平均存货\times360}{销售成本}$$

一般来讲，存货周转速度越快，存货的占用水平越低，流动性越强，存货转换为现金或应收账款的速度越快。通过有效的物流管理，可以提高存货周转率，提高企业的变现能力。存货周转率是分析企业物流运营情况的一项重要指标。存货周转次数多，周转天数少，说明存货周转快，企业实现的利润会相应增加；否则，存货周转缓慢，企业利润往往会下降。如果存货周转速度缓慢，企业应加强物流管理，并采取必要的措施，加快存货的周转。

对于制造企业，存货的周转速度可以进一步细分为原材料周转天数、在制品周转天数和产成品周转天数指标，以更好地对每个存货环节的物流库存管理进行考核与改善。具体计算公式如下。

$$原材料周转天数=\frac{原材料平均存货余额\times360}{全年原材料消耗总金额}$$

$$在制品周转天数=\frac{在制品平均存货余额\times360}{全年总产值}$$

$$产成品周转天数= \frac{产成品平均存货余额 \times 360}{全年销售成本}$$

存货周转分析的目的是从不同的角度和环节找出存货管理中的问题，使存货管理在保证生产经营连续性的同时，尽可能少占用经营资金，提高资金的使用效率，促进企业物流管理水平的提高。

（二）存货资金的相对节约和绝对节约

企业加速存货资金周转，可以在生产销售任务不变的情况下减少存货占用资金，并且从周转中腾出一部分流动资金。这种从周转中腾出存货资金的情况，称为存货资金的绝对节约，从周转中腾出的资金数额就是绝对节约额。

另外，企业加速存货资金周转，还能够以原有的存货占用资金数额来完成更多的生产和销售任务，做到多增产少增资，甚至增产不增资。这种情况下，企业虽然没有从周转中腾出流动资金，但是减少了需要增加的存货资金投入，这种相对减少流动资金需要量的情况称为存货资金的相对节约，相对减少的流动资金需要数额就是相对节约额。

例如，某企业上年度商品销售成本为 14 400 万元，存货资金平均占用额为 1 800 万元，则该企业上年度的存货资金周转次数为 8 次，存货资金周转天数为 45 天。

假设计划年度的商品销售成本保持不变，而流动资金的周转次数从每年 8 次提高到每年 10 次，则该企业可绝对节约的存货资金数额为 1 800–14 400/10=360（万元）。

假设计划年度企业的商品销售成本提高到 18 000 万元，企业的存货资金平均占用额保持 1 800 万元不变，则企业存货资金的相对节约额为 18 000/8–1 800=450（万元）。

案例7.1

京东的直接采购，归自运营，是采购部门自己寻找符合要求的企业，你无法申请入驻。当然，与自运营合作的企业，基本上是规模和体系较为完整的著名企业，其品牌、供货链、工厂都比较成熟，一般企业只能上京东的开放平台。

如果想在这个平台上混出个样子，你要做好以下三件事。

1．让运营经理知道你要做好的决心。

2．弄清运营经理的考核情况。

3．争取京东的各种资源。

京东的开放平台中，运营经理是个关键角色，江湖人称"店小二"，负责给相应的类目商家传达如下信息。

（1）最新注意事项。

（2）活动通知。

（3）活动资源的给分。

（4）活动提报的审核。

（5）新产品的审核。

对于著名品牌，运营经理肯定要给面子，支持和机会不在话下；如果你没有知名度，想要在京东卖出量，且不要跟他混熟，至少要让他知道你，并且知道你真心想做好。

这一点很重要，因为运营经理也背负了很重的考核压力。京东对运营经理的第一大考核指标是销售额。各个类目的运营经理都背着销售额指标，一般考核周期为一个月。不同季节，不同月份，不同类目，运营经理的考核指标都不一样，因为市场存在着淡旺季。比如，中秋节前，礼品、食品要加量；冬季即将来临，服装家纺要加量。这时，上级分配下来的活动资源一定增多，运营经理就要构思如何分配给商家，策划什么活动才能把销售额提升到最高点。不过，运营经理也会为难，除了优质商家必须给予资源之外，他还要考虑如何扶持新的商家，否则新商家会投诉他。当然，你获得促销资源也是有代价的。运营经理会让你给出较大优惠，因为上级给他的资源都是有考核指标的，必须确保销售额达到多少，你达不到，将停闭活动资源报名一个月。运营经理面临的第二大考核指标就是"杀价获取物美价廉产品，以提高成交量"。京东给运营经理的一大压力就是把供应商的价格"杀到底"，毕竟，低价是京东的立业之本。

启发思考

京东的直接采购平台，是如何提升销售额的？

第四节　物流企业的财务绩效评价

一般来讲，人们可以通过企业公开发布的财务报表来分析评估整个企业的财务状况与经营成果。财务报表分析的一般目的可以概括为：评估过去的经营绩效、评估现在的财务状况、预测未来的发展趋势。在对物流企业财务绩效进行评价时，一般采用比率分析法和比较分析法。

> 微课堂
>
> 物流企业的财务绩
> 效评价指标体系

一、物流企业的财务绩效评价指标体系

企业的财务绩效可以在分析财务比率的基础上进行评估。财务比率一般可以分为三类，即偿债能力比率、营运能力比率、盈利能力比率，每类比率分别从不同的角度反映了企业经营管理的各个层面和状况。表7-1和表7-2分别是某物流企业2022年末的两张主要会计报表，即利润表和资产负债表，各项财务比率的计算是基于财务报表的数据进行的。

表7-1　2022年某物流企业利润表　　　　　　　　　　　单位：万元

项目	本年数	上年数
一、营业总收入	331 122.20	358 699.21
营业收入	331 122.20	358 699.21
二、营业总成本	271 451.43	271 717.88
营业成本	253 937.38	255 749.17
税金及附加	463.54	1 127.62
销售费用	57.10	1 128.60
管理费用	5 215.99	6 464.77
研发费用	415.58	646.89
财务费用	11 361.84	6 600.83

项目	本年数	上年数
其他收益	6 001.43	21 149.99
投资净收益	6 548.30	6 345.75
信用减值损失	−35.60	51.60
资产处置收益	641.43	7.97
三、营业利润	72 826.33	114 536.64
加：营业外收入	273.59	5.02
减：营业外支出	347.33	86 23
四、利润总额	72 752.59	114 455.43
减：所得税	18 216.62	28 991.12
五、净利润	54 535.97	85 464.31

表7-2　2022年12月31日某物流企业资产负债表　　　　　单位：万元

项目	本年数	上年数	项目	本年数	上年数
流动资产：			流动负债：		
货币资金	476 063.07	280 212.04	短期借款	30 000.00	
交易性金融资产	455 000.00	710 400.00	应付票据及应付账款	297 050.88	205 556.48
应收票据及应收账款	59 190.50	50 499.11	合同负债	36 074.78	32 489.32
应收款项融资	3 098.67	5 787.40	应付职工薪酬	9 954.31	8 440.00
预付款项	2 047.17	16 229.07	应交税费	17 076.08	60 128.90
其他应收款（合计）	7 101.39	5 441.87	其他应付款（合计）	33 517.70	29 102.89
存货	12 544.45	7 997.76	一年内到期的非流动负债	184 471.36	99 ,309.32
其他流动资产	32 874.90	21 935.92	其他流动负债	2 335.00	2 089.85
流动资产合计	1 047 920.15	1 098 503.17	流动负债合计	610 480.11	437 116.76
非流动资产：			非流动负债：		
债权投资	26 786.31		长期借款	271 977.95	149 081.02
长期股权投资	108 028.71	38 003.85	租赁负债	102 783.30	71 878.05
固定资产（合计）	470 818.06	350 004.01	长期应付款（合计）	61 217.62	72 227.35
在建工程（合计）	27 521.13	8 024.28	递延所得税负债	30 765.81	26 002.08
使用权资产	199 374.76	140 236.14	递延收益-非流动负债	2 209.17	2 400.03
无形资产	20 696.19	21 268.16	非流动负债合计	468 953.85	321 588.53
长期待摊费用	24.33	60.84	负债合计	1 079 433.96	758 705.29
递延所得税资产	2 863.36	2 493.11	所有者权益（或股东权益）：		
其他非流动资产	109 009.18	73 559.44	实收资本（或股本）	141 896.16	95 875.78
非流动资产合计	965 122.03	633 649.83	资本公积金	402 577.59	448 597.96
			其他综合收益	−51.62	−6.17
			盈余公积金	70 948.08	47 693.14
			未分配利润	314 991.64	378 197.06
			归属于母公司所有者权益合计	930 361.85	970 357.77
			少数股东权益	3 246.42	3 089.96
			所有者权益合计	933 608.26	973 447.73
资产总计	2 013 042.18	1 732 153.00	负债和所有者权益总计	2 013 042.22	1 732 153.02

（一）偿债能力比率

企业的偿债能力指标分为两类：一类是反映企业短期偿债能力的指标，主要有流动比率和速动比率；另一类是反映企业长期偿债能力的指标，主要是资产负债率和已获利息倍数。

1. 流动比率

流动比率是企业流动资产与流动负债的比值，其计算公式如下。

$$流动比率 = \frac{流动资产}{流动负债}$$

流动比率可以反映企业短期偿债能力。企业能否偿还短期债务，要看有多少可变现的流动资产。流动比率是流动资产和流动负债的比值，是个相对数，排除了企业规模不同的影响，更适合企业之间以及本企业不同时期的比较。

一般认为，较为合理的流动比率为 2，但不能为一个统一标准。计算出来的流动比率，只有和同行业平均流动比率、本企业历史的流动比率进行比较，才能知道这个比率是高还是低。一般情况下，营业周期、流动资产中的应收账款数额和存货的周转速度是影响流动比率的主要因素。

2. 速动比率

速动比率是从流动资产中扣除存货部分，再除以流动负债的比值，又称酸性测验比率，它反映企业短期内可变现资产偿还短期内到期债务的能力。速动比率是对流动比率的补充。其计算公式如下。

$$速动比率 = \frac{流动资产-存货}{流动负债}$$

速动资产是企业在短期内可变现的资产，等于流动资产减去存货后的金额，包括货币资金、短期投资和应收账款。通常认为正常的速动比率为 1，低于 1 的速动比率表示企业短期偿债能力偏低。

3. 资产负债率

资产负债率是指负债总额与资产总额之比。资产负债率反映在总资产中有多大比例是通过借债获得的，也可以衡量企业在清算时保护债权人利益的程度。其计算公式如下。

$$资产负债率 = \frac{负债总额}{资产总额} \times 100\%$$

4. 已获利息倍数

已获利息倍数又称为利息保障倍数，是指企业息税前利润与利息费用的比率，是衡量企业长期偿债能力的指标之一。其计算公式如下。

$$已获利息倍数 = \frac{息税前利润}{利息费用}$$

公式中利息费用是支付给债权人的全部利息，包括财务费用中的利息和计入固定资产的利息。已获利息倍数反映企业用经营所得支付债务利息的能力，已获利息倍数足够大，企业就有充足的能力偿付利息。

（二）营运能力比率

营运能力是企业的经营能力，它是通过企业的资金周转状况表现出来的。资金周转状况良好，说明企业经营管理水平高，资金利用效率高。营运能力比率又称资产管理比率，包括应收账款周转率、流动资产周转率和总资产周转率等。

1. 应收账款周转率

应收账款在流动资产中有着举足轻重的地位，及时收回应收账款，不仅可以增强企业的短期偿债能力，也能提高企业管理应收账款的效率。反映应收账款周转速度的指标是应收账款周转率，也就是年度内应收账款转为现金的平均次数，它说明了应收账款流动的速度。用时间表示的周转速度是应收账款周转天数，也叫应收账款回收期或平均收现期，它表示企业从取得应收账款的权利到收回款项、转换为现金所需要的时间。其计算公式如下。

$$应收账款周转率 = \frac{销售收入}{平均应收账款}$$

$$应收账款周转天数 = \frac{360}{应收账款周转率} = \frac{平均应收账款 \times 360}{销售收入}$$

应收账款周转率是分析企业资产流动情况的一项指标。应收账款周转次数多，周转天数少，表明应收账款周转快，企业信用销售严格；反之，表明应收账款周转慢，企业信用销售宽松。

2. 流动资产周转率

流动资产周转率是销售收入与全部流动资产的平均余额的比值。其计算公式如下。

$$流动资产周转率 = \frac{销售收入}{平均流动资产}$$

其中，平均流动资产=（年初流动资产+年末流动资产）/2。流动资产周转率反映了流动资产的周转速度。流动资产周转速度快，会相对节约流动资产，增强企业盈利能力；而流动资产周转速度慢，则需要补充流动资产，造成资金浪费，减弱企业盈利能力。

3. 总资产周转率

总资产周转率是销售收入与平均资产总额的比值。其计算公式如下。

$$总资产周转率 = \frac{销售收入}{平均资产总额}$$

其中，平均资产总额=（年初资产总额+年末资产总额）/2。该项指标反映资产总额的周转速度。资产总额周转越快，表明企业销售能力越强。企业可以通过薄利多销的办法，加速资产的周转，带来利润绝对额的增加。

（三）盈利能力比率

一个企业不但应有较好的财务结构和较强的营运能力，还要有较强的盈利能力。通常，反映盈利能力的指标有：营业净利率、资本净利润率、净资产收益率、资产净利率、成本费用利润率等。

1. 营业净利率

营业净利率是企业净利润与营业收入净额的比率。该指标值越高，说明企业从营业收入中获取利润的能力越强。其计算公式如下。

$$营业净利率 = \frac{净利润}{营业收入净额} \times 100\%$$

2. 资本净利润率

资本净利润率是企业净利润与实收资本的比率。其计算公式如下。

$$资本净利润率 = \frac{净利润}{实收资本} \times 100\%$$

会计期间实收资本有变动时，公式中的实收资本应采用平均数。资本净利润率越高，说明企业资本的盈利能力越强。

3. 净资产收益率

净资产收益率也叫所有者权益报酬率或净值报酬率，它反映了所有者对企业投资部分的盈利能力。其计算公式如下。

$$净资产收益率 = \frac{净利润}{所有者权益平均余额} \times 100\%$$

其中，所有者权益平均余额=（期初所有者权益+期末所有者权益）/2。净资产收益率越高，说明企业所有者权益的盈利能力越强。影响该指标的因素，除了企业的获利水平以外，还有企业所有者权益的大小。对投资者来说，这个比率很重要，该比率越大，投资者投入资本的盈利能力越强。

4. 资产净利率

资产净利率是企业净利润与资产平均总额的比率。计算公式如下。

$$资产净利率 = \frac{净利润}{资产平均总额} \times 100\%$$

其中，资产平均总额=（期初资产总额+期末资产总额）/2。该指标把企业一定期间的净利润与企业的资产相比较，表明企业资产利用的综合效果。该指标值越高，表明资产的利用效率越高，说明企业在增加收入和节约资金等方面取得了良好的效果。

5. 成本费用利润率

成本费用利润率是企业利润总额与成本费用总额的比率。可以用公式表示如下。

$$成本费用利润率 = \frac{利润总额}{成本费用总额}$$

式中，成本费用总额包括物流企业在生产经营过程中投入的各项营业成本和期间费用。成本费用利润率也可以看作投入与产出的比率，其配比关系反映了企业每投入单位成本费用所获取的利润额。

二、物流企业财务绩效评价案例

本案例根据三家海运上市公司 2022 年年报资料，对其财务状况进行分析和对比，力求使读者更清楚地了解海运上市公司的盈利能力和资产质量等，为企业应对宏观经济发展速度放缓等不利情形提供帮助，并且为证券市场价值投资提供理论依据。

（一）三家公司的基本情况

中远海运控股股份有限公司（简称"中远海控"，原"中国远洋"）是中远海运集团航运及码头经营主业上市旗舰企业和资本平台。公司成立于 2005 年 3 月 3 日，于 2005 年 6 月 30 日在香港联交所主板成功上市，于 2007 年 6 月 26 日在上海证券交易所成功上市。公司注册资本为人民币 161.72 亿元。中远海控定位于以集装箱航运为核心的全球数字化供应链运营和投资平台，是承担中远海运集团"打造世界一流的全球综合物流供应链服务生态"愿景目标的核心公司，致力于为客户提供"集装箱航运+港口+相关物流服务"的全链路解决方案。

中远海运发展股份有限公司（简称"中远海发"，原"中海集运"）是中远海运集团所属专门从事航运物流产融服务的公司，是中远海运集团旗下核心企业之一。公司成立于 1997 年，总部设在上海，是一家在香港、上海两地上市的公司，公司注册资本为人民币 135.76 亿元。公司致力于围绕综合物流产业主线，以航运租赁、集装箱租赁及集装箱制造业务为核心，以拓展航运物流产融服务为辅，以投资管理为支撑，实现产融投一体化发展。公司船舶租赁业务包括集装箱船舶、干散货船舶、特种船等多种船型的租赁业务，资产规模近人民币 400 亿元。公司集装箱制造业务包括国际标准干货箱、冷藏箱、特种集装箱及房屋箱的研究开发和生产销售，设计年产能超过 140 万标准箱（Twenty-Foot Equivalent Unit，TEU），位居世界第二。公司客户涵盖全球知名班轮公司和各大租箱公司，同时，公司依托中远海运集团的全球运输网络，为客户提供全球港口交箱的增值服务。

中远海运特种运输股份有限公司（简称"中远海特"，原"中远航运"），成立于 1999 年 12 月 8 日，于 2002 年 4 月 18 日在上海证券交易所挂牌上市。中远海特主营特种船运输及相关业务，以"打造全球领先的特种船公司，向产业链经营者和整体解决方案提供者转变"为战略目标，本着"举重若轻的实力，举轻若重的精神"的理念，致力于打造世界一流的特种船队。

（二）分析样本的确定

本案例选取中远海控、中远海发和中远海特三家公司为对象进行财务指标分析。选取这三家公司进行对比分析的原因在于以下几个方面。首先，三家公司在市场细分上存在差别化、专一化，又存在一定的竞争。如三家公司的主营业务都是远洋运输，并且中远海控和中远海发主要是集装箱和干散货运输，而中远海特则主要是特种杂货的远洋运输；中远海发的内贸集装箱是其一个亮点。因此，从主营业务上说，选取的三家公司既有典型代表性又具有可比性。其次，中远海控、中远海发、中远海特三家公司的注册资本分别是 161.72 亿元、135.76 亿元、123 亿元，体量规模都在百亿元以上，规模相当。

对于分析期间，本案例以 2022 年全年为考察期，对这三家公司公布的 2022 年年报进行分析。选取这个时期作为考察期的主要原因在于：以中国为代表的亚洲新兴市场经济高速成长构建了亚洲出口航线的繁荣，也带动了国际海运市场的快速增长。

（三）三家公司财务绩效的比较分析

1. 财务指标对比

表 7-3 为三家公司的相关财务指标，数据来自 Wind 金融终端、东方财富终端。

表 7-3　三家公司的财务指标

	财务指标	中远海控	中远海发	中远海特	行业平均
基本指标	股本（亿元）	161.72	135.76	123.00	—
	每股净资产（元）	12.29	2.13	4.98	3.47
盈利能力	每股收益（元）	1.03	0.29	0.38	0.91
	每股收益摊薄（元）	1.02	0.29	0.38	
盈利能力	营业利润率（%）	42.77	18.97	8.98	—
	销售毛利率（%）	44.26	28.20	22.04	25.37
	总资产报酬率（%）	3.96	3.01	3.43	
	净资产收益率（%）	7.85	13.87	8.08	
偿债能力	资产负债率（%）	48.56	77.45	57.54	45.80
	流动比率	1.62	0.59	0.71	1.43
	速动比率	1.57	0.50	0.59	
	现金比率	140.91	27.06	29.18	
营运能力	应收账款周转率	9.54	26.88	19.70	
	存货周转率	10.33	3.35	8.40	
	总资产周转率	0.18	0.20	0.51	
	固定资产周转率	3.36	0.78	0.61	
成长能力	主营收入增长率（%）	17.19	−31.03	39.46	80.56
	主营利润增长率（%）	30.37	−39.57	142.20	
	净利润增长率（%）	22.66	−35.61	173.28	370.80

2. 财务绩效对比分析

以下以表 7-3 中的指标为基础，结合三家公司的会计报表进行财务分析。

首先，分析三家公司的盈利能力指标。中远海控的每股收益最高（1.03 元），是中远海发的 3 倍多，且高于行业平均水平；再看每股净资产，中远海控最高（12.29 元），只有中远海发低于行业平均水平（3.47 元）；就营业利润率而言，中远海控最高，达到 42.77%，其次是中远海发，为 18.97%，中远海特相对较低，为 8.98%；销售毛利率情况类似。2022 年中远海控实现的营业收入、净利润分别为 3 911 亿元和 1 313 亿元，同比增长 17.19% 和 22.66%，其绝大部分利润来自干散货资产，全年干散货资产对净利润的贡献比例超过 90%。结合当时宏观经济的大背景，煤炭、铁矿石等干散货的需求很大，运价高，这使得中远海控和中远海特盈利颇丰。

其次，分析三家公司的偿债能力指标。流动比率和速动比率都是从静态分析的角度反映公司短期偿债能力的，代表公司以流动资产或速动资产偿还流动负债的综合能力。这两个比率低，则意味着公司短期偿债能力不强，但如果比率过高，说明公司可能不善举债经营，经营者过于保守，将导致企业短期资金的利用效率较差。具体到三家公司，中远海发和中远海特的流动比率相差不大，并且低于行业平均水平，而中远海控这个比率是高于行业平均水平的，公司的短期偿债能力较强。

再次，分析三家公司的营运能力指标。公司的应收账款在流动资产中具有举足轻重的地位，如能及时收回，资金使用效率便能大幅提高。应收账款周转率就是反映公司应收账款周转速度的比率。一般来说，应收账款周转率越高越好。应收账款周转率高，表明公司收账速度快，坏账损失少，资产流动快，偿债能力强。中远海发的应收账款周转率最高，大约是中远海控的 3 倍，说明该公司对应收账款的管理最好。存货周转率是衡量和评价公司购入存货、投入生产、销售收回等各环节管理状况的综合性指标，在这方面，中远海控表现最为出色，表现最差的是中远海发。而总资产周转率是指公司一定时期主营业务收入净额同平均资产总额的比率，它是综合评价公司全部资产经营质量和利用效率的重要指标，三家公司表现相差不大，中远海特最好。

最后，分析三家公司的成长能力指标。通过分析主营利润增长率、净利润增长率等反映公司成长性的指标，可以看出中远海特的主营利润、净利润增长明显，而中远海控显得比较平稳，中远海发则出现了下滑。

（四）结论性分析

对以上三家公司的财务对比分析，结合海运行业特点和发展趋势，总结出以下几个影响海运企业的经营管理和获利水平的重要因素。

1. 经济周期

海运行业是周期性特征非常明显的行业，2022 年海运上市公司的良好业绩得益于世界经济，特别是以中国、印度为代表的新兴国家经济平稳增长。随着美元汇率的持续下跌，石油价格不断上涨，世界经济发展趋缓的迹象越来越明显，这必然对海运行业带来不小的冲击，海运企业应及早制定相应的策略应对。

2. 资本结构方面

通过上面的对比分析可以看出，海运企业提高负债经营水平往往会给企业带来丰厚的利润，如中远海发的资产负债率要远高于中远海控和中远海特，也高于行业的平均水平。当然，增加负债的同时也要维持一定的偿债能力，特别是现金的偿债能力，避免经营风险。

3. 资产营运管理

从以上三个公司资产营运能力的指标可以看出，中远海控的应收账款周转率和总资产周转率都是最低的，这在一定程度上影响了该公司的股东投入资本回报。由于海运企业是资金、技术密集型企业，因此应该尤为重视资产的使用效率。

📘 本章习题

一、填空题

1. 单位产品的物流成本=_____／_____。

2. 单位期间费用物流成本率=_____／（销售费用 + 管理费用）×100%。

3. 原材料资金占用额=计划期原材料计划每日耗用量×_____×_____。

4. 存货周转率=_____／_____。

5. 存货的周转速度一般可以细分为原材料周转天数、在制品周转天数和_____这三个指标。

二、单项选择题

1. 物流绩效评价的基本步骤是（　　　）。

① 确定评估组织机构　　　　　② 制定评估工作方案
③ 收集和整理基础资料和数据　　④ 评估计分
⑤ 编制报告　　　　　　　　　　⑥ 评估工作总结

A. ①②④⑤③⑥　　　　　　　　B. ①④⑤②③⑥
C. ①②⑤③④⑥　　　　　　　　D. ①②③④⑤⑥

2. （　　　）是将物流成本表中的项目与利润表中的项目及有关非财务项目数据进行对比分析，建立两者之间的比对关系，并通过这种比对关系，从另一个层面来评价企业物流成本水平。

A. 结构分析　　　B. 趋势分析　　　C. 比率分析　　　　D. 增减变动分析

3. 一般作为企业内部的物流合理化目标或用于检查企业是否达到合理化目标的指标是（　　　）。

A. 单位成本物流成本率　　　　　B. 单位期间费用物流成本率
C. 单位销售额物流成本率　　　　D. 单位产品的物流成本率

4. 根据各种存货每天的平均周转额和其资金定额周转日数来确定资金定额的一种方法，称为（　　　）。

A. 作业成本法　　　　　　　　　B. 周转期计算法
C. 比例分析法　　　　　　　　　D. 因素分析法

5. （　　　）是从流动资产中扣除存货部分，再除以流动负债的比值，又称酸性测验比率。

A. 流动比率　　　　　　　　　　B. 速动比率
C. 现金比率　　　　　　　　　　D. 资产负债率

三、多项选择题

1. 核定存货资金定额的方法通常有（　　　）。

A. ABC 分类法　　　　　　　　B. 周转期计算法
C. 因素分析法　　　　　　　　　D. 比例分析法

2. 物流企业偿债能力比率包括（　　　）。

A. 流动比率　　　　　　　　　　B. 速动比率
C. 资产负债率　　　　　　　　　D. 已获利息保障倍数

3. 物流企业营运能力比率包括（　　　）。

A. 应收账款周转率　　　　　　　B. 流动资产周转率
C. 总资产周转率　　　　　　　　D. 资产负债率

4. 物流企业盈利能力比率包括（　　　）。

A. 营业净利率　　　　　　　　　B. 资本净利润率
C. 净资产收益率　　　　　　　　D. 资产净利率

5. 产成品资金定额的核定取决于（　　　）。

A. 计划期产成品每日平均产量

B. 产成品单位计划生产成本

C. 产成品资金定额日数

D. 在制品成本系数

四、名词解释

1. 单位成本物流成本率。

2. 存货周转率。

五、简答题

1. 简述物流绩效评价的基本步骤。

2. 货主企业物流成本比率分析的常用比率有哪些？物流企业的比率分析与货主企业物流成本比率分析有什么不同？

3. 货主企业确定存货资金定额的方法有哪些？

4. 请描述用周转期计算法确定存货资金定额的基本思路。

5. 如何计算与分析货主企业存货周转率指标？

6. 物流企业的财务评估指标有哪些方面？分别包含哪些指标？

六、案例分析

一家跨国食品公司，在中国生产和销售自己的国际品牌产品，在过去四年里飞速发展。公司的产品定位是高端市场、高价格、高质量。通过努力，公司在第三年实现了收支持平，第四年开始有盈利。

公司在平衡计分卡项目刚启动的时候面临的挑战非常大，有来自其他跨国食品公司日益加剧的竞争，也有中国本土的竞争对手生产和公司产品相类似的产品，质量也不错，而且价格低很多。很显然如果公司再不制定一个有效的策略来应对竞争，公司现有产品的销售增长速度将会放慢。

一方面，管理层意识到销售自己的核心产品对公司保持成功很重要，公司需要降低报价以保持市场竞争力，同时需要降低运作成本以保证利润率。另一方面，管理层也清醒地知道打"价格战"并不能使公司取得长期成功，关键是要有新产品，通过本地队伍的创新或把海外的技术转化为本地所用，生产出竞争对手不能提供的产品。

至此，管理层已经有了一个比较清晰的战略。

（1）公司需要实现优异运作以降低运营成本，从而能够使现有产品的价格具备市场竞争力。

（2）需要实施产品领先战略，继续开发满足顾客需求的新产品。

然而，新战略出台后 6 个月，管理层没有看到任何成本降低或产品开发方面的成果：一件重要的新产品开发周期被延后了，成本和去年同期相比上升了。到底哪里不对呢？

管理层找出了以下一些比较重要的问题。

（1）新战略没有在组织内清晰地传达给每一个人。

（2）没有具体的实施计划。

（3）一些主管对战略的执行没有全力投入，因为他们忙于处理销售和日常管理事务。

（4）公司的绩效标准和目标没有和战略紧密连接。

（5）缺少一个有效的绩效考评系统来跟踪考察目标绩效。

（6）员工不知道他们哪些地方需要改变。

（7）没有一个有效的基础架构来考查绩效并根据变革来调整战略和重组组织。

对此，公司首先举办了一个战略研讨会，会上就以下问题明确了公司的愿景和战略。

（1）公司的优势在哪里？公司长久的竞争优势是什么？

（2）要成功实施商业战略，哪些方面需改进？

（3）什么可能是公司的机会？

（4）哪些是公司应该聚焦的关键业务区？

（5）运用迈克·波特的竞争力量模型分析五种竞争力量，并思考如何防止重要的威胁。

（6）公司未来的战略重点应该是什么？

明确了公司的战略以后，管理层制定了公司的平衡计分卡。

请回答以下问题。

1. 财务角度

（1）由于新产品开发是公司的关键战略要素，因此管理层没有把总营业额作为一个关键的平衡计分卡指标，而是把什么作为平衡计分卡指标？

（2）将考评指标和人均创收相关联的作用是什么？

（3）管理层应该设计一个什么样的利润目标？

2. 客户角度

（1）管理层意识到要维持现有产品的市场份额，需要提高客户满意度以留住老客户。他们对二八原则理解得很透彻。因此，从客户角度来看应该设定哪两个考评指标？

（2）由于公司的战略是产品领先，因此应该把什么作为考核指标？

3. 内部流程角度

公司为每一项产品都设定了开发周期，因此应该把什么作为考核指标？

4. 学习/成长角度

这个角度的重点是确定哪些因素能够驱动公司学习和成长，指明公司需要在哪些地方优于竞争对手，实现业绩突破。这里需要重点考虑的是被考评的新产品创意数量。

第八章　企业物流成本的日常控制

【学习目标】

- 掌握企业物流成本日常控制的基本内容；
- 了解运输成本控制、仓储成本控制、配送成本控制、包装成本控制的内容；
- 掌握以物流成本形成过程为对象的物流成本控制。

【引导案例】

7-11便利店的物流控制策略

7-11是日本有着先进物流系统的连锁便利店集团，其利用新物流技术，保证店内各种商品的供应顺畅。便利店依靠的是小批量的频繁进货，只有利用先进的物流系统才有可能发展连锁便利店。典型的7-11便利店非常小，场地面积平均仅100平方米，但就是这样的门店提供的日常生活用品达3 000多种。虽然便利店供应的商品品种广泛，但通常没有储存场所，为提高商品销量，所有商品必须通过配送中心得到及时补充。如果一个消费者光顾便利店时不能买到本应有的商品，便利店就会失去一次销售机会，并使便利店的形象受损。所有的零售企业都认为这是必须避免的事情。

为了保证有效率地供应商品，7-11在整合及重组分销渠道上进行了改革，通过和批发商、制造商签署销售协议，开发有效率的分销渠道与所有门店连接。通过这种协议，7-11无须承受任何沉重的投资负担就能为其门店建立一个有效率的分销系统。由此，配合先进的物流系统，7-11使各种各样的商品库存适当，保管良好，并有效率地配送到所有的连锁门店。

给便利店送货的卡车的数量下降可以体现出物流系统的先进程度。例如，十几年前，每天为便利店送货的卡车就有70辆，现在只有12辆左右。显然，这源于新配送中心的有效率的作业管理。

启发思考

7-11采用的是什么样的物流控制策略？

第一节　企业物流成本日常控制的基本内容

本书把物流成本的管理与控制分成了两个系统。一是物流成本管理系统，主要是指在进行物流成本核算的基础上，运用专业的预测、计划、核算、分析和考核等经济管理方法来进行物流成本的管理，具体包括物流成本预算、物流成本性态分析、物流责任成本管理和物流成本-效益分析等。本书的第三章至第七章介绍的正是物流成本管理系统的相关内容。

物流成本管理与控制的另一个系统是物流成本的日常控制系统。物流成本的日常控制系统就是指在物流运营过程中，通过物流技术的改善和物流管理水平的提高来降低和控制物流成本。

一、物流成本日常控制的内容

物流管理是一项技术性很强的管理工作，要降低物流成本，必须从物流技术上下功夫。具体地说，物流成本控制的技术措施主要包括提高物流服务的机械化、集装箱化和托盘化水平；改善物流途径，缩短运输距离；扩大运输批量，减少运输次数，提高共同运输水平；维护合理库存，管好库存物资，减少物资毁损；等等。物流成本控制是物流成本管理的中心环节。

在实际工作中，物流成本的日常控制可以按照不同的对象进行。一般来说，物流成本的日常控制对象可以分为以下几种主要形式。

（1）以包装、运输、储存、装卸、配送等物流功能作为控制对象，也就是通过对构成物流活动的各项功能进行技术改善和有效管理，来降低其所消耗的物流成本。

（2）以物流成本的形成过程为控制对象，即从物流系统（或企业）投资建立、产品设计（包括包装设计）、材料物资采购和存储、产品制成入库和销售，一直到售后服务，凡是发生物流成本的各个环节，都要通过各种物流技术和物流管理方法，实施有效的成本控制。

除了以上两种成本控制对象划分形式之外，物流系统还可以按照各责任中心（如运输车队、装卸班组、仓库等）、各成本项目（如人工费、水电气费、折旧费、利息、委托物流费等）等进行日常的成本控制，但这些日常的成本控制方式往往是建立在前面所述的物流成本管理系统的各种方法基础上的，需要与物流成本的经济管理技术有效结合起来。

二、企业物流成本日常控制意识的贯彻

在物流成本管理与控制中，企业管理人员要对成本管理与控制给予足够的重视，不受"成本无法再降低"这样的传统思维束缚，充分认识到成本降低的潜力是无穷无尽的。物流成本的日常控制就是要在日常的物流活动中，不断改善物流技术和物流管理，降低物流成本。贯彻现代物流成本日常控制意识要注意以下几个方面。

（一）企业要从战略布局的高度定位物流成本控制

物流是企业经营战略的一部分，企业生产、经营的战略和策略决定了物流系统的运行模式，产品种类、服务项目和营销策略的改变都将导致物流成本的变化。因此，在进行各项战略决策

时，需要将各项决策对物流的要求和对物流成本的影响纳入考虑范围。

（二）以理想物流成本为目标

要不受"成本无法再降低"等传统思维的束缚，就必须以理想的物流成本为目标，时刻将理想物流成本作为行动指南，树立"物流成本降低无止境"的观念。例如，在库存管理中，以零库存为目标；在运输管理中，不出现空载；等等。

（三）形成全员式的降低物流成本格局

要最大限度地降低物流成本需要从事物流工作的全体员工的参与，每个员工都要具有降低物流成本的愿望和意识，并进行自我控制。另外，物流成本的发生不仅涉及物流部门，也涉及企业的其他部门，因此，物流成本的降低需要各部门的通力合作，以确保从总成本角度来降低物流成本。

（四）持续不断地降低物流成本

降低物流成本不应作为权宜之计，应持续不断地进行，而且随着经济环境的变化，理想的物流成本也会不断变化。因此物流成本管理必须适时调整，以满足现代成本管理的要求。

现代物流成本日常控制意识本质上就是企业要无止境地追求物流成本降低，消除一切物流浪费。

~~~ **案例8.1** ~~~~~~

沃尔玛是如何提高物流运输效率的

沃尔玛公司是世界上最大的商业零售企业，在物流运营过程中，尽可能地降低成本是其经营的哲学。沃尔玛有时采用空运，有时采用船运，有时采用公路运输。在中国，沃尔玛主要采用公路运输，所以如何降低卡车运输成本，是沃尔玛物流管理面临的一个重要问题，为此沃尔玛主要采取了以下措施。

（1）沃尔玛使用一种尽可能大的卡车，其货柜大约有 16 米长，这种卡车比集装箱运输卡车更长或更高。沃尔玛把卡车装得非常满，产品从车厢的底部一直装到顶部，这样非常有助于节约成本。

（2）沃尔玛的车辆都是自有的，司机也是自己的员工。沃尔玛的车队大约有 5 000 名非司机员工，还有 3 700 多名司机，车队每一次的运输距离可以达 7 000～8 000 千米。

（3）沃尔玛知道，卡车运输是比较危险的，有可能会出交通事故。因此，对于运输车队，保证安全是节约成本最重要的环节。沃尔玛的口号是"安全第一"，而不是"速度第一"。在运输过程中，卡车司机们都非常遵守交通规则。沃尔玛定期在公路上对运输车队进行调查，卡车上面都带有公司的号码，如果看到司机违章驾驶，调查人员就可以根据车上的号码向上级报告，进行惩处。沃尔玛认为，卡车不出事故，就是节省公司的费用，就是最大限度地降低物流成本，由于狠抓安全驾驶，运输车队创造了 300 万千米无事故的纪录。

（4）沃尔玛采用全球定位系统对车辆进行定位，因此在任何时候，调度中心都可以知道这些车辆在什么地方，离商店有多远，还需要多长时间才能运到商店，这种估算可以精确到小时。沃尔玛对运输与产品信息的掌握非常准确，从而可以提高整个物流系统的效率，有助于降低成本。

（5）沃尔玛的连锁商场的物流部门 24 小时工作，无论白天还是晚上，都能为卡车及时卸货。

另外，沃尔玛的运输车队在当日下午进行集货，夜间进行异地运输，翌日上午即可送货上门，保证在 15～18 个小时内完成整个运输过程，这是沃尔玛在速度上取得优势的重要措施。

（6）沃尔玛的卡车把产品运到商店后，商店不用逐一检查产品，这样就可以节省很多时间和精力，加快了沃尔玛物流的循环速度，从而降低了成本。这里有一个非常重要的先决条件，就是沃尔玛的物流系统能够确保商店所收到的产品与发货单上的产品完全一致。

（7）沃尔玛的运输成本比供货厂商自己运输产品的成本要低，所以厂商也使用沃尔玛的卡车来运输产品，从而做到了把产品从工厂直接运送到商场，大大节省了产品流通过程中的仓储成本和转运成本。

沃尔玛的集中配送中心把上述措施有机地组合在一起，做出了一个最经济合理的安排，从而使沃尔玛的运输车队能以最低的成本高效率地运行。

启发思考

沃尔玛采取了哪些提高物流运输效率的措施？

第二节　运输成本的控制

运输是物流系统中的核心功能。运输成本的控制目的是使总运输成本最低，但又不影响运输的可靠性、安全性和快捷性要求。运输成本主要包括人工费、燃油费、运输杂费、运输保险费以及外包运输费等。据日本有关部门的统计，企业为进行运输活动而支付的费用占物流成本总额的 53% 以上。

一、影响运输成本的因素

影响运输成本的因素有很多，主要有运输距离、装载量、运输工具、运输环节和运输时效要求等。因此，控制运输成本要根据不同的情况采取不同的措施。

（一）运输距离

运输距离是影响运输成本的主要因素，因为它直接对劳动力、燃料和维修保养等费用产生影响。人们经常用每千米多少钱来衡量商品的运输成本，这说明在很多情况下，运输成本是与运输距离正相关的，是一项变动成本。人们可以通过合理选择运输工具、优化运输环节与运输路线、合理装载等措施来降低运输成本。

（二）装载量

装载量对运输成本产生影响，是因为运输活动中存在着规模经济效应，即每单位重量的运输成本随着载货量的增加而减少。这种规模经济效应的产生主要是因为每千米运输成本、提起和交付活动的固定费用，以及相关行政管理费用是相对固定的，运输成本所以随着载货量的增加会被分摊到更多的装载货物上。小批量的载货应整合成大批量的载货，以期获得规模效应。当然，规模效应受到运输工具（如卡车）最大尺寸的限制。

（三）运输工具

在多种运输工具并存的情况下，要注意选择合适的运输工具与运输路线。合理使用运力，要根据不同货物的特点，分别利用铁路、公路或水路运输，选择最佳的运输路线。能走水路的尽量不走铁路，应该用铁路运输的不要用公路运输。运输工具的选择对运输成本的影响很大，当然还要考虑货物形态、时效要求等具体情况。

（四）运输环节

围绕着运输业务活动，还要进行装卸、搬运、储存、包装等工作，多一道环节，就要花费很多劳动，发生许多成本。因此，在商品运输管理中，对有条件直运的尽可能组织直达、直拨运输，使商品不进入中转仓库，省略一切不必要的环节，由产地直接运输到销售地或用户，尽可能减少二次运输。

（五）运输时效要求

对于物流或运输业务，为了更好地提供服务，及时满足顾客的需求，时效是一个决定性的因素，运输不及时容易失去销售机会，造成商品脱销或积压。尤其在市场变化很大的情况下，时效问题就更加突出。时效要求越高，运输的频次可能就越多，总的运输成本可能就越高。

二、运输环节与运输网络、运输路线的优化

（一）尽可能减少运输环节

每经过一道运输，都会相应地发生装卸、搬运等工作，多一道环节，就会增加不少成本。因此，在组织运输时，应尽可能采用直运，减少中间环节，减少二次运输。同时，要消除相向运输、迂回运输等不合理现象，以减少运输里程，节约运费开支。

实际上，运输环节的多少往往取决于企业仓储网点的设置。有的企业采用直运形式；而对于全国或者全球性销售网络，如果终端销售网点很多，很多企业会采用"干线运输—区域分拨中心—分拨运输—配送中心—配送—客户"的运输组织模式。目前，一些行业的制造企业，如日化业、医药业、电子业等，其产量大，品种比较固定，包装比较规范，这些企业的产品销售物流是很重要的，物流的合理组织将会给企业节约大量的成本。目前，许多制造企业对原有的仓储场地进行改造之后，建设了大型的多功能物流中心，通过物流中心的组织，对原有的销售渠道和销售网络进行重新整合，实现了销售物流的合理化。

图 8-1 反映了制造企业物流网络发展的一种趋势。

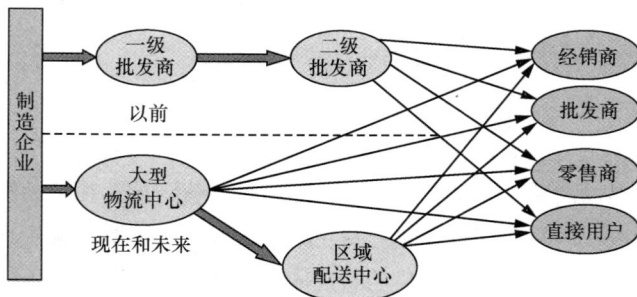

图 8-1　制造企业物流网络的发展趋势

（二）运输网络与运输路线的优化

不合理的运输如重复运输、迂回运输，将造成运力的浪费与运输成本的增加，而优化运输网络与运输路线将减少不合理的运输。

1. 不合理运输的种类

常见的不合理运输包括对流运输、迂回运输、重复运输和无效运输等。

对流运输是指将 A 地的货物运到 B 地，B 地的同种货物被运送到 A 地的现象。对流运输是不合理运输中最突出、最普遍的一种。

迂回运输是指因运输路线选择不当而造成的比最优路线行驶里程多的运输活动，当然也可能是由道路施工、事故等原因造成的被迫绕道的情况。

重复运输是指把可以直线运输的货物进行不必要的中转，重复运输增加了货物损耗和出入库的手续，造成物流时间加长，运费增加。

无效运输是指没有任何经济社会效益的运输，具体是指对运输物资中所包含的无使用价值的那部分杂质的运输，这种运输不仅浪费交通运力，而且消费该物资的单位或企业也不能得到保质保量的产品。

2. 优化运输网络与运输路线的方法

在物流过程中，运输组织问题是很重要的。例如，某产品由某几个企业生产，又需供应某几个客户，怎样才能实现使企业生产的产品运到目的地时所花费的总运费最小的目标？在企业到目的地的单位运费和运输距离，以及各企业的生产能力和消费量都已确定的情况下，可用线性规划技术来解决运输的组织问题；如果企业的生产量发生变化，生产费用函数是非线性的，就应使用非线性规划来解决。对于属于线性规划类型的运输问题，常用的方法有单纯形法和表上作业法。

（1）单纯形法

单纯形法是一种用于解决线性规划问题的数学方法，其基本原理是通过不断地在可行解空间中移动，寻找到最优解的过程。在优化运输网络与运输路线时，单纯形法可以被用来解决一定约束条件下的运输成本最小化问题。

具体来说，单纯形法在优化运输网络与运输路线中的应用过程如下。

① 建立数学模型。首先，根据运输网络的结构、运输路线的成本、货物量等信息，建立一个线性规划模型。这个模型将包括决策变量（如每条运输路线的货物量）、目标函数（如总运输成本）以及约束条件（如每条运输路线的容量限制、货物需求与供应的平衡等）。

② 寻找初始可行解。在模型建立后，需要找到一个初始的可行解作为起点。这个可行解应满足所有约束条件，并且可以通过一定的方法（如西北角法则）进行确定。

③ 迭代移动。从初始可行解开始，单纯形法通过迭代移动来寻找更优的解。在每一步迭代中，根据当前的可行解，单纯形法会寻找一个移动方向，并沿着这个方向移动。移动的目的是改善目标函数的值，即降低总运输成本。

④ 判断终止条件。在迭代过程中，需要判断是否已经找到了最优解。这通常通过比较当前解与目标函数的最优值来实现。如果当前解已经是最优解，或者满足一定的收敛条件，则迭代过程终止。

应用单纯形法，可以在满足运输网络和运输路线约束条件的前提下，找到使总运输成本最小的最优解。这对提高运输效率、降低物流成本具有重要意义。

（2）表上作业法

表上作业法是已知各地单位运价和各产销地供需量，在表上求出使总运费最低的调运方案。初始调运方案可以根据最小费用（运价）法编制，然后判优、调整，直到找到总运费最低的方案。

三、合理选择运输方式

（一）主要的运输方式及其特点

主要的运输方式包括公路运输、铁路运输、水路运输和航空运输，每种运输方式的特点与适用情况各不相同。

（1）公路运输主要承担近距离、小批量的短途货运。公路运输的主要优点是灵活性强，可以实现"门到门"的运输，而无须运转或反复装卸搬运。公路运输的经济半径一般在 200 千米以内。

（2）铁路运输主要承担长距离、大批量的货运，是在干线运输中起主力作用的运输形式。铁路运输的优点是速度快，受自然条件的限制较少，载运量大，运输成本较低。其主要缺点是灵活性差，只能在固定路线上实现运输，需要与其他运输手段配合和衔接。铁路运输的经济里程一般在 200 千米以上。

（3）水路运输主要承担大批量、长距离的货运。水路运输的主要优点是成本低，能进行低成本、大批量、远距离的运输。水路运输的缺点是运输速度慢，受港口、水位、季节、气候影响较大。

（4）航空运输的单位成本很高，因此，适合运载的货物主要有两类：一类是价值高、运费承担能力很强的货物，如高档贵重产品等；另一类是紧急需要的物品。航空运输的主要优点是速度快，不受地形的限制。航空运输往往可以完成铁路、公路运输很难完成的运输任务。

（二）运输方式选择的基本原则与影响因素

1. 运输方式选择的基本原则

根据不同货物的形状、价格、运输批量、交货日期、到达地点等货物特点，应选择与之相对应的适当运输工具。运输工具的经济性与迅速性、安全性、便利性之间存在着相互制约的关系。因此，在目前多种运输工具并存的情况下，在控制运输成本时，必须注意根据不同货物的特点及对物流时效的要求，对运输工具所具有的特征进行综合评估，以便做出合理选择运输工具的策略。一般来说，航空运输比较贵，公路运输次之，铁路运输便宜，水路运输最廉。因此，在保证物流时效，不使货物产生损失的情况下，应尽可能选择廉价运输工具。表 8-1 所示为运输方式选择的一般原则。

表 8-1　运输方式的选择原则

货物属性	航空运输	水路运输	铁路运输	公路运输
时限	短	没有时限要求	长	中

货物属性	航空运输	水路运输	铁路运输	公路运输
价值	高价值	低价值	均可	均可
体积/重量	轻货	均可	均可	均可
运距	600 千米以上	长距离	200 千米以上	中短程

2. 运输方式选择的影响因素

运输方式的选择不仅要考虑运输成本的因素，还涉及客户服务要求、货物种类以及运输成本与库存成本之间的关系等问题。

目前，我国各种运输方式的技术速度分别为：铁路 80～250 千米/时，海路 10～25 海里/时，河路 8～20 千米/时，公路 80～120 千米/时，航空 800～1 000 千米/时。从经济性的角度看，一般认为，距离在 200 千米以内主要选择公路运输，200～500 千米主要选择铁路运输，500 千米以上则尽可能选择水路或航空运输。

（三）开展多式联运

多式联运是一种高效的运输组织方式，它集中了各种运输方式的特点，扬长避短，组成连贯运输，达到简化货运环节、加速货运周转、减少货损货差、降低运输成本、实现合理运输的目的。与单一运输方式相比，多式联运具有非常大的优越性。

在多式联运方式下，不论全程运输距离多远，不论需要使用多少种不同运输工具，也不论中途需要经多少次装卸转换，一切运输事宜统一由多式联运经营人统一负责办理。对货主来说，只办理一次托运，签订一份合同，支付一笔全程单一运费，取得一份联运单据，就履行了全部责任，这样可以节约大量的手续费用和中转费用。

四、装载技术与运输技术的合理运用

（一）通过合理装载，降低运输成本

在单位运输费用一定时，通过改善装载方式，提高装载水平，充分利用运输车辆的容积和额定载重量，可以使单位运输成本降低，最终降低总运输成本。合理的装载方式包括以下几种。

（1）拼装整车运输。整车运输和零担运输运价相差较大，进行拼装整车运输可以减少部分运输费用。拼装整车运输的做法有：零担货物拼整车直达运输；零担货物拼整接力直达运输；整车分卸；整装零担。

（2）轻重配载。将重量大、体积小的货物与重量小、体积大的货物组装，可充分利用运输工具的装载空间和载重定额，提高运输工具的使用效率。

（3）解体运输。对体积大、笨重、不易装卸、易损坏的货物，可拆卸装车，分别包装。这样既缩小占据的空间，又易于装卸和搬运，可以提高运输效率。例如，自行车之类的商品以零件的形式进行运输，到了消费地再进行组装和销售。再如，品牌台式计算机的销售物流，也可以采用解体运输方式。

（4）多样堆码。根据运输工具的货位情况、所载货物的特点，采取不同的堆码方式，如多

层装载等，以便提高运输工具的装载量。

（5）利用组合运输，减少空载。运输中经常存在回程空载现象，这样，运输同一批货物到同一地点，就多花了费用。在运输工具回程前，通过各种方式安排好回程的货物，尽可能利用回程车辆进行运输，这样可以降低运输成本。

（二）运用现代运输技术，降低运输成本

各种新技术在物流实践中得到推广使用，也可以使运输成本得到降低。

（1）托盘化运输。全程以托盘作为单元货载进行运输，可以缩短运输中转时间、加快中转速度，同时可以提高实际操作的可靠性和机械化程度。

（2）集装箱化运输。集装箱作为现代运输的重要载体，既是一种包装容器，又是一种有效的运输工具。集装箱运输可以提高装载效率、减小劳动强度，起到强化外包装的作用，节约大量的商品包装费用和检验费用，并防止发生货损货差。

（3）特殊运输工具和运输技术。新运输技术和运输工具的运用，解决了原先运输的许多难题。例如，专用散装罐车使粉状、液态状运输损耗大、安全性差的问题得到解决，集装箱高速直达车船加快了运输速度。

例如，日本花王公司为了实现工厂仓库和销售公司仓库自动机械化的连接，开发出了特殊车辆。这种特殊车辆是能装载 14.5 吨货物的重型货车，该货车能装载 20 个Ⅱ型平托盘，并用轻型铝在货车货台上配置了起重装置。后来，花王公司又开发了能装载 19 吨货物、4 个平托盘的新型货车、特殊架装车和集装箱运输车。特殊运输工具的开发对花王公司运输系统的成功运作起到了重要作用。

五、合理选择运输组织模式

（一）选择运输组织模式的基本原则

企业可以选择自营运输，也可以选择外包运输业务。产品不同、客户需求特点不同，以及货物价值不同，会导致选择的仓储和运输组织模式也会有很大的不同。表 8-2 和表 8-3 反映了在不同条件下运输组织模式的选择。

表 8-2　自营或外包运输组织模式的选择

客户	短距离	中距离	长距离
高密度	自有车队巡回运输	转运巡回运输	转运巡回运输
中密度	第三方巡回运输	零担承运人	零担或包裹承运人
低密度	第三方巡回运输或零担承运人	零担或包裹承运人	零担或包裹承运人

表 8-3　不同类型产品的运输和库存组织模式选择

产品类型	高价值	低价值
需求大	分散周转库存，集中安全库存，采用便宜的运输方式补充周转库存，采用快速运输方式补充安全库存	分散所有库存，采用便宜的运输方式补充库存
需求小	集中所有库存，采用快速运输方式履行客户订单	只集中安全库存，采用便宜的运输方式补充周转库存

（二）合理的运输组织方式

1. 分区产销平衡合理运输

分区产销平衡合理运输，指在组织物流活动中，对某种货物，使其一定的生产区固定于一定的消费区，根据产销情况和交通条件，在产销平衡的基础上，按近产近销的原则组织货物运输，使运输里程最少。这种方式适用于品种单一、规格简单、生产集中、消费分散，或生产分散、消费集中、调运量大的货物，如煤炭、木材、水泥、粮食、建材等。实行这一方式，对加强产、供、运、销的计划性，消除过远、迂回和对流等不合理运输，充分利用地方资源，促进生产合理布局，降低物流费用，节约运输能力，都有十分重要的意义。

实行分区产销平衡运输。首先，要摸清货物产销情况、供应区域和运输路线等，将其作为制定合理调运方案的依据。其次，划定货物调运区域，将某种产品的生产区基本固定于一定的消费区。工业产品以生产地为中心，将靠近这一生产地的客户的产销关系基本固定下来。再次，绘制合理运输流向图。即根据已制定的调运区域范围，按照运程最近和产销平衡的原则，绘制合理运输流向图，把产、供、运、销的关系固定下来。最后，制定合理的运输调运方案。

2. 直达运输

直达运输，指在组织货物运输过程中，把货物从产地或起运地直接运到销地或用户所在地，从而减少中间的仓库或运输环节。对于生产资料，由于某些货物体积大、较笨重，如煤炭、钢材、建材等，一般采取由生产厂矿直接供应消费单位，实行直达运输。

3. 共同运输

共同运输指货运代理企业、公共仓储或物流运输企业为相同市场中的多个货主安排集运。提供共同运输的企业通常具备长期送货约定，在这种安排下，集运企业通常为满足客户的需要而完成相关价值增值服务，如分类、排序、进口货物的单据处理等。

案例8.2

安利如何降低物流成本

安利的"店铺+推销员"的销售方式，对物流储运有非常高的要求。安利的物流储运系统的主要功能是将安利工厂生产的产品及向其他供应商采购的印刷品、辅销产品等先转运到位于广州的储运中心，然后通过不同的运输方式运抵各地的区域仓库（主要包括沈阳、北京及上海外仓）暂时储存，再根据需求转运至设在各省市的店铺，并通过家居送货或店铺等销售渠道推向市场。与其他公司不同的是，安利储运部同时还兼管着全国近百家店铺的营运、家居送货及电话订货等业务。所以，物流系统的完善与效率，在很大程度上影响着整个市场的有效运作。

但是，由于当时国内的物流资讯极为短缺，安利很难获得物流企业的详细信息，如从业公司的数量、资质和信用等；同时，国内的第三方物流供应商在专业化方面也有所欠缺，很难达到安利的要求。在这样的状况下，安利采用了适应中国国情的"安利团队+第三方物流供应商"的全方位运作模式。核心业务如库存控制等由安利统筹管理，实施信息资源最大范围的共享，使企业价值链发挥最大的效益；而非核心环节，则通过外包形式完成。如以广州为中心的珠三角地区，货物主要由安利的车队运输，其他绝大部分货物运输都由第三方物流公司承担。另外，全国几乎所有的仓库均为外租第三方物流公司的仓库，而核心业务，如库存设计、调配指令及储运中心的主体设施与运作则主要由安利自身的团队统筹管理。安利会派员定期监督和进行市场调查，以评估服务供货商是否提供具有竞争力的价格，并符合安利要求的服务标准。这样，安利既能整合第三方物流公司的资源优势，与其建立牢固的合作伙伴关系，同时又通过对企业供应链的核心环节——管理系统、设施和团队的掌控，保持自身优势。

启发思考

安利要实现"店铺+推销员"的销售方式，应该建立一个什么样的物流管理信息系统？

第三节　仓储成本的控制

仓储成本控制是企业持续发展的基础。只有把仓储成本控制在同类企业的先进水平，企业才有迅速发展的基础。仓储成本降低，可以削减售价以扩大销售，销售扩大后经营基础就稳定了，这样才有力量去提高产品质量，创新产品设计，寻求新的发展。但是，仓储成本一旦失控，就会造成大量的资金沉淀，严重影响企业的正常生产经营活动。

一、影响仓储成本的因素

影响仓储成本的因素有很多，概括起来，主要有以下三个方面。

（一）仓储作业成本

仓储作业成本是指由仓储作业带来的成本，包括分拣、储存、出入库操作、装卸搬运，甚至流通加工等仓储作业中发生的成本，也包括建造、购置仓储等设施设备的成本或折旧，还包括仓库租赁的租赁费用。

仓储作业成本与库存水平无关，只跟仓储作业、仓储管理和仓库规划等有关。

（二）库存资金占用成本

影响仓储成本的另一个重要因素是库存量的大小，库存量越大，库存资金占用成本就越高。库存资金占用成本实际上是一种机会成本。

（三）缺货成本

缺货成本是指由库存供应的中断而造成的损失，包括原材料供应中断造成的停机损失、产成品库存缺货造成的延迟发货损失和丧失销售机会的损失（还包括商誉损失）。缺货成本的大小也与库存量大小相关。

二、仓库布局的优化与仓库的合理选址

（一）优化仓库布局，减少库存点

目前，许多企业通过建立大规模的物流中心，把过去零星的库存集中起来进行管理，面向一定范围内的用户进行直接配送，这是优化仓库布局的一个重要表现。需要注意的是，仓库的减少和库存的集中，有可能会增加运输成本，因此，要从运输成本、仓储成本和配送成本的总

和角度来考虑仓库的布局问题，使总物流成本达到最低。

例如，耐克非常注重其物流系统的建设，密切跟踪国际先进的物流技术的发展，及时对其系统进行升级。耐克的物流系统在 20 世纪 90 年代初期就已经非常先进，近年来更得到了长足的发展，可以说其物流系统是一个国际领先的、高效的货物配送系统。耐克在全球布局物流网络，在美国有三个配送中心，其中有两个在孟菲斯。在田纳西州孟菲斯市的耐克配送中心，起用于 1983 年，是当地最大的自有配送中心。作为扩张的一部分，耐克建立了带三层货架的仓库，并安装了新的自动补货系统，这使得耐克能够保证在用户发出订单后 48 小时内发出货物。耐克在亚太地区生产出的产品，通过海运经西海岸送达美国本土，再利用火车经其铁路专用线路运到孟菲斯，最后运抵耐克的配送中心。所有的帽子、衬衫等产品都从孟菲斯发送到美国各地，每天都要发送 35～50 万单位的衣物。

除在美国外，耐克在欧洲也加强了物流系统建设。耐克在欧洲原有 20 多个仓库，分别位于 20 多个国家。这些仓库之间是相互独立的，使得耐克的客户服务无法做得非常细致。另外，各国的仓库只为本国的销售备货，也使其供货灵活性大打折扣。经过成本分析，耐克决定关闭其所有的仓库，只在比利时的梅尔豪特建造一个配送中心，负责整个欧洲和中东地区的配送供给。该中心于 1994 年开始运营。后来随着耐克在欧洲市场的迅速扩大，客户需求量很快就超出了配送中心的供应能力，耐克决定扩建其配送中心。耐克与德勤共同制定了欧洲配送中心建造、设计和实施的运营计划。耐克的配送中心有着一流的物流设施、物流软件及无线射频技术（Radio Frequency，RF）数据通信，从而使其能将其产品迅速地运往欧洲各地。

（二）仓库的合理选址

仓库的选址实际上就是配送中心的选址，它涉及配送的范围和配送路线等，对配送成本的影响很大。仓库的选址首先要考虑诸多非量化的因素，除此之外，还要利用运输和配送成本最低的原理，进行定量的分析。仓库的选址方法有方案比较法、分等加权评分法、坐标分析法、线性规划模型法等。仓库选址的基本思想是要求在满足整体布局及其他要求的基础上达到运输和配送费用最小。用公式表示如下。

$$\min C(x, y) = \sum_{i=1}^{n} W_i \cdot \sqrt{(x_i - x)^2 + (y_i - y)^2}$$

C——运输和配送总成本；

(x, y)——仓库的位置坐标；

(x_i, y_i)——各个货源或客户的位置坐标，$i = 1, 2, \cdots, n$；

W_i——各客户在一定时期内的材料需要量或货源地的供应量。

实际上，仓库的合理布局与选址是与前面运输成本控制中运输环节和运输网络的设计相联系的，仓库的优化布局和合理选址，可以达到运输成本、仓储成本和配送成本等综合物流成本的最小化。

三、自有仓库与租赁仓库的战略选择

（一）自有仓库的分析

企业可以通过自建来获得仓库设施。企业利用自有仓库进行仓储活动具有以下优点。

（1）可以较大程度地控制仓储活动。企业拥有仓库所有权，从而对仓储活动可以实施完全的控制。

（2）自有仓库的管理更具灵活性。这里的灵活性并不是指能迅速增加或减少仓储空间，而是指由于企业是仓库的所有者，所以可以按照企业自身经营管理的需要和产品的特点对仓库进行设计和布局，特别是当高度专业化的物品需要专业的存储和搬运技术时；而公共仓库并不一定能满足这种需求，这种情况下，就更需要企业具有自有仓库。

（3）长期仓储时，自有仓库的成本要低于公共仓库。如果自有仓库能够得到长时间的充分利用，则自有仓库的成本将低于租赁仓库的成本。

（4）可以树立良好的企业形象。当企业将产品储存于自有仓库时，可能会给客户留下长期持续经营的良好印象，客户可能会认为企业经营十分稳定可靠，是产品的持续供应商，这将有助于企业树立良好的形象。

当然，自有仓库也存在一些缺点。第一，自有仓库的一次性建设投资较大，需要企业一次性投入大笔资金。第二，当企业对仓储空间的需求有波动时，自有仓库的容量是固定的，不能随着需求的增加或减少而变化。特别是当企业对仓储空间的需求减少时，仍然须承担自有仓库中未利用部分的成本，也影响库容利用率。第三，自有仓库运营过程中产生的固定成本以及运营成本可能较租赁仓库高（特别是在库容量不是很大或者仓库使用时间不长的情况下）。

（二）租赁仓库的分析

当企业不自建仓库时，可以通过租赁仓库的方式来满足企业对仓储空间的需求。

租赁仓库进行仓储的优点在于：从财务角度看，租赁仓库使得企业能避免仓库的资本投资和财务风险；租赁仓库不要求企业对其设施和设备进行任何投资，企业只需定期支付租金就可以获得仓储空间，而且企业可以根据自身需要经常性地调整租赁的仓储空间。

租赁仓库进行仓储的缺点是：需要在业务上跟出租方进行交流合作，这增加了交易成本，也有可能增加协调和控制的难度。

（三）选择自有仓库与租赁仓库时考虑的因素

企业需要仓库储存货物时，可以自建也可以租用仓库。在这两者中怎样选择，才能使制定的仓库战略既经济又合理呢？可以从以下几个方面考虑仓库战略的选择。

（1）仓库的满仓率。一般来说，仓库全年满仓的可能性很小，有75%～85%的时间仓库不满仓。而仓库往往按照满仓的要求来设计，于是未使用的部分就浪费了。因此，自有仓库只要能够满足最大需求量75%左右的需求即可，在仓库使用高峰期，租赁仓库更经济。

（2）作业灵活性。作业灵活性是指仓库调整仓储策略和作业程序以满足产品和客户需求的能力。自有仓库往往对所有客户采用同一仓储政策和作业程序，灵活性差，所以当仓库作业灵活性要求高时，应选择租用仓库。

（3）地点灵活性。地点灵活性包括：在需要更多仓库时，能使用到所需仓库；在淡季时，可以不必负担额外的仓储费用；改变仓库位置时，基本不发生转换成本。租赁仓库具有更大的地点灵活性，不需要企业投入大量的资金，在需要时支付租金即可。

（4）规模经济效应。高流量的仓库更能够利用先进技术来降低材料搬运和储存成本，发挥规模经济效应。租赁仓库一般拥有更大规模，具有这方面的优势。

（5）特殊仓储技术。存储有些产品（如药品、化学品）时，需要专业存储人员或专门设备，这时，自有仓库可能是唯一可行的选择方案。当然，现在也有一些专业物流公司为客户提供专门的行业性物流服务。

（6）其他因素。选择仓库战略时还要考虑一些其他因素，如拥有自有仓库可能产生的增值收益；仓库空间在未来某个时间可能转为他用，改为生产设施等；仓库还可以作为销售部门、自营车队、运输部门和采购部门的服务基地等。

一般而言，企业既自建仓库又适当租赁仓库是一种不错的选择，这样既满足了各方面需求，又能节约成本。

四、合理控制库存量

（一）通过现代化库存计划技术来合理控制库存量

采用物料需求计划、制造资源计划以及准时制生产和供应系统等，可以合理地确定原材料、在制品、半成品和产成品等每个物流环节最佳的库存量，在现代物流理念下指导物流系统的运行，使存货水平最低、浪费最少、空间占用最小。

（二）通过现代信息技术降低库存量

运用现代信息技术，实现企业内部各部门之间的信息共享，实现企业总部与异地分、子公司和仓库的信息共享，这可以加快资金周转，降低货物损失，提高仓储设施的利用率。同时要加强与供应商、客户以及供应链上其他企业的信息共享，可以采用供应商管理库存、联合管理库存等手段实现库存量的降低，从而降低仓储成本。

（三）运用存储论确定合理库存量

货物从生产到销售之间需要经过几个阶段，几乎在每一个阶段都需要存储，究竟每个阶段库存量保持多少是合理的？为了保证供给，需隔多长时间补充库存？一次进货多少才能达到费用最少的目的？这些都是确定库存量的问题，都可以运用存储论找到解决的方法。其中应用较广泛的方法是经济订货批量模型及其模型的扩展。

五、运用 ABC 法和 CVA 法

（一）ABC 法的应用

ABC 法即 ABC 分类管理法，利用 ABC 法，可以搞好库存物品种类的重点管理和库存安排，提高保管效率。ABC 法符合"抓住关键少数""突出重点"的原则，是库存成本控制中一种比较经济合理的常用方法。对于品种少但占用资金额高的 A 类货物，应作为重点控制对象，必须严格逐项控制；而 B 类货物则作为一般控制对象，可根据不同情况采取不同的措施；而对于 C 类货物，则不作为控制的主要对象，一般只需要采取一些简单的控制方法。

1. A 类货物的常用管理策略

A 类货物的常用管理策略包括：每件产品皆编号；尽可能慎重正确地预测需求量；少量采

购，尽可能在不影响需求的前提下减少库存量；与出货单位合作，使出库量平准化，以减少需求变动，减少安全库存量；与供应商协调，尽可能缩短前置时间；采用定期订货的方式，对存货做定期检查；严格执行盘点，每天或每周盘点一次，以提高库存精确度；对交货期限加强控制，在制品及发货从严控制；货物放置于易于出入库的位置；实施货物包装外形标准化，增加出入库单位；采购经高层主管核准。

2. B 类货物的常用管理策略

B 类货物的常用管理策略包括：采用定量订货方式，但前置时间较长或需求量有季节性变动趋势的货物宜采用定期订货方式；每两三周盘点一次；中量采购；采购经中级主管核准。

3. C 类货物的常用管理策略

C 类货物的常用管理策略包括：采用复仓制或定量订货方式简化手续；大量采购，以在价格上获得优待；简化库存管理手段，减少管理人员，并尽量废除料账、出库单及订购单等单据，以最简单的方式管理；安全库存量须较大，以免发生存货短缺事件；可交由现场保管使用；每月盘点一次即可；采购仅基层主管核准。

下面是基于 ABC 法的案例分析。

ABC 法的一般步骤为：①分析本企业所存货物的特征；②收集有关货物存储资料；③资料的整理排序；④整理表格，求出累计百分比，如表 8-4 所示；⑤根据表中统计数据绘制 ABC 分析图，如图 8-2 所示。

表 8-4　ABC 法的统计表

序号	数量	单价（元）	占用资金（元）	资金占用百分比（%）	资金占用累计百分比（%）	占产品项的累计百分比（%）	分类
1	10	680	6 800	68	68	10	A
2	12	100	1 200	12	80	20	A
3	25	20	500	5	85	30	B
4	20	20	400	4	89	40	B
5	20	10	200	2	91	50	C
6	20	10	200	2	93	60	C
7	10	20	200	2	95	70	C
8	20	10	200	2	97	80	C
9	15	10	150	1.5	98.5	90	C
10	30	5	150	1.5	100	100	C
合计			10 000	100			

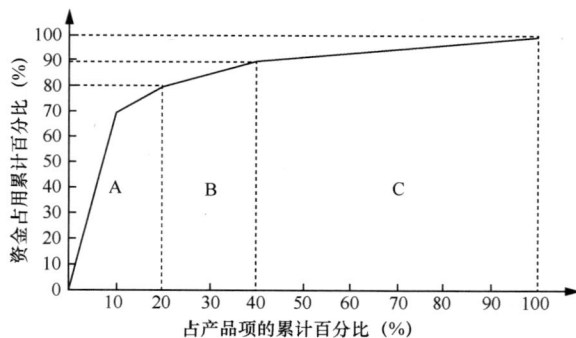

图 8-2　ABC 分析图

（二）CVA 法的应用

在 ABC 法中，C 类货物往往得不到重视，由此也会给企业运行带来问题。例如，经销鞋的企业会把鞋带列为 C 类货物，但是鞋带缺货会严重影响产品的销售。再例如，汽车制造厂会把螺钉列为 C 类货物，但它的缺货可能造成整个装配线的停工。因此，除了在库存数量上要设计合理、经济，更需要在货物的结构上做到合理。如果各种货物之间的关联性很强，只要一种货物缺货，即使其他货物仍有库存，也无法投入使用或生产。因此企业在库存管理中可以引入关键因素分析（Critical Value Analysis，CVA）法，这种方法把存货按照关键性分成四类，每类的特点与管理措施如表 8-5 所示。

表 8-5　CVA 法的存货类型及其管理措施

存货类型	特点	管理措施
最高优先级	经营管理中的关键货物，或 A 类重点客户的货物	不允许缺货
较高优先级	经营管理中的基础性货物，或 B 类客户的货物	允许偶尔缺货
中等优先级	经营管理中比较重要的货物，或 C 类客户的货物	允许合理范围内缺货
较低优先级	经营管理中需要但可以替代的货物	可以缺货

CVA 法是在 ABC 法基础上的改进，能够做到货物的合理储存。两者的结合使用，可以达到分清主次、抓住关键问题的目的。

案例8.3

顺丰快递

顺丰控股股份有限公司（以下简称"顺丰"）于 1993 年成立，总部设在深圳，是一家主要经营国内、国际快递及相关业务的服务性企业。

自成立以来，顺丰始终专注于服务质量的提升，不断满足市场的需求，在国内建立了信息采集、市场开发、物流配送、快件收派等业务机构，建立了服务客户的全国性网络，同时，也积极拓展国际件业务。下面是有关顺丰的一个案例。

时间：2022 年 12 月 20 日春节前

地点：广州市

人物：某广告公司助理小林

事件：小林接受主管委托，要向深圳的一家单位快递文件资料。这是春节前主管交代的最后任务。

物流实况：近期许多家快递公司都已严重爆仓，纷纷停止向客户揽件。听说顺丰没有出现爆仓现象，小林便准备通过该公司递送物品。表 8-6 是快递进展的时间表。

表 8-6　快递进展时间表

进展情况	时间
快递员上门	11：09
已揽收	12：07
快件离开广州集散地	13：28
快件离开深圳集散中心	22：34
快件到达深圳集散地	第二天 06：03
正在派件	第二天 07：58
快件已签收	第二天 09：13

第四节　配送成本的控制

为了提高对客户的服务水平，越来越多的企业建立配送中心，进行配送作业，但是配送作业的实施往往会带来成本的居高不下，从而使企业的竞争力减弱。因此，对配送成本的控制就显得非常重要。对配送成本的控制从配送中心选址、配送中心内部的布局开始，一直到配送运营过程。

一、影响配送成本的因素

影响配送成本的因素包括以下几个。

（一）时间

配送作业的持续时间影响配送作业对仓储设施设备的占用时间，影响设施设备的投入成本；配送业务决定了时间的长短，影响车辆配载效率，也影响配送路线的优化，直接影响配送成本的控制。

（二）配送距离

配送距离是影响配送成本的重要因素。距离越远，配送运输的成本就越高，运输设备和人员的消耗也越多。

（三）配送货物的数量和重量

配送货物的数量和重量的增加会使配送作业量加大，配送成本上升。但是大批量的配送作业也会使作业效率得到提高，单位货物的配送成本下降，外包配送价格优惠更多。

（四）货物种类及作业过程

不同的货物种类可能造成配送作业过程不同，技术要求不同，承担的责任也不同，因此，不同的货物种类对配送成本会产生较大的影响。如包装方式不同、标准化程度或装卸活性指数不同，配送作业成本也不同。

（五）外部成本

配送作业可能需要利用企业外部的资源，如租用装卸搬运设备、不同地区的交通管制状况、基础设施完备情况等，这些因素也会影响企业配送成本的大小。

二、配送策略的优化

（一）混合配送策略

混合配送策略是指配送业务一部分由企业自身完成，另一部分外包给第三方。合理安排由企业自身完成的配送作业和外包给第三方完成的配送作业，能实现配送成本的降低。例如，美国一家干货公司为了满足遍及美国 1 000 多家连锁店的配送需求，建造了 6 座仓库，并拥有自己的车队。随着经营的发展，该公司决定扩大配送系统，计划在芝加哥投资 700 万美元再建一座新配送中心，并配以新型的仓库处理系统。但是董事会通过讨论发现，自建仓储配送系统不仅投资高，而且即使建成该配送中心，也可能满足不了日益增长的配送需求。于是该公司通过仔细分析把该业务外包给了第三方物流企业，并在周边租赁了部分仓储设施，增加了一些必要的设备，总共投资了 20 万元购置设备，以及定期支付外包运费和仓库租赁费。实际上，在我国，很多企业都有自己的仓储设施和配送队伍，因此，完全可以采用自营配送和外包配送相结合的方式来满足自身的业务需求。一方面，自身的仓储配送资源得到了有效的利用；另一方面，第三方物流的引入也能弥补企业自身配送能力的不足。而且，自有配送队伍的存在对第三方物流也是一个有效的牵制。

（二）差异化配送策略

差异化配送策略是指按照产品的特点和销售水平来设置不同的配送作业，即设置不同的库存、不同的配送方式以及不同的储存地点。如果采用同样的配送作业可能会增加不必要的配送成本。例如，一家销售汽车零配件的企业，为了降低成本，按照配件的销售量比重进行分类：A 类配件的销售量占总销售量的 70%左右，B 类配件占 20%左右，C 类配件则为 10%左右。对于 A 类配件，该企业在各个销售网点都备有库存；B 类配件只在地区分销中心备有库存而在各销售网点不备有库存；C 类配件连地区分销中心都不设库存，仅在工厂的仓库才有库存。经过一段时间的运行，该方法使得总配送成本降低了 20%。

（三）共同配送策略

共同配送是一种战略运作层次上的共享，它是几个企业联合，集小量为大量，共同利用同一配送设施的配送方式。共同配送一般包括以下两种情况。

（1）中小型生产或零售企业之间分工合作实行共同配送。同一行业或同一地区的中小型生产或零售企业在单独进行配送的运输量少、效率低下的情况下进行联合配送，不仅可以减少企业的配送费用，使配送能力得到互补，而且有利于提高配送频率，提高配送服务质量，提高配送车辆的利用率。

（2）几个中小型配送中心之间的联合。针对某一地区的用户，由于各配送中心所配送货物数量少、车辆利用率低等原因，几个配送中心将用户所需货物集中起来，共同配送。

（四）延迟配送策略

传统的配送作业安排中，大多数的库存是按照对未来市场需求的预测量设置的，这样就存在预测风险。当预测量与实际需求量不符时，就出现库存过多或过少的情况，从而增加配送成本。延迟配送策略的基本思想是，对产品的生产、组装、配送尽可能推迟到接到顾客订单后再确定。一旦接到订单就要快速反应，因此采用延迟配送策略的一个基本前提是信息传递非常快。

一般来讲，实施延迟配送策略的企业应具备以下基本条件：一是产品特征，即生产技术非常成熟、模块化程度高、产品价值密度大、有特定的外形、产品特征易于表达、定制后可改变产品的容积或重量；二是生产技术特征，即模块化产品设计、设备智能化程度高、定制工艺与基本功能差别不大；三是市场特征，即产品生命周期短、销售波动大、价格竞争激烈、市场变化大、产品的提前期短。

实施延迟配送策略常采用两种方式：形成延迟（或称生产延迟）和时间延迟（或称物流延迟）。而在配送中，往往存在着加工活动，所以实施延迟配送策略既可以采用形成延迟方式，也可以采用时间延迟方式。具体操作时，延迟配送策略常见于诸如贴标签（形成延迟）、包装（形成延迟）、装配（形成延迟）和发送（时间延迟）等领域。

三、配送路线的优化

配送路线是指各送货车辆向各个客户送货时所要经过的路线，它的合理与否，对配送速度、车辆的利用效率和配送费用都有直接影响。

合理配载以后，应选择适当的配送路线，按顺序把货物送到客户手中。优化配送路线的目标是在保证生产供应的前提下，实现运输的距离最短，运输的费用最少。合理配载和运输路线的选择并不是相互孤立的，在进行配载时，不但要考虑货物的品种、数量、重量、体积等因素，也要充分考虑运输路线因素。

配送路线的选择可以采用 0-1 规划法和节约法。

（一）0-1 规划法

所谓的 0-1 规划法，是指给定两个数组，$a[i]$ 表示选取 i 的收益，$b[i]$ 表示选取 i 的代价。如果选取 i，定义 $x[i]=1$ 或者 $x[i]=0$。求一个选择方案使得 $R = \dfrac{\sum(a[i] \times x[i])}{\sum(b[i] \times x[i])}$ 最小。具体包括以下几个步骤。

（1）确定目标：首先明确优化的目标，如最小化配送成本、最大化配送效率或提高服务质量等。

（2）数据收集：收集与配送相关的数据，包括订单数量、配送地点、路线距离、货物重量、车辆容量等。

（3）建立模型：根据收集的数据和约束条件，建立 0-1 规划模型。在这个模型中，每个可能的配送路线都被表示为一个决策变量，其取值为 0 或 1。

（4）求解模型：使用适当的算法或工具来求解这个 0-1 规划模型。求解过程将考虑所有约束条件，并找到使目标函数取得最优值的 0-1 变量取值。

（5）结果分析：分析求解结果，确定最优的配送线路。这些线路将是在满足所有约束条件下，使目标函数取得最优值的路线。

（二）节约法

节约法是将车辆的配载和运输路线的选择结合在一起进行考虑的一种方法。无论采用何种方法，都必须保证满足以下条件。

（1）满足所有客户对货物品种、规格和数量的需要。

（2）满足所有客户对货物送达时间的要求。

（3）在交通管理部门允许通行的时间里送货。

（4）各配送路线的货物量不得超过车辆容积和载重量。

（5）在配送中心现有运力及可支配运力的范围内配送。

四、配送作业效率的提高

配送作业效率的提高有以下方法。

（一）提高配送的计划性

为了加强配送的计划性，企业应建立客户的配送计划申报制度，在实际工作中针对货物的特征制定不同的配送计划和配送制度。

（二）通过自动化技术，提高配送作业效率

配送作业包括入库、保管与装卸、备货、分拣、配载、发货等作业环节。入库和发货效率的提高可以通过条形码技术和便携式终端性能的提高来实现。而在保管与装卸作业中，可以通过自动化技术来降低人工成本，并实行作业的标准化。备货作业的自动化是比较难的，备货自动化中常用的是数码备货，这是一种不使用人力而借助信息系统有效地进行作业活动的方法。具体地说，数码备货就是在由信息系统接收客户订单的基础上，信息系统向分拣员发出数码指令，分拣员按照指定的数量和种类正确迅速地备货。分拣、配载效率可以通过技术和设备的升级来实现。

（三）建立通畅的配送信息系统

在配送作业中，需要处理很大的数据量。配送作业效率的提高要借助通畅的信息系统，导入自动化仪器，力图做到配送中心作业的机械化和自动化，节约人力资源成本，简化订、发货作业，制定最佳的配载计划和配送路线，最终降低配送成本。

案例8.4

包装的合理化设计，减少物流花费

Pescanova集团成立于1960年，是西班牙的一家食品企业，在21个国家都有分公司。它主要从事捕鱼、加工和出售冷冻海产品等业务。其2004年营业额为9亿300万欧元，商品质量约为14.5万吨。该集团运作了两项包装合理化项目，其中一个已经发展超过3年。

Pescanova集团因这两个项目年节省60万欧元。从环境的角度来讲，这意味着包装纸板消耗减少3.8%、塑料消耗节省1.8%和波纹纸板消耗节省2.9%，同时平均上货盘效率还提高了8%，采纳的提议影响8%的产品规格。

包装系统的整合说明了包装物流学的价值。Pescanova集团在非洲的工厂擅长生产不同鳕鱼纸盒包装。纸盒生产后，被运送到西班牙一港口并装载到冷藏车上。纸盒到达这一港口时，按照卸货和分级程序，被装上欧洲标准货盘。

起初的分析显示，产品在纸盒包装中纵向上有足够的空间，但当测试更小的包装时，发现新的版式没有影响产品质量。依照这一测试结果，Pescanova集团研究了在产品分布的物流学中新的可能性，并且在与别的用收缩性薄膜包装的产品做了相应的对比后，发现成本和上货盘效率都有改善。这样，初步的分析认为，将产品从非洲运往欧洲途中纸盒要能保障产品质量。无论如何，即使要保护产品，使用更大的纸盒来容纳超过10盒的产品从而减少单位重量产品的材料成本是可行的，同时纸板消耗减少并提高了上货盘效率。因此为了满足大小商家，可以将容

纳 10 盒的收缩薄膜包装改成成箱包装。

　　成箱包装可以保护海运产品，但这些产品箱需要在港口被拆散，增加了操作费用。在分配的最后阶段，废除那些波纹箱可能提高上货盘效率。最后，考虑到一种新的方案：用海运集装箱。这样成箱包装或者上货盘的收缩性薄膜包装都可行。

　　在评估各种方案和确认其可行性后，Pescanova 集团决定选择用更小的产品箱，即用收缩性薄膜包装盒包装，再装入波纹纸板箱，并且不管运输的线路，在整个物流链中都这样，以促进产品从非洲到欧洲的运输效率。

　　在执行这个方案后，由于更有效的上货盘和操作与消耗量的减少，Pescanova 集团实现了总物流费用减少 8%。

启发思考

从 Pescanova 集团的包装系统整合来看，我们可以得到哪些启示？

第五节　其他物流功能成本的控制

一、装卸搬运成本的控制

　　装卸搬运是衔接物流各个环节的物流作业，也是出现频率最高的一项物流活动，其效率的高低直接影响物流整体活动效率的高低，也影响物流成本的高低。

　　装卸搬运作业合理化要坚持省力化、短距化、顺畅化、集中化和人性化的原则，尽量采用集装箱装卸、托盘一贯制装卸、多式联运、机械水平搬运、流水线作业、专业装卸线、专业装卸区等，其目标是在保证货物完好无损的前提下，节省时间和劳动力，降低装卸搬运成本。

（一）提高装卸搬运的活性

　　搬运处于静止状态的货物时，需要考虑搬运作业所必需的人工作业。装卸搬运活性是指把货物从静止状态转变为装卸搬运状态的难易程度。如果货物的静止状态很容易转变为下一步的装卸搬运状态而不需要做过多的装卸搬运前的准备工作，则装卸搬运活性就高；反之就是装卸搬运活性不高。因此，提高装卸搬运活性是装卸合理化的重要因素。

　　装卸搬运活性的高低可以用活性指数来衡量：所需的人工越多，活性就越低；反之，所需的人工越少，活性越高。例如，散放在地上的货物要运走，需要经过集中、搬起、升起和运走四次作业，从而所需的人工作业多，即活性水平低，活性指数定为 0。

　　活性指数确定如表 8-7 所示。在对货物的活性有所了解的情况下，可以利用活性理论，改善搬运作业。

表 8-7　活性指数确定

货物状态	作业说明	作业种类				需要的作业数目	活性指数
		集中	搬起	升起	运走		
散放在地上	集中、搬起、升起、运走	要	要	要	要	4	0

货物状态	作业说明	作业种类				需要的作业数目	活性指数
		集中	搬起	升起	运走		
集装在箱中	搬起、升起、运走（已集中）	否	要	要	要	3	1
托盘上	升起、运走（已搬起）	否	否	要	要	2	2
车中	运走（不用升起）	否	否	否	要	1	3
运动着的输送机	无（保持运动）	否	否	否	否	0	4

要提高某些作业的活性指数，如活性指数为 0 的散放，可通过放入容器中（活性指数为 1）或码放在托盘上（活性指数为 2）来提升作业活性，提高工作效率。

活性分析图（见图 8-3）是货物装卸搬运过程中各阶段活性指数变化状况的示意图，该图便于直观地分析和确定改善货物装卸搬运的薄弱环节。

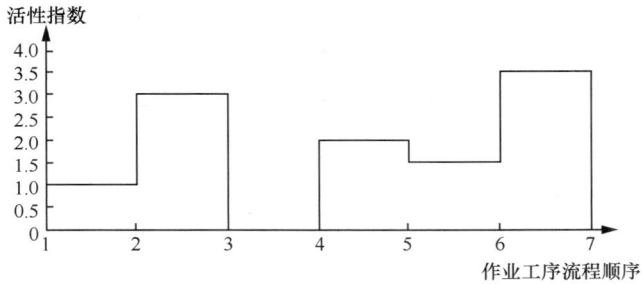

图 8-3　活性分析图

可以计算企业各个环节装卸搬运作业的平均活性指数。如果该指数太小，则可以采用以下不同的改进方法：若低于 0.5，则需有效利用集装器具、手推车；若处于 0.5～1.3，则需有效利用动力搬运车、叉车、卡车；若处于 1.3～2.3，则可以有效利用传送带、自动导引车；若处于 2.3 以上，则可以考虑从设备、方法方面进一步减少搬运工序数。

总之，活性指数越高，所需人工越少，但设备投入越多。在进行装卸搬运系统设计时，并不应机械地认为活性指数越高越好，而应综合考虑。

（二）防止无效装卸

无效装卸是消耗必要装卸劳动之外的多余装卸劳动。无效装卸会造成装卸成本的提高，物品受损的可能性加大，物流周转速度降低，因此，应该尽量减少无效装卸。无效装卸具体反映在以下几个方面。

（1）过多的装卸次数。从发生的费用来看，一次装卸的费用相当于几十千米的运输费用，因此，每增加一次装卸，费用就会有较大比例的增加。此外，装卸又会大大减缓整个物流的速度。采用集装方式，进行多式联运，能够有效地避免对单件货物的反复装卸搬运处理，是防止无效装卸的办法。

（2）过大的包装装卸。包装过大过重，在装卸时反复在包装上消耗较大的劳动，这一消耗不是必需的，因而形成无效装卸。

（3）无效物质的装卸。进入物流过程的货物，有时混杂着没有使用价值或对用户来讲使用价值不大的各种掺杂物，如煤炭中的矸石、矿石中的水分、石灰中的熟石灰及过烧石灰等，在反复装卸时，这些无效物质反复消耗劳动，因而形成无效装卸。

（三）充分利用重力进行少消耗的装卸搬运

在装卸搬运时考虑重力因素，可以利用货物本身的重量，进行有一定落差的装卸搬运，以减少或根本不消耗装卸的动力，这是合理化装卸搬运的重要方式。例如，从卡车卸货时，利用卡车与地面或小搬运车之间的高度差，使用溜槽、溜板之类的简单工具，可以依靠货物本身的重量，从高处自动滑到低处，这就无须消耗动力；如果采用吊车、叉车将货物从高处卸到低处，其动力消耗虽比从低处装到高处小，但是仍需消耗动力。两者比较，利用重力进行无动力消耗的装卸显然是合理的。

（四）实现装卸的机械化、集装化和标准化

在整个物流过程中，装卸搬运是实现机械化较为困难的环节。装卸搬运与其他物流环节相比机械化水平较低，在我国，依靠人工的装卸搬运活动还占很大的比重。装卸搬运机械化可以把作业人员从繁重的体力劳动中解放出来，并提高劳动生产率。

装卸的集装化可以实现间断装卸时一次操作的最合理装卸量，从而降低单位装卸成本。而装卸的标准化有利于节省装卸作业时间，提高作业效率。在装卸的集装化中，应制定托盘、集装箱的使用标准。

（五）组合化装卸的推广应用

组合化装卸在装卸搬运作业过程中是非常重要的，根据不同货物的种类、性质、形状、重量来确定不同的装卸作业方式。处理货物装卸的方法有三种：普通包装的货物逐个装卸，叫作分块处理；将颗粒状货物不加小包装而原样装卸，叫作散装处理；将货物以托盘、集装箱、集装袋为单位进行组合后装卸，叫作集装处理。对于包装的货物，应尽可能进行集装处理，实现单元化装卸，充分利用机械进行操作。组合化装卸具有以下优点。

（1）装卸单位大、作业效率高，可节约大量装卸作业时间。

（2）能提高装卸的灵活性。

（3）操作单元大小一致，易于实现标准化。

（4）不用手触及各种货物，可达到保护货物的效果。

二、包装成本的控制

（一）包装的主要功能

包装是生产环节的终点，又是销售物流的起点。为了确保产品使用价值不受影响并吸引用户购买，需要对产品进行包装和对外观进行必要的装饰，但是必须讲求物流成本，包装要适用，不能华而不实，造成浪费。一般来说，包装具有四个主要功能，即保护货物、提高物流作业效率、信息传递和营销。

（二）优化包装设计，降低包装成本

包装设计首先要考虑的一个关键问题是包装对货物的保护程度。有时会出现包装过分保护的情况，从而导致包装成本的提高。

包装设计要考虑的另一个关键问题是满足营销的功能。有时满足营销的功能要求，也会导致包装成本攀升。包装完全能够满足营销要求且出现过剩时，还会导致包装成本的浪费。

因此，根据包装要达到的既定目标，对包装的设计进行仔细的分析研究，杜绝过度包装，是降低包装成本的主要方法之一。

（三）发展包装机械化，降低包装成本

包装机械化主要从两个方面来降低包装成本：一是提高包装作业效率，从而有利于降低包装成本；二是大大缩减劳动工资成本。例如，就瓦楞纸箱而言，分别有纸箱组装机、装箱机、贴封签机、钉合机等，将上述几种机器连接起来，组成全自动瓦楞纸箱生产线，这样便可以节约 70% 左右的劳动力，生产效率将大大提高。

（四）实现包装标准化和共用化

包装标准是以包装为对象制定的标准。我国已经制定了 500 多项包装国家标准。实现包装的标准化，不仅可以促进包装工业的发展，也可以使单位包装成本得到降低。包装标准包括包装基础标准、包装材料标准、包装容器标准、包装技术标准、产品包装标准等。

包装的共用化也是企业降低包装成本的有效途径。一些企业产品的型号较多，且每个型号都会开发一个包装箱，给企业的管理带来不便，同时也降低了包装纸箱供应商的生产效率和积极性。有时，因为生产计划的变更，包装纸箱供应商不得不将送来的包装箱拉回，重新生产送货，无形中增加了成本。所以有的企业就会用包装箱共用化的方法来解决上述问题。这样，不但企业的管理成本有所下降，管理效率得到提高，而且包装纸箱供应商由于一直生产一种包装箱，其生产效率和积极性也得到了很大的提高，两方面综合起来，使产品的包装成本控制取得显著的效果。

（五）加强包装业务相关管理

购入包装材料时必须登账，根据领用凭证发料，并严格控制使用数量，以免损失浪费；各使用部门应按需要时间提出使用数量计划，交主管部门据以加工、购置，如逾期没计划或数量庞大造成浪费或供应不及时，均应追究责任；加强包装用品规格质量的验收和管理，注意包装用品的回收利用；加速包装物的周转，延长包装物使用年限和增加使用次数，减少损失浪费现象。

三、流通加工成本的控制

流通加工是为了提高物流速度和商品的利用率，在商品进入流通领域后，按客户的要求进行的加工活动，即在商品从生产者向消费者流动的过程中，为了促进销售、维护商品质量和提高物流效率，对商品进行一定程度的加工。流通加工通过改变或完善流通对象的形态来实现桥梁和纽带的作用，因此流通加工是流通中的一种特殊形式。经济的增长、国民收入增多，消费者的需求出现多样化，促使在流通领域开展流通加工。目前，在世界许多国家和地区的物流中心或仓库经营中都大量存在流通加工业务，在日本、美国等物流发达国家则更为普遍。

（一）不合理的流通加工形式

流通加工成本的控制就是要实现流通加工的合理化。流通加工合理化是指实现流通加工的最优配置，也就是对是否设置流通加工环节、在什么地方设置、选择什么类型的加工、采用什么样的技术装备等问题做出正确抉择。这不仅要求避免各种不合理的流通加工形式，而且要做到最优。不合理的流通加工形式会导致流通加工成本乃至整个物流成本的提高。不合理的流通加工形式主要表现在以下几个方面。

（1）流通加工地点设置不合理。流通加工地点设置即布局状况是决定整个流通加工是否有效的重要因素。一般来说，为衔接单品种大批量生产与多样化需求的流通加工，只有将加工地点设置在有需求的地区，才能实现大批量的干线运输与多品种末端配送的物流优势。如果将流通加工地点设置在生产地区，一方面，为了满足用户多样化的需求，会出现多品种、小批量的产品由产地向需求地的长距离运输；另一方面，在产地增加了一个加工环节，同时也会增加近距离运输、保管、装卸等一系列物流活动。所以，在这种情况下，不如由原生产单位完成流通加工而无须设置专门的流通加工环节。

（2）流通加工方式选择不当。流通加工方式涉及流通加工对象、流通加工工艺、流通加工技术、流通加工程度等要素。流通加工方式的确定实际上是流通加工与生产加工的合理分工。把本来应由生产加工完成的作业错误地交给流通加工来完成，或者把本来应由流通加工完成的作业错误地交给生产加工去完成，都不合理。流通加工不是对生产加工的代替，而是一种补充和完善。所以，一般来说，如果工艺复杂，技术装备要求较高，或加工可以由生产过程延续或轻易解决，都不宜再设置流通加工。流通加工方式选择不当，就可能会造成生产争利的恶果。

（3）流通加工作用不大，形成多余环节。有的流通加工过于简单，或者对生产和消费的作用都不大，甚至有时由于流通加工的盲目性，不仅未能解决品种、规格、包装等问题，还增加了作业环节，这也是流通加工不合理的重要表现形式。

（4）流通加工成本过高，效益不好。流通加工的一个重要优势就是有较大的投入产出比，因而能有效地起到补充、完善的作用。如果流通加工成本过高，则不能达到以较低投入实现更高使用价值的目的，势必会影响它的经济效益。

（二）实现流通加工合理化的途径

要实现流通加工的合理化，主要从以下几个方面加以考虑。

（1）流通加工和配送结合。将流通加工设置在配送点中。一方面，按配送的需要进行加工；另一方面，加工是配送作业流程的重要一环，加工后的产品直接投入配货作业，无须单独设置一个加工的中间环节，而使流通加工与中转流通巧妙地结合在一起。同时，由于配送之前有必要的加工，所以配送服务水平大大提高，当前流通加工越来越受到人们的重视，在煤炭、水泥等产品的流通中已经表现出较大的优势。

（2）流通加工和配套结合。配套是指将使用上有联系的用品集合成套供应给用户使用。例如，方便食品的配套。当然，配套的主体来自各个生产企业，如方便食品中的方便面，就是由其生产企业配套生产的。但是，有的配套不能由某个生产企业全部完成，如方便食品中的配菜、汤料等。这样，在物流企业进行适当的流通加工，可以有效地促成配套，放大流通加工作为供需的桥梁与纽带的作用。

（3）流通加工和合理运输结合。流通加工能有效衔接干线运输和支线运输，促进两种运输形式的合理化。利用流通加工，在支线运输转干线运输或干线运输转支线运输等必须停顿的环节，不进行一般的支转干或干转支，而是按干线或支线运输合理的要求进行适当加工，这可以大大提高运输及运输转载水平。

（4）流通加工和合理商流结合。流通加工也能起到促进销售的作用，从而使商流合理化，这也是流通加工合理化的方向之一。流通加工和配送相结合，提高了配送水平，促进了销售，使流通加工与合理商流结合。此外，通过简易包装加工使产品便于购买，通过组装加工解决用户使用前进行组装、调试的难处，是有效促进商流的很好例证。

（5）流通加工和节约结合。节约能源、节约设备、节约人力、减少耗费是流通加工合理化的重要考虑因素，也是目前我国设置流通加工并考虑其合理化的较普遍形式。

第六节　以物流成本形成过程为
对象的物流成本控制

一、投资阶段的物流成本控制

投资阶段的物流成本控制主要是指企业在厂址选择、物流系统布局设计、物流设备投资等过程中对物流成本所进行的控制。其内容如下。

（一）合理选择厂址

厂址选择合理与否，往往在很大程度上决定了以后物流成本的高低。例如，把廉价的土地使用费和人工费作为选择厂址的第一要素时，可能会在远离原料地和消费地的地点选点建厂，这对物流成本会造成很大的影响。除了运输距离长以外，还需在消费地设置大型仓库，而且运输工具的选择也会受到限制。如果在消费地附近有同行业的企业存在，在物流成本上就很难与之竞争，即使考虑人工费和土地使用费等因素，也很难断定企业是否在竞争中处于优势。所以工厂选址时应该重视物流成本这一因素，事先要进行可行性研究，谋求物流成本的降低。

（二）合理设计物流系统布局

物流系统布局的设计对物流成本的影响是非常大的，特别是对全国性甚至是全球性的物流网络设计而言，物流中心和配送中心的位置、运输和配送系统的规划、物流运营流程的设计等，对整个系统投入运营后的成本耗费有着决定性的影响。在设计物流系统布局时，应通过各种可行性论证，比较选择多种方案，确定最佳的物流系统结构和业务流程。

（三）优化物流设备投资

优化物流设备投资是为了提高物流工作效率和降低物流成本，企业往往需要购置一些物流设备，采用一些机械化、自动化的措施。在进行物流设备投资时，一定要注意投资的经济性，要研究机械化、自动化的经济临界点。对一定的物流设备投资来说，其与业务量所要求的条件必须适应。一般来说，业务量增加时，采用机械化和自动化有利，而依靠人工作业则成本较高；如果超过限度进行机械化和自动化，那么将不可避免地增大资金成本，是不可取的。

二、产品设计阶段的物流成本控制

物流过程中发生的成本大小与物流系统中所服务产品的形态、大小和重量、包装形式等密切相关。为此，实施物流成本控制有必要从设计阶段抓起，特别是对制造企业来说，产品设计对物流成本的重要性尤为明显。具体地说，产品设计阶段的物流成本控制主要包括以下几方面的内容。

（一）产品形态的多样化

耐用消费品，特别是家用电器制品，在产品的形态设计上可以考虑多样化。例如，如果将电炉和电风扇设计成折叠形式，就易于保管和搬运；如果将机床设计成带有把柄的，就能为搬运和保管过程中装卸作业的顺利进行提供方便。

（二）产品体积的小型化

体积的大小在很大程度上决定了物流成本的高低。比如，要把一个体积大的产品装到卡车车厢里，如果这个产品的底面积占整个车厢底面积的 51%，一辆卡车只能装一件。如果要以同样方法运两件这种产品，就需要两辆卡车，花双倍的费用。如果设计时考虑到这一点，按照占卡车车厢底面积的 50%的大小设计该产品，则一辆卡车可运两件，运输费用就可以得到有效节约。再如，洗涤剂浓缩化可降低 1/3 的物流成本；餐饮行业所用的调料和佐料，如果由液体改制成粉末状态，也可以使配送效率提高；等等。

（三）产品批量的合理化

当把数个产品集合成一个批量保管或发货时，就要考虑物流过程中较优的容器容量。例如，一个箱子装多少件产品？箱子设计成多大？每个托盘上堆码多少个箱子？

（四）产品包装的标准化

各种产品的形状是多种多样、大小不一的，大多数在工厂进行包装，包装时通常需要结合产品的尺寸等选择包装材料。就是说，根据产品的大小、形状，分割包装材料并进行捆包，这样做才不会浪费。但是，多种多样的包装形态在卡车装载和仓库保管时，容易浪费空间，从降低物流成本的角度看，这种做法不一定是合理的。根据物流管理的系统化观点，包装尺寸应该规格化，形状应该统一化，有时即使需要增加包装材料用量，或者另外需要填充物，但总的物流成本仍然可能较低。

从上述情况可知，产品设计阶段决定着物流的效率、物流成本的高低。这就要求在产品设计阶段就掌握和分析本企业由上（零部件、原材料的供应商）到下（产品销售对象、最终需要者）的整个流程，弄清产品设计对整个物流过程各个环节所需成本的影响，从整体最优的原则出发，做好产品设计，实施物流成本的事前控制。

三、供应阶段的物流成本控制

供应与销售阶段是直接发生物流成本的阶段，也是物流成本控制的重要环节。供应阶段的物流成本控制主要包括以下内容。

（一）优选供应商

企业可选的供应商有很多，每个供应商的供货价格、服务水平、供货地点、运输距离等都会有所区别，物流成本也就会受到影响。企业应该在考虑供应商的供货质量、服务水平和供货价格的基础上，充分考虑其供货方式、运输距离等对企业物流成本的综合影响，从多个供货对象中选取综合成本较低的供货厂家，以有效地降低企业的物流成本。

（二）运用现代化的采购管理方式

准时制采购和供应是一种有效降低物流成本的物流管理方式，它可以减少供应库存量，降低库存成本，而库存成本是物流成本的一个重要组成部分。另外，供应链采购、招标采购、全球采购等采购管理方式的运用，也可以有效地加强采购供应管理。对集团企业或连锁经营企业来说，集中采购也是一种有效的采购管理模式。这些现代化采购管理方式的运用，对降低供应物流成本是十分重要的。

随着供应链管理的理念和技术在企业中的推广应用，企业物流管理的水平不断提高，企业可以与原材料供应商的计算机联网，把供应商作为整个供应链管理的一个组成部分，快速及时地进行信息沟通，使企业的准时制生产模式与信息网络一体化。网络和信息技术的普遍应用使得准时制管理方式更加成熟，同时企业的物流管理水平也得到了有效提升。

例如，德国大众汽车公司在存货管理上采用 ABC 法。它把所需采购的零配件按使用的频率分为高、中、低三个部分，把所需采购的零配件按所含价值量的高低也分为高、中、低三个部分，使用频率高并且价值含量也高的零配件属于 A 类存货，需要进行重点管理，在供应上采用准时制供应方式。一般来讲，对于某种需要及时供应的配件，在前 12 个月的时候，供方就可以通过联网的计算机得到需方的需求量信息，而这个需求量的准确性相对较差，误差约为±30%；在提前 3 个月的时候，供方可以从计算机上再次得到较为准确的需求量，误差约为±10%；在提前 1 个月的时候，供方可以得到更准确的需求量信息，误差只有±1%；到供货前的 1 个星期，供方就可以获得准确的需求量。供应商在供货前几天开始生产，将成品直接运输到大众汽车公司的生产线上。

由此可见，通过计算机信息网络和准时制技术，供应商不仅可以为其客户及时供应所需配件，而且也可得到相应的信息。对需求方的制造厂商而言，准时制供应模式的应用，大大地降低了企业的原材料和零配件库存；对供应方制造企业而言，及时的信息传递以及准时制技术也可以使企业更好地安排生产，并且降低产成品的库存量。据有关方面统计和分析，通过有效的及时供应，德国生产企业库存下降了 4%，运输成本降低了 15%。

（三）控制采购批量和再订货点

每次采购批量的大小，对订货成本与库存成本有着重要的影响，采购批量大，则采购次数少，总的订货成本就相对较低，但会引起库存成本的增加。因此，企业在采购管理中，对采购批量的控制是很重要的。企业可以通过相关数据，分析估算其主要采购物资的最佳经济采购批量和再订货点，从而使得订货成本与库存成本之和最小。

（四）供应物流作业的效率化

企业采购对象及其品种很多，接货设施和业务处理要讲求效率。例如，同一企业不同分厂需购多种不同货物时，可以分别购买、各自进货，也可由总厂根据各分厂进货要求统一负责进货和仓储，在各分厂有用料需要时，总厂仓储部门再按照固定的路线，把货物集中配送到各分厂。这种有组织的采购、库存管理和配送管理，可使企业物流批量化，减少事务性工作，提高配送车辆和各分厂进货工作效率。

（五）采购运输途耗的最省化

供应采购过程中往往会发生一些途中损耗，运输途耗也是企业供应物流成本的一个组成部分。运输中应采取严格的预防保护措施尽量减少运输途耗，避免损失、浪费，降低物流成本。

（六）供销物流交叉化

销售和供应物流经常发生交叉，可以采取共同装货、集中发送的方式，把外销商品的运输与外地采购的运输结合起来，利用回程车辆运输的方法，提高货物运输车辆的使用效率。这样还有利于消除交通混乱现象，促使发货进货业务集中化、简单化，促进搬运工具、物流设施和物流业务的效率化。

四、生产阶段的物流成本控制

生产物流成本也是物流成本的一个重要组成部分。生产物流的组织与企业生产的产品类型、生产业务流程以及生产组织方式等密切相关，因此，生产物流成本的控制是与企业的生产管理方式不可分割的。在生产过程中有效控制物流成本的方法主要包括以下几种。

（一）生产工艺流程的合理布局

生产工艺流程的合理布局，对生产物流会产生重要影响。生产工艺的合理布局，可以减少物料和半成品迂回运输，提高生产效率和生产过程中的物流运转效率，降低生产物流成本。

（二）合理安排生产进度，减少半成品和在制品库存

生产进度的安排合理与否，会直接或间接地影响生产物流成本。例如，生产安排不均衡，产品成套性不好，生产进度不一，必然会导致半成品、成品库存增加，从而引起物流成本升高。控制生产过程中的物流成本的主要措施是采用"看板管理"。这种管理方式的基本思想是力求压缩生产过程中的库存，减少浪费。

（三）实施物料领用控制，节约物料使用

物料成本是企业产品成本的主要组成部分，控制物料消耗，节约物料成本，直接关系到企业的生产经营成果和经济效益。控制物料领用，可以有效地降低企业的物料消耗成本。物料的领用控制可以通过限额领料单（或称定额领料单或限额发料单）来进行，限额领料单是一种对指定的材料在规定的限额内多次使用的领发料凭证。使用限额领料单，必须为每种产品、每项

工程确定一个物料消耗数量的合理界限，即物料消耗量标准，将其作为控制的依据。

五、销售阶段的物流成本控制

销售物流活动作为企业市场销售战略的重要组成部分，不仅要考虑提高物流效率、降低物流成本，还要考虑企业销售政策和服务水平。在保证客户服务质量的前提下，通过有效的措施，推行销售物流的合理化，以降低销售阶段的物流成本。销售阶段物流成本控制的主要措施包括以下几点。

（一）商流与物流相分离

在许多商品分销企业和特约经销商的商品销售流通过程中，大部分采取商流和物流管理合一的方式，即销售公司各分公司、经营部、办事处既负责商品的促销、客户订货、商品价格管理、市场推广、客户关系管理等与商品交易有关的商流业务，又负责仓储、存货管理、商品装卸、搬运、配送等与实物库存、移动有关的物流业务，这在企业商品品种单一、销售渠道单一和信息化水平不高的条件下是有一定道理的。然而，随着公司商品品种的逐步多样化、销售渠道的逐步多元化和信息系统建设的逐步完善，这种管理模式将越来越不适应社会专业化大分工和市场竞争发展的需要。商流与物流合一，仓库随销售业务层层设立，会导致企业物流成本居高不下、库存管理混乱、存货积压严重，以及销售费用和物流成本不易区分，也不利于各部门专业化水平的提高。

现在，商流与物流分离的做法已经被越来越多的企业所采纳。其具体做法是订货活动与配送活动相分离，由销售系统负责订单的签订，而由物流系统负责货物的运输和配送。运输和配送的具体作业，可以由自备车完成，也可以通过委托运输的方式实现，这样可以提高运输效率，节省运输费用。此外，还可以把销售设施与物流设施分离开来，如把同一企业所属的各销售网点的库存实行集中统一管理，在最理想的物流地点设立仓库，集中发货，以压缩流通库存，解决交叉运输，减少中转环节。这种商流与物流分离的做法，把企业的商品交易从最大的物流活动中分离出来，有利于销售部门集中精力销售；而物流部门也可以实现专业化的物流管理，甚至面向社会提供物流服务，以提高物流的整体效率。

事实上，许多专业物流公司就是从制造企业的物流部门分离出来后，不断扩大经营规模而形成的。

（二）加强订单管理，订单与物流相协调

订单的重要特征表现在订单金额的大小、订单交货时间等要素上。订单金额的大小和交货时间要求往往会有很大的区别，在有的企业中，很多小额订单往往会在数量上占订单总数的较大比例，它们对物流和整个物流系统的影响有时也会很大。因此，有的企业为了提高物流效率，降低物流成本，在订单量上必须充分考虑商品的需求特征和其他经营管理要素的需要。

（三）销售物流的大量化

销售物流的大量化就是通过延长备货时间来增加运输量，提高运输效率，减少运输总成本。例如，许多企业把产品销售送货从"当日配送"改为"次日配送"或"周日指定配送"，这样可以更好地掌握配送货物量，大幅度提高配货装载效率。为了鼓励运输大量化，日本采

取一种增大一次物流批量折扣收费的办法，实行"大量（集装）发货减少收费制"，因实行物流合理化而节约的成本由双方分享。现在，这种以延长备货时间来加大运输或配送量的做法，已经被许多企业所采用。需要指出的是，这种做法必须在能够满足客户对送货时间要求的前提下进行。

（四）增强销售物流的计划性

增强销售物流的计划性，即以销售计划为基础，通过一定的渠道把一定量的货物送达指定地点。如某些季节性消费的产品，可能会出现运输车辆过剩与不足，或装载效率下降等现象。为了调整这种波动性，企业可事先同客户商定时间和数量，制订运输和配送计划，以按计划供货。在日本啤酒行业，这种方法被称为"定期、定量直接配送系统"的计划化物流。

（五）实行差别化管理

实行差别化管理是指根据商品流转快慢和销售对象规模的大小，把保管场所和配送方法区别开来。对周转快的商品分散保管，周转慢的商品集中保管，以压缩流通库存，有效利用仓库空间；对供货量大的商品实行直接送货，供货量小而分散的商品实行集中配送。差别化管理必须既要节约物流成本，又要提高服务水平。

（六）物流的共同化

物流的共同化是实施物流成本控制的有效措施。超出单一企业物流合理化界限的物流，是有前途的物流发展方向。一方面，本企业组合而形成的垂直方向的共同化，可以实现集团企业内的物流一元化、效率化，如实行同类商品共同保管、共同配送；另一方面，因与其他企业之间的联系而形成的水平方向的共同化，可以解决两个以上产地和销售地点距离很近而又交叉运输的企业在加强合作以提高装载效率、压缩物流设备投资、解决长途车辆空载和设施共同利用等方面的问题。

本章习题

一、填空题

1. 物流成本的管理与控制系统包括：一是_____，二是_____。

2. 优化运输网络与运输路线常用的方法有_____和_____。

3. 合理的运输组织方式包括分区产销平衡合理运输、直达运输和_____。

4. 投资阶段物流成本控制的内容包括：_____、_____、_____。

5. _____是一种战略运作层次上的共享，它是几个企业联合，集小量为大量，共同利用同一配送设施的配送方式。

二、单项选择题

1. 影响运输成本的主要因素是（　　）。

A. 运输距离 　　　　　　　　　　B. 装载量

C. 运输工具 　　　　　　　　　　D. 运输时效要求

2.（　　　）的主要优点是灵活性强，可以实现"门到门"的运输，运输经济半径一般在 200千米以内。

A. 公路运输　　　　　　　　　B. 铁路运输

C. 水路运输　　　　　　　　　D. 航空运输

3. 几个企业联合，集小量为大量，共同利用同一配送设施的配送方式，称为（　　　）。

A. 混合配送策略　　　　　　　B. 差异化配送策略

C. 共同配送策略　　　　　　　D. 延迟配送策略

4. 以下（　　　）不属于供应阶段的成本控制。

A. 优选供应商　　　　　　　　B. 运用现代化的采购管理方式

C. 控制采购批量和再订货点　　D. 生产工艺流程的合理布局

5. 产品设计阶段物流成本控制，不包括（　　　）。

A. 产品形态多样化　　　　　　B. 产品体积小型化

C. 产品批量合理化　　　　　　D. 产品包装非标准化

三、多项选择题

1. 贯彻物流成本控制意识要注意（　　　）。

A. 企业要从战略布局的高度定位物流成本控制

B. 以理想物流成本为目标

C. 形成全员式的降低物流成本格局

D. 持续不断地降低物流成本

2. 影响运输成本的因素主要有（　　　）。

A. 运输距离　　　　　　　　　B. 装载量

C. 运输环节　　　　　　　　　D. 运输时效要求

3. 影响仓储成本的因素包括（　　　）。

A. 应收账款管理成本　　　　　B. 仓储作业成本

C. 库存资金占用成本　　　　　D. 缺货成本

4. ABC 法符合"抓住关键少数""突出重点"的原则，以下表述不正确的有（　　　）。

A. 品种少但占用资金较多的 A 类货物，应作为重点控制对象

B. B 类货物作为一般控制对象

C. C 类货物不作为控制的主要对象

D. A 类、B 类货物均作为重点控制对象

5. 影响配送成本的因素包括（　　　）。

A. 时间　　　　　　　　　　　B. 配送距离

C. 配送货物的数量和重量　　　D. 货物种类及作业过程

四、名词解释

1. ABC 法。

2. CVA 法。

五、简答题

1. 物流成本的日常控制要遵循哪些原则？
2. 控制运输成本的方法主要有哪些？
3. 控制仓储成本的方法主要有哪些？
4. 控制配送成本的方法主要有哪些？
5. 在产品设计阶段降低物流成本时应遵循哪些原则？
6. 供应物流成本的控制策略主要有哪些？
7. 销售物流成本的控制策略主要有哪些？

六、案例分析

几年前，有两个数字让宝洁公司的高层寝食难安。一个是库存数据：在宝洁的分销体系中，有价值 38 亿美元的库存。另一个是脱销量。在零售店或折扣店重要的 2 000 种商品中，任何时刻都有 11% 的商品脱销。宝洁的产品在其中占有较大的比重。令人不解的是，系统中的大量库存并未降低脱销量。事实上，货架上脱销的商品常常堆积在仓库中。虽然尽了很大努力，但公司尝试过的对策都无法永久地解决这一问题。几年前，宝洁的经理花 3 天时间拜访了好几个公司，接触研究人员和咨询顾问，寻求供应链管理中的创新。其中一个公司是 BiosGroup，这是一家利用新科技解决复杂商业问题的咨询及软件开发公司。传统的供应链管理方法无法降低库存，而 BiosGroup 则帮助宝洁做到了这一点，通过模拟供应链，建立顾客导向、按需生产的供应策略，帮助宝洁公司将库存减少了 50%。

在物流活动中，仓储的任务是对供应和需求在时间上的差异进行调整。对于使用自备仓库的仓储活动，相关的仓储成本主要是仓库维护费、出入库和库存的操作费、仓库折旧、存货占用资金的利息等；如果租用营业仓库，则仓储成本主要是仓库使用费和存货占用资金的利息。仓储成本控制的目标就是要实现合理库存，不断提高保管质量，加快货物周转，发挥物流系统的整体功能。仓储成本管理的一个重要方面是研究保管的货物种类和数量是否适当。高价货物长期留在仓库中，就会占用资金，若有银行贷款，还要负担利息支出。而过分地减少货物，虽对减少资金占用有利，但又有脱销的危险，可能会导致失去赢利的机会。

这个案例给我们的启示是什么？如何才能降低库存成本？如果你是物流公司的领导，你如何帮助你的客户加快库存的周转，降低库存额？

第九章 供应链成本分析

【学习目标】

- 了解基于供应链成本分析的供应链管理策略；
- 理解供应链成本的内涵界定；
- 掌握供应链成本的构成分析。

【引导案例】

长虹公司建立配送中心

长虹是我国较大的家用彩色电视机生产厂商，其运输费用占物流费用的70%以上，物流费用的上升必然将严重影响企业的竞争力。长虹的商流与物流分离，并设置配送中心，配送中心建立在分公司集中的大城市，一个中心可承担约20个分公司的商品配送业务，保管和配送等业务从各分公司中分离出来。配送中心制订有物流战略计划。长虹过去采取的方法是将工厂装配好的产品，直接送到各地分公司暂时保管，然后再根据客户的订单配送到目的地。不管配送件数多少，各分公司都必须配备送货人员和卡车。

启发思考

长虹建立配送中心的好处有哪些?

第一节 供应链成本的内涵与构成

供应链成本包含供应链中所发生的一切成本，它可定义为在供应链的运营过程中，为了保证供应链上各企业的顺利生产并提供相关服务，在开展各项活动时所占用和消费的所有费用。

一、供应链成本的内涵界定与动因分析

（一）供应链成本的内涵界定

德国学者斯沃林（Seuring）把供应链成本分为直接成本、作业成本和交易成本三部分。其

中，直接成本是指单个企业生产过程中发生的成本，是直接由生产每一单位产品所引起的，如直接材料成本、人工成本和机器成本等，对直接成本的控制主要是通过对原材料和人工的价格控制来实现的；作业成本是指由那些与生产产品没有直接关联，但与产品的生产和交付相关的管理活动引起的成本，这些成本因企业的组织结构不同而有很大的差异；交易成本是指处理供应商和客户信息及沟通所产生的所有费用，旨在协调、控制和适应企业之间的交易关系。因此这些成本伴随着供应链企业之间的相互作用而发生。

传统意义上的直接成本就是产品生产成本，包括生产产品的成本、研究开发费用、制造费用等，一般可以直接归入各产品之中。直接成本是由企业自身的生产活动形成的，与供应链管理水平的高低无关。因此在本书中，不将直接成本列入供应链成本中，而是将与供应链有效管理相关的成本计入供应链成本之中，即供应链成本包括物流成本和交易成本。

（二）供应链成本的动因分析

供应链管理是利用计算机网络技术全面规划供应链中的商流、物流、信息流和资金流等，并进行计划、组织、协调与控制的活动。因此供应链管理实际上是对商流、物流、信息流和资金流的集成管理，如图 9-1 所示。

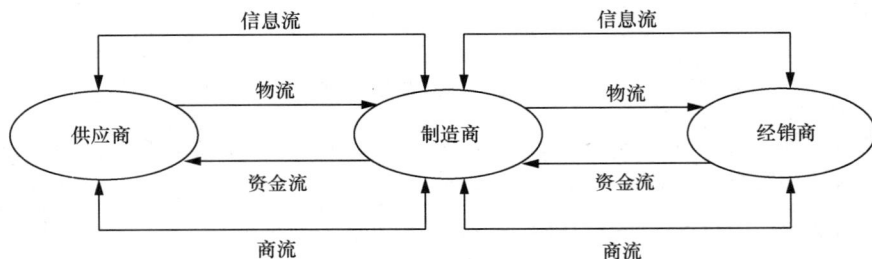

图 9-1 供应链的"四流"

供应链企业经过商谈，建成合作伙伴关系，确定商品价格、品种、数量、供货时间、交货地点、运输方式并签订合同，这是商流活动的过程，双方要认真履行合同。下一步要进入物流过程，即货物的订单处理、包装、装卸搬运、运输、保管等活动。如果商流和物流都顺利进行，接下来进入资金流的过程，即付款和结算。无论是商流，还是物流和资金流，都离不开信息的传递和交换。没有及时的信息流，就没有顺畅的商流、物流和资金流；没有资金的支付，商流就不会成立，物流也不会发生。

可以说，商流是动机和目的，资金流是条件，信息流是手段，物流是过程。产品、信息、资金在供应链企业之间流动是要消耗成本的，因此本书将供应链成本定义为"在供应链运转过程中由商流、物流、信息流和资金流所引起的成本"。供应链成本包括物流成本和交易成本两个方面，下面依据"四流"分析物流成本和交易成本的动因。

供应链成本中的物流成本主要是由"四流"中的物流引起的，从而作业成本可以看成供应链企业间的物流成本。物流是产品在时间和空间上的流动，涉及采购、库存、生产、包装、运输等环节。物流成本主要是指完成各种物流活动所需的成本，包括运输成本、库存持有成本、订货成本、缺货成本等。

供应链成本中的交易成本是由信息流、商流、资金流引起的。信息流贯穿交易的整个过程，在交易之前要搜寻产品的价格、质量、款式及潜在交易对象及其信用水平等，而信息搜寻需要花费交易者的时间、精力和金钱，这些都会产生交易成本，在以后的谈判、签约、履约等信息交流过程中都要发生成本。供应链企业间的信息共享可以有效地降低信息流所带来的交易成本。商流是一种交易活动过程，它是指谈判、签约以及履约活动等促成产权转移的交易活动过程。商流带来的交易成本主要形成于供应链合作伙伴关系的建立，供应链合作伙伴关系建立后，签约活动以及履约活动也会产生一定的交易成本。履约活动还会发生资金流所带来的交易成本。

二、供应链成本的构成分析

根据前面的动因分析可知，供应链成本由物流成本和交易成本两部分构成。其中，供应链物流成本是完成诸种物流活动所需的全部成本，关于物流成本的构成在第二章已详细论述。这里也可以根据物流活动的基本环节将物流成本分为运输成本、库存持有成本、订单处理成本、缺货成本等。供应链交易成本大致分为信息费用、交易谈判费用、签约费用、监督履约成本和交易变更成本等。图 9-2 所示是基于成本动因分析的供应链成本的构成要素。

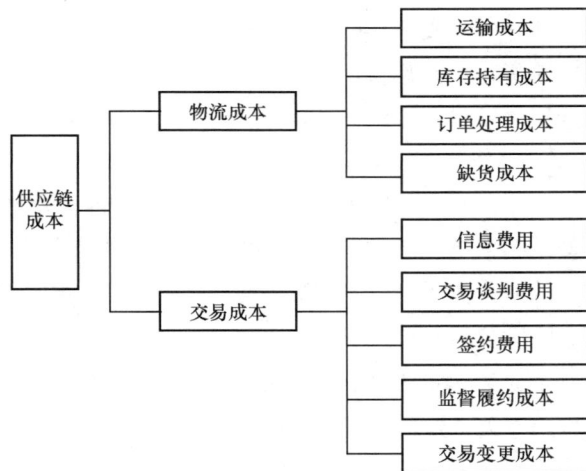

图 9-2　基于成本动因分析的供应链成本的构成要素

（一）供应链物流成本的构成分析

物流成本可以从多个方面进行划分，如第二章所述。这里站在制造商的角度，根据物流作业职能来划分供应链物流成本，将供应链物流成本划分为运输成本、库存持有成本、订单处理成本和缺货成本四类。

1. 运输成本

运输成本是物流成本中最为重要的一部分，主要包括运输、装卸和搬运成本等。无论是制造商向上游供应商采购原材料，还是向下游分销商销售产品，只要涉及物品的运输，就会有运输成本。不仅如此，原材料、在产品、产成品等在企业内部的流转也会发生运输成本。在一个常规的生产流程中，运输成本主要包括将原材料从供应商处运送到制造商处、搬运原材料入库、运送原材料至生产车间、半成品入库（有可能半成品直接进入下一生产环节，不需要入库）、产成品入库、将产成品运输至分销商处等所发生的费用。

以上只是从流程的角度分析运输成本主要由哪些方面构成，如果从成本性质的角度来看，运输成本由人工费用、营运费用、管理费用以及支付给物流公司的服务费等构成。

2. 库存持有成本

库存持有成本是为保持存货而发生的成本，主要包括仓库职工的工资、奖金、津贴等人工费用，存货占用资金的应计利息，仓库的租金或者折旧费，存货的挑选整理费用，存货的破损和变质损失，等等。

库存持有成本分为固定成本和变动成本。固定成本与存货数量无关，如仓库的折旧、仓库职工的固定月工资等；变动成本与存货的数量有关，如存货占用资金的应计利息、存货的破损和变质损失、存货的保险费用等。

具体来说，库存持有成本主要由以下几部分组成。

（1）存货占用资金成本。存货以占用资金为代价，而资金存在机会成本。资金的机会成本是指，如果资金未被存货占用，将这些资金投放到其他投资领域所能产生的预期回报。

（2）调价损失成本。市场的变化、激烈的竞争、产品的更新换代或其他原因会造成产品市场价格下降，从而造成存货价值降低。

（3）库存风险成本。库存风险成本是指货物存放在仓库中由各种原因所造成的损失。部分货物放置太久，或者平时对货物的保管不好，会造成货物损坏，即变成残品、废品。此外，可能存在货物被盗而造成的损失。

3. 订单处理成本

订单处理成本是指企业库存低于保险储备量时，向其上游企业取得订单的成本，主要包括：采购人员的人工费用，即采购人员的工资、奖金、津贴等；常设采购机构的基本开支，包括固定资产的折旧费用、日常的招待费用等；采购机构的管理费用，主要是指采购管理人员的人工费用以及差旅费、邮资、电话费等支出。

订单处理成本分为固定成本和变动成本。固定成本与订货次数无关，如常设机构的基本开支等；变动成本与订货次数有关，如差旅费、邮资等。

4. 缺货成本

缺货成本是存货供应中断而造成的损失，包括材料供应中断造成的停工损失、产品库存缺货造成的延迟发货损失和丧失销售机会的损失（还包括可能产生的商誉损失）。如果企业以紧急采购原材料来解决库存材料供应中断之急，那么缺货成本就表现为紧急采购价格大于正常采购价格的成本。如果某种产成品缺货，客户转而购买竞争对手的产品，那么整个供应链产生的利润损失就是缺货成本。缺货成本又可以分为延期交货造成的损失以及失去销售机会所造成的损失。

（二）供应链交易成本的构成分析

供应链交易成本分为事前交易成本和事后交易成本两部分，其中事前交易成本可以分为信息费用、交易谈判费用和签约费用三部分，而事后交易成本可以分为监督履约成本和交易变更成本两部分。

1. 信息费用

信息费用是在搜寻产品价格、款式及潜在交易对象及其信用水平等相关交易信息的过程中发生的。企业无论是采购原材料还是销售产品，都需要寻找合适的交易对象。在寻求合适的交易对象时，企业较看重的是对方提供的价格、产品质量以及对方的信用水平是否符合自身的要求。现代社会，互联网的使用大幅度地提高了搜寻信息的效率，节约了信息搜寻的成本。在一个大型的现代化企业中，一般会建立一个专门的信息部门，运用网络系统收集信息，寻求合适的交易对象，为企业正常的生产销售提供保障。信息费用包括以下几项。

（1）人工费用。在信息部门工作的员工，每天的工作就是运用网络系统搜寻潜在的交易对象，他们的工资、奖金和津贴等就是信息费用中的人工费用。

（2）营运费用。进行信息搜寻工作最重要的就是要运用网络系统，所以计算机这样的设备必不可少，营运费用主要包括信息部门设备的折旧费、维修维护费、保险费等，还包括电话费、传真费、邮资等通信费。

（3）管理费用。管理费用主要包括信息部门主管的工资等，还有日常的业务招待费等。

2. 交易谈判费用

信息部门搜寻到合适的潜在交易对象后，交易双方需要就交易价格、交易数量、交易时间、结算方式等细节展开谈判协商，在双方产生共识的基础上签订交易合同。很显然，交易谈判费用的多少取决于谈判的时间、次数、人数等，谈判的时间越长、谈判的次数越多、涉及的谈判人员越多、合同条款越详尽，发生的交易谈判费用就会越高。尤其，如果谈判双方处于不同的城市，那么交易谈判费用就会由于差旅费、住宿费等而上升。交易谈判费用包括以下几项。

（1）人工费用。每项交易都会有专门的谈判小组，而谈判小组成员的工资、奖金、津贴等就是交易谈判费用中的人工费用。

（2）谈判费用。谈判费用包括准备谈判资料的费用、到达谈判地点的差旅费用、住宿费用等。

（3）管理费用。完成某项交易可能需要支付给中介机构一定的佣金，一般计入管理费用；另外，谈判期间还会发生一定的招待费等，也计入管理费用。

3. 签约费用

在谈判双方就交易的价格、交易数量、结算方式等内容达成一致后，就可以签订合同了。一般情况下，企业都会举行签约仪式，甚至召开大型的记者招待会。越隆重的签约仪式意味着越高的签约费用。签约费用包括以下几项。

（1）人工费用。签约仪式的筹备、场地的租用、签约会场的布置等工作都需要有专门的人员负责，他们的工资、奖金等就是签约费用中的人工费用。

（2）场地费用。场地费用包括签约场地的租金。

（3）管理费用。管理费用主要是签约管理人员的工资、奖金等人工费用。

4. 监督履约成本

在交易合同签订以后，交易双方为了确保合同得到切实的履行，需要加强彼此的沟通与协调。在双方履约的过程中，企业需要对交易对方的履约情况进行监督，以确保自身的利益不受损害。如果在监督过程中，发现对方有违约行为，或者双方发生冲突，损害了自身利益，企业还应该诉诸法律予以解决。所有这些为了确保合同得到有效履行的努力都将花费一定的成本。监督履约成本包括以下几项。

（1）人工费用。在合同的履行过程中，双方必然会派自己的员工去监督对方的履约情况。在销售合同中，监督履约表现为检验产品是否符合合同的规定，货款支付的数目、方式和时间是否符合合同的条款；在委托加工或劳务合同中，监督履约表现为验收加工产品甚至监工。检验人员和监工人员的工资、奖金和津贴等就是监督履约成本中的人工费用。

（2）检验监督费用。检验监督费用包括检验仪器的折旧费、维护维修费，通信费用，诉诸法律的费用，等等。

（3）管理费用。管理费用主要是监督履约管理人员的工资、奖金等人工费用。

5. 交易变更成本

在交易合同签订以后，如果交易双方发生变故，需要中止或者变更合同，必然给交易双方带来巨大的损失。这里的损失包括签订合同所发生的信息费用、交易谈判费用、签约费用等，还包括丧失市场其他机遇的机会损失以及达成新的交易合同所需要发生的新的交易成本。另外，变更交易时双方很难达成共识，经常需要通过法律途径来解决冲突和纠纷，这必然带来更多的损失。交易变更成本包括以下几项。

（1）人工费用。当需要变更交易时，双方必然都要成立谈判小组以进行协商，提出解决方案，谈判小组人员的工资、奖金和津贴等就是交易变更成本中的人工费用。

（2）损失成本。如果交易终止，那么以前为签订合同所发生的信息费用、交易谈判费用、签约费用、监督履约成本和丧失市场其他机遇的机会损失等就是损失成本。

（3）变更成本。在变更交易的过程中，双方进行谈判协商时将发生谈判费用、差旅费用、住宿费用等，另外，如果诉诸法律，还要考虑诉讼成本等。

供应链企业间减少交易成本的过程大致包括三个阶段：接触交易阶段、相互信任阶段和合作联盟阶段。

供应链企业间减少交易成本的过程是一个多重的、非零和博弈过程。第一阶段：企业间因为供应与需求，彼此交往接触。这时企业间的关系是一般交易关系，其交易成本最高。第二阶段：随着交易的进行与重复，彼此的了解加深。如果双方都有合作的意愿，并表示有一定的合作诚意，企业间的信任程度将随之加深，这时，企业间的交易成本将相应地得到降低。供应链中大部分企业间的关系属于此种。第三阶段：企业间通过供应商开发，结成合作联盟关系。供应商开发是指企业努力创造并维持与竞争力强的供应商之间的网链管理，以提高供应商的技术、质量，增强交货与成本控制能力，它包括供应商协调与供应商发展。供应商协调可以消除企业间的交易成本，供应商开发可以消除企业内的生产成本。这时的供应链企业间的关系是战略联盟关系，理解彼此的需要，共同建立日常工作系统，共同控制质量系统，共同进行企业间交流，共同确定计划并共享企业发展战略。这种关系常常发生在核心企业与主要的供应商之间。

第二节　基于供应链成本分析的供应链管理策略

供应链管理是成本管理中的一个重要概念，它体现了动态成本管理的特性。可以将供应商、产品制造企业、运输企业和分销企业等都视为为顾客创造价值的实体，而每个企业既是供应链中某个企业产品的用户，又是另一个企业的供应商。优化的供应链管理借助网络、信息技术及时满足顾客需求，在减少各环节之间的延误的同时，达到最小库存、最小总成本以实现增值最大化。供应链优化将为企业带来成本优势，并将优势转化为持续的核心竞争力。

供应链成本主要包括物流成本和交易成本两个方面，因此降低供应链成本就要从这两个方面下手，站在供应链管理的角度来降低供应链企业的成本。基于供应链成本分析的供应链管理策略如图 9-3 所示。

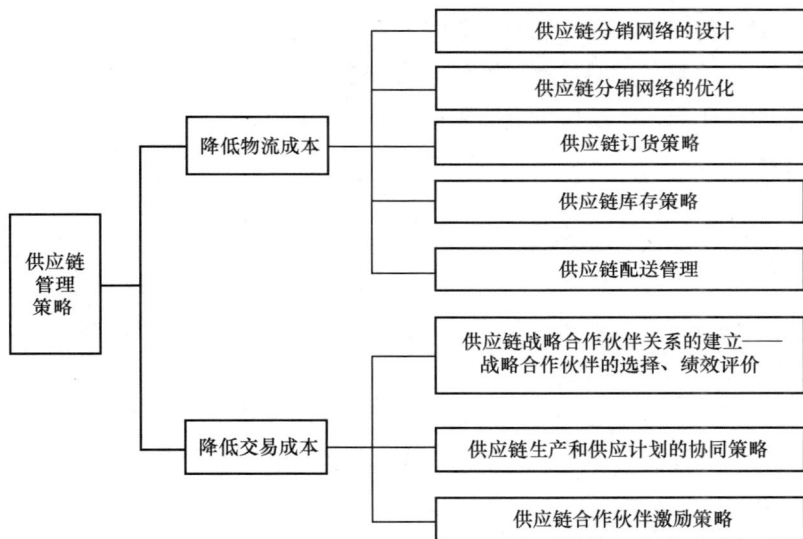

图 9-3　基于供应链成本分析的供应链管理策略

一、供应链物流成本的管理策略

供应链物流成本包括企业之间订货、库存、配送等作业消耗的成本，所以优化供应链物流成本，可以从以下几个方面入手。

（1）供应链分销网络的设计和供应链分销网络的优化，能够使得广大用户方便快捷地获得产品。

（2）优化供应链订货策略。订货策略和库存管理是有关系的，一般情况下，把订货成本和库存管理成本之和作为订货策略评价标准。如果存在商业折扣，也要考虑这个因素。

（3）供应链库存管理也是降低供应链物流成本的有效途径。库存管理要和生产计划相一致，不然就会存在库存积压成本或缺货成本，这都会增加整个供应链的成本。因此，需要供应链上下游企业加强信息沟通，使企业生产和销售一致，现在借助网络、信息技术是能够实现这个目标的。

（4）供应链配送管理要求在保证满足客户要求的前提下，用最低的成本把产品送到客户的手中。

二、供应链交易成本的管理策略

供应链成本中的交易成本是供应链企业之间的商流、信息流和资金流交易而产生的成本，因此需要供应链企业之间的合作来优化交易成本。

（1）建立供应链战略合作伙伴关系。在建立战略合作伙伴关系的过程中，要精心选择合作伙伴，并且对合作伙伴的绩效进行评价，采取优胜劣汰的策略。

（2）制定供应链生产和供应计划的协同策略，使信息能够在供应链成员企业中共享。

（3）制定供应链合作伙伴的激励策略。由于交易环境的不确定性和交易成员的有限理性，所以可能会出现机会主义，可能会产生一些不必要的成本。因此要对供应链合作伙伴采取激励措施和供应链收益分配机制，这样能够保证供应链健康地运行下去。

供应链管理是以降低供应链成本，即降低供应链物流成本和交易成本为目的的，供应链管理的种种策略在客观上有助于降低供应链成本。

案例9.1

2023年8月28日，比亚迪及其控股子公司比亚迪电子宣布了一项重大收购计划，引起了市场的广泛关注。根据公告，比亚迪电子与捷普新加坡签署了框架协议，以约158亿元的现金收购位于成都和无锡的产品生产制造业务，包括现有客户的零部件生产制造业务。这被认为是比亚迪有史以来规模最大的一次收购。

捷普新加坡是著名美资企业捷普的全资子公司，捷普主要为客户解决综合设计、制造、供应链和产品管理服务等方面的问题，涉及的领域包括医疗、航空航天、汽车、通信等，在全球30个国家拥有100多个厂区以及26万名员工。捷普2022年和2023年均入选《财富》世界五百强，在研究机构MMI2023年披露的全球最大电子制造服务商50强名单中排第四位。

这次收购对比亚迪来说具有重要战略意义。比亚迪一直致力于发展新能源汽车产业，并在全球范围内取得了显著的成就。通过收购这些业务，比亚迪能够进一步增强其生产能力和扩大市场份额，提高供应链的整体效率，这也将有助于提升比亚迪在新能源汽车行业的竞争地位，并进一步巩固其在国内市场的领先地位。这次收购也是比亚迪进一步推进产业链垂直整合的重要举措。通过控制零部件的生产制造环节，比亚迪可以更好地掌控产品质量和供应链管理，提高整体生产效率。这对比亚迪来说是一个战略性的举措，将有助于提升比亚迪的核心竞争力，并为未来的发展奠定坚实基础。通过垂直整合产业链，比亚迪可以更好地控制成本和质量，提高产品的竞争力和扩大市场份额。因此，这次收购被认为是比亚迪发展的重要里程碑。

此外，比亚迪还发布了2023年的半年报，半年报显示上半年营收超过2 600亿元，净利润增长超过200%，毛利率超过特斯拉。2023年上半年比亚迪新车销量达到125万辆，首次进入全球前十，超过了德国梅赛德斯–奔驰和德国宝马，特斯拉也因为 37 万辆的差距，被甩在了后面。这些数据反映了比亚迪在新能源汽车市场的强劲增长势头和良好的盈利能力。尽管面临着激烈的竞争和不确定的市场环境，比亚迪仍然能够保持稳定增长，并取得令人瞩目的业绩。

启发思考

比亚迪的这次收购给我们的启发是什么？如何看待比亚迪的供应链管理模式？

第三节　降低物流供应链成本的六个阶段

美国威斯康星大学的学者在过去的 10 多年里，通过与来自北美洲、欧洲、亚洲等地的物流经理们交流，把物流供应链的成本降低过程分成了六个阶段，以帮助来自世界各地的物流供应链的经营者们进一步认识到只有当仓储、包装、运输、搬运、销售等各个环节都被正确定位，大幅度降低成本，获取竞争优势，物流才能增值。

第一阶段：把职能性费用降到最低水平。在这个阶段中，每一个人在其职责范围内做好管理工作，并且直接对企业管理部门负责，并且根据要求，竭尽全力把成本降到尽可能低的水平。

第二阶段：把交货成本降到最低水平。必须指出，把包括交货成本在内的各项成本费用降到最低水平仅仅是一个经营管理原则，而不是千篇一律的业务经营守则，更不是交货价越低越好。事实上，有些生产厂商在从供应商进货（原材料）和向客户送货两个环节都做了大量的管理工作，却没有跟踪和分析管理自己内部流通渠道的过程中必然发生的成本，其实，对这种成本的充分认识将有助于降低交货成本。

第三阶段：把所有权总成本降到最低水平。企业应该做出一定的利益退让以满足客户的要求，比降低成本更加重要的是，企业在发展初期就要注意各经营管理方面之间的平衡。

第四阶段：进一步降低企业销售增值成本。企业贡献给供应链的增值成本实际上是在物资所有权总成本以外的附加客户价值。现在的企业正在致力于降低与市场营销、销售、工程技术支持、场地服务支持、信息技术、行政有关联的成本。企业应对产品和客户获利情况进行分析，分析的重点就是总体成本的补充，即对补充费用及保证利润的总体成本进行分析。

第五阶段：降低与最接近的贸易伙伴有关的企业内部附加值成本。这一阶段要求处理的是对直接供应商、客户和中间商的成本分析。去除中间环节和加入中间环节都必须慎重考虑。企业之间的相互合作有助于消除重复操作，提高服务质量，减少总体联合成本。

第六阶段：把向最终用户交货的供应链成本降到最低。这一阶段的工作内容就是致力于处理超出核心伙伴范围的问题，重点就是业务交往上的最终人员，或者业务客户，或者被称为最终用户的人。分析重点集中在最终用户身上，目的就是发展跨越供应链网络上各家企业的业务战略，一方面以最低的最终用户成本提供产品，另一方面在供应链上的每一个成员之间卓有成效地获取利润。美国威斯康星大学的专家教授们提醒，物流供应链的经营人和管理人在实际操作中都必须注意以下几点。

（1）应该承认供应链及其各个环节的管理在不同的行业中不尽相同，而且有不同的含义。

（2）应该懂得每一个客户想要什么。每一个客户对物流供应链提出的要求不尽相同，要充分发挥供应链内部的电子信息网络的作用，每一个环节都要协同工作，发扬团队精神，互通信息。

（3）在为客户提供采购、制造、订货、配送、运输、交接等一系列物流供应链服务的时候，要尽力做到缩短每一个物流服务的周期，提高服务质量和降低经营操作成本。

（4）由于制造经济和市场营销之间存在着利益互换，所以只有通过合理的物流能力设计才能协调各种利益。

（5）对于国际物流供应链，由于订货周期的长短是决定库存量和操作经营方针的关键，因而随时掌握国际供应链各个环节的操作经营信息和控制物流周期是十分重要的。

（6）必须把供应链上的企业数量限制在一定范围内，把原来的松散联合变成严谨的独立企业的群体，变成一种致力于提高效率和增强竞争能力的合作力量。凡是参与供应链的企业，都要有共同的信念，明确自身的角色，从而提高供应链服务的质量和效率。

企业把上述措施一一落实以后，就可以按照客户所提出的有关供应链服务的要求，不断变革，狠下功夫，改善物流供应链服务，同时把成本降到最低，从而在国际、国内市场占据一定的市场份额。

本章习题

一、填空题

1. 供应链成本可以分为_____、_____和_____三个方面。

2. 供应链管理实际上是对商流、物流、_____和_____的集成管理。

3. 供应链成本，由_____和交易成本两部分构成。

4. 供应链事前交易成本包括_____、_____和_____三部分。

5. 供应链事后交易成本可以分为_____和_____两部分。

二、单项选择题

1. （　　）是指由那些与生产产品没有直接关联，但与产品的生产和交付相关的管理活动引起的成本。

A. 直接成本　　　　　　　　　　B. 作业成本

C. 交易成本　　　　　　　　　　D. 机会成本

2. 以下选项中，不属于变动成本的是（　　）。

A. 仓库的折旧　　　　　　　　　B. 存货占用资金的应计利息

C. 存货的破损和变质损失　　　　D. 存货的保险费用

3. 信息费用不包括（　　）。

A. 人工费用　　　B. 营运费用　　　C. 管理费用　　　D. 交易谈判费用

物流成本管理（微课版 第2版）

三、多项选择题

1. 供应链交易成本包括（　　　）。

A. 信息费用　　　　　　　　　　B. 交易谈判费用

C. 签约费用　　　　　　　　　　D. 监督履约成本

2. 供应链物流成本根据物流作业职能来划分，可以分为（　　　）。

A. 运输成本　　　　　　　　　　B. 库存持有成本

C. 订单处理成本　　　　　　　　D. 缺货成本

3. 供应链管理策略中，降低物流成本策略包括（　　　）。

A. 供应链分销网络的设计与优化　　B. 供应链订货策略

C. 供应链库存策略　　　　　　　　D. 供应链配送管理

4. 供应链管理策略中，降低交易成本策略包括（　　　）。

A. 供应链战略合作伙伴关系的建立　B. 供应链生产和供应计划的协同策略

C. 供应链合作伙伴激励策略　　　　D. 供应链分销网络的设计与优化

5. 库存持有成本主要由（　　　）组成。

A. 存货占用资金成本　　　　　　　B. 调价损失成本

C. 库存风险成本　　　　　　　　　D. 订单处理成本

四、名词解释

1. 库存持有成本。

2. 供应链成本。

3. 缺货成本。

五、简答题

1. 简述供应链交易成本的构成。

2. 简述物流成本的构成。

3. 如何理解事前交易成本和事后交易成本？

4. 分析供应链管理策略与降低供应链成本之间的关系。

六、案例分析

一体化供应链物流服务企业典型案例——京东物流

（一）概念界定

"一体化供应链物流服务"是指由一家服务商为客户提供一整套具有"数智化"特点，且可按需定制的供应链及物流解决方案，以满足客户多样化需求，帮助不同类型企业提高供应链及物流效率。

（二）案例分析

京东成立于1998年，其自身定位为"以供应链为基础的技术与服务企业"，是一家业务活动涉及零售、科技、物流、健康、保险、产发等多个领域，同时具备实体企业基因和属性并拥有数智技术和能力的新型实体企业。

京东自 2007 年开始自建物流，并于 2017 年 4 月正式成立京东物流。2021 年 5 月，京东物流于香港联交所主板上市。作为目前中国领先的技术驱动型供应链解决方案及物流服务提供商，京东物流充分发挥"以实助实"的新型实体企业属性，不仅能通过扎实的基础设施、高效的数智化社会供应链、较强的技术服务能力，助力农贸、交通、通信、制造等实体经济行业大型企业数智化转型；也能不断开放完善的跨行业、跨产业、全球化的产业生态资源体系，通过多元化的解决方案帮助中小企业降本增效；还能将专业化服务向下兼容，以数智化社会供应链为基础，从发展数智农业和物流、提升乡村治理和服务水平等方面入手，打通农村全产业链条，为乡村振兴提供解决方案。得益于从供应链安排、物流执行到消费产品分析的丰富经验，在一体化供应链物流领域，京东物流的专业化服务能力逐渐增强。

1. 跨业务、全球化服务能力

业内领先的大规模、高智能的物流仓配网是京东物流持续高质量发展的核心竞争力。京东物流建立了包含仓储网络、综合运输网络、配送网络、大件网络、冷链网络及跨境网络在内的高度协同的六大网络，具备数智化、广泛和灵活的特点，且服务范围几乎覆盖了中国所有地区和人口，是可以实现多网、大规模一体化融合的供应链与物流服务提供商。京东物流的供应链物流网络具有"自营核心资源+协同共生"的特点。截至 2021 年 6 月 30 日，京东物流已在全国运营约 1 200 个仓库，其中 38 座大型智能仓库"亚洲一号"，还拥有约 20 万名配送人员。2017 年，京东物流创新推出"云仓"模式，将自身的管理系统、规划能力、运营标准、行业经验等用于第三方仓库。到 2021 年年底，京东物流运营的云仓数量已经超过 1 400 个，自有仓库与云仓总运营管理面积约 2 300 万平方米。同时，京东物流还通过与国际合作伙伴的合作，建立了覆盖超过 220 个国家及地区的国际路线，约 50 个保税仓库及海外仓库。

2. 新一代数智信息技术驱动

新发展阶段下，随着传统物流弊端的不断显现，京东物流前瞻性布局各类新一代数智技术，用科技手段赋能供应链和物流服务，突破行业发展瓶颈，提升长期竞争力，助力高效流通体系建设。京东物流于 2016 年 5 月成立 X 事业部（其前身是京东物流实验室），负责无人机配送、无人仓库、无人站、智能配送机器人等智慧物流技术的研发；同时，京东于 2016 年 11 月成立 Y 事业部，致力于用大数据和人工智能技术打造智慧供应链。

通过京东物流，快速消费品品牌——安利的成品物流费用节约 10% 以上，现货率提升至 99.5% 以上，库存周转天数减少 40% 以上，分销计划运营效率提升 1 倍。与京东物流合作之后，鞋类品牌——斯凯奇的加权平均履约成本减少了 11%，其在中国的加权平均交付时间减少了约 5 小时。

3. 一体化供应链物流服务解决方案

作为一家供应链和物流头部企业，京东物流长期致力于供应链和物流服务的专业化、标准化和模块化，关注客户所在产业链的脉络及变化，提供一体化供应链物流服务柔性解决方案，以满足客户差异化和定制化需求。首先是"方案一体化"或"垂直一体化"，即提供从产品制造到仓储、配送的一整套解决方案，使企业客户能够避免为协调多家服务供应商而产生的成本。其次是"网络一体化"，即通过京东物流的六大网络，全面满足企业物流活动需求。最后是"运营一体化"，即基于不同环节进行集中化运营，依托京东物流的服务网络形成规模化效应，帮助客户进一步降低供应链与物流成本。

请讨论以下问题。

1. 京东物流和其他物流企业相比，有何特点？
2. 京东供应链物流服务系统的优势有哪些？
3. 引进物流信息系统要注意哪些因素？
4. 企业应怎样结合自身实际开发或引进最恰当的物流信息系统？

参考文献

[1] 王风君. 电商企业物流成本管理研究[J]. 合作经济与科技，2022.

[2] 李艳. 大中型电商企业物流成本管理探究[J]. 产业与科技论坛，2022.

[3] 朱天骄. 基于供应链视角下跨国企业的物流成本管理[J]. 中国储运，2022.

[4] 纪玲. 关于企业物流成本管理和控制的几点思考[J]. 中国产经，2021.

[5] 张蕾，张端民. 京东物流成本管理问题研究[J]. 现代营销：经营版，2020.

[6] 姜金德，卢荣花，杨静，等. 物流成本管理[M]. 南京：东南大学出版社，2021.

[7] 冯耕中，李雪燕，汪寿阳. 物流成本管理[M]. 2版. 北京：中国人民大学出版社，2014.

[8] 财政部注册会计师考试委员会办公室. 财务成本管理[M]. 北京：经济科学出版社，2015.

[9] 周长青，付蕾. 电子商务物流[M]. 3版. 重庆：重庆大学出版社，2017.

[10] 王静. 现代物流管理与战略：理论·方法·模式[M]. 西安：陕西人民出版社，2016.

[11] 唐文登，谭颖. 物流成本管理[M]. 重庆：重庆大学出版社，2015.

[12] 魏修建.电子商务物流管理[M]. 3版. 重庆：重庆大学出版社，2015.

[13] 韩良智，鲍新中. 财务管理学教程[M]. 3版. 北京：经济管理出版社，2012.

[14] 鲍新中. 供应链成本：改善供应链管理的新视角[M]. 北京：人民交通出版社，2009.

[15] 张述敬. 物流成本管理[M]. 北京：中国书籍出版社，2015.

[16] 孙宏岭，戚世钧. 现代物流活动绩效分析[M]. 北京：中国物资出版社，2001.

[17] 郭士正，刘军. 物流成本管理[M]. 北京：清华大学出版社，2011.

[18] 陈文，陈成栋，王琴. 物流成本管理[M]. 北京：北京理工大学出版社，2012.

[19] 易华，李伊松. 物流成本管理[M]. 3版. 北京：机械工业出版社，2014.

[20] 孙朝苑. 企业物流成本与服务[M]. 北京：科学出版社，2005.

[21] 鲍新中，程国全，王转. 物流运营管理体系规划[M]. 北京：中国物资出版社，2004.

[22] 程国全，王转，鲍新中. 现代物流网络与设施[M]. 北京：首都经济贸易大学出版社，2004.